경계짓기와 젠더 의식의 형성

* 이 학술총서는 정부(교육과학기술부)의 재원으로 한국학술진흥재단의 인문한국지원사업 지원을 받아 발행되었음(KRF-2007-361-AL0015).

탈경계
인문학
학술총서 5

경계짓기와 젠더 의식의 형성

| 이화인문과학원 편 |

이화여자대학교출판부

경계짓기와 젠더 의식의 형성

펴낸날 1판 1쇄 2010년 6월 30일
엮은이 이화인문과학원
펴낸이 최민숙 | **펴낸곳** 이화여자대학교출판부
주소 서울특별시 서대문구 대현동 11-1(우 120-750)
등록 1954년 7월 6일 제9-61호
전화 02) 3277-2965, 362-2966(편집)
02) 3277-3164, 362-6076(영업)
팩스 02) 312-4312 | **전자우편** press@ewha.ac.kr
인터넷서점 www.ewhapress.com
디자인 정혜진
찍은곳 한영문화사

ISBN 978-89-7300-873-5 94330
ISBN 978-89-7300-834-6(세트)

값 16,000원

* 잘못된 책은 바꾸어 드립니다.

| 발간사 |

〈탈경계인문학 학술총서〉는 이화인문과학원이 수행하고 있는 한국학술진흥재단 인문한국(HK) 지원사업인 '탈경계인문학의 구축과 확산'을 위해 기획된 출판 사업이다. 이화인문과학원은 기존의 인문학이 오늘날의 사회문화적 변화를 해석하고 새로운 비전을 제시하는 데 한계가 있음을 비판적으로 성찰하면서, 새로운 인문학의 방향으로 '탈경계인문학'이라는 개념을 제안했고, 한국학술진흥재단 2007년 선정 인문한국연구소로서 '탈경계인문학'을 구축하고 확산시키는 프로젝트를 수행하고 있다.

오늘날 우리는 그 어느 때보다 문화적 경계들이 빠르게 해체되고 재편되는 변화의 시대를 살고 있다. 국가를 넘나드는 사람들의 언어와 문화 간에는 다양한 교차와 혼종이 이루어지고 있으며, 디지털 기술에 기반을 둔 매체의 발전은 시간과 공간의 제약을 뛰어넘어 새로운 언어와 상상력의 공유를 가능하게 하고 있다. 이런 변화의 주체 역시 '중심'에서 '주변'의 다중성으로 확대됨으로써, 이제 기존의 경계를 넘어서는 탈경계적 문화 변동은 우리 삶의 중요한 근간이 되었다.

탈경계인문학은 이러한 시대적 문화 변동 과정에서 탈경계 문화 현상 속의 인간과 인간의 관계를 탐구하는 학문으로서, 구체적으로는 세계, 인간, 언어의 측면에서 지구지역성glocality, 젠더gender, 다매체multimedia에 대한 연구를 촉진하며 소통 · 공존 · 융합을 추구하는 인문 지식을 생산하고 있다. 방법론적으로는 대립과 갈등을 야기하는 '경계짓기'를 반성적으로 성찰하고, 인문학과 타학문, 학문과 일상을 잇는 모델을 개발하는 것을 목표로 한다.

이를 위해 탈경계인문학은 인문학 내 여러 학문 분과들의 유기성을 강화할 뿐만 아니라 인접 학문들, 즉 사회과학 분야, 예술 분야, 나아가 자연과학 분야의 학문들과도 유기성을 강화해 나가고 있으며, 기존의 인문학 연구 대상을 확장시켜 문화 전반을 연구 대상으로 삼고, 주변자와 소수자의 다양한 시각을 확보하여 탈경계의 지점들을 연구하고 있다. 또한 빠르게 변화하는 매체 환경에 대응하고 인간과 기술의 조화로운 발전 방안을 모색하고 미래 인간학 모형을 개발하고 있으며, 나아가 인문 지식의 현실성과 실용성을 강화하고 대중화와 현장화를 추구함으로써 학문과 삶을 연결해 나가고자 한다.

이러한 목표를 가지고 진행되는 탈경계인문학 연구의 성과를 학술총서로 출간하되, 이 학술총서는 매년 세 권의 책을 10년 동안 출판할 계획이다. 해마다 출판되는 세 권의 책은 각각 탈경계인문학의 핵심 주제인 '지구지역성', '젠더', '다매체'를 주제로 다루며, 각 주제는 10년 동안 연구를 발전시켜 나가면서 10권의 책으로 완성될 것이다.

〈탈경계인문학 학술총서〉가 새로운 인문학의 방향을 제시할 뿐 아니라 창조적이며 미래 지향적인 인문학을 선도하고 학문적 완성도를 발전시켜 나갈 수 있기를 기대하며, 〈탈경계인문학 학술총서〉 출판에 참여해 주신 모든 연구자의 노고에 감사드린다.

2009년 7월

이화인문과학원장 오정화

| 차례 |

제2부 젠더 정체성의 형성과 문화 정치

제3부 공간의 젠더 문화론적 독해

| 서문 |

중심/주변의 경계짓기와 젠더 의식의 형성

전 지구적인 세계화 과정과 맞물려 국가적, 민족적, 인종적, 성적 경계들이 서로 넘고 가로지르며, 해체되고 또 새롭게 재편되는 탈경계적 문화 현상이 진행되고 있다. 이는 그동안 근대적인 체계 안에서 확고하게 구획된 경제, 사회, 문화 등에 걸친 경계들이 횡단과 번역, 교차와 융합, 소통과 대화를 통해 역동적으로 움직이고 있음을 의미한다. 그러나 한편 경계의 해체가 또 다른 경계의 생산을 은폐하고 있거나 또 하나의 타자를 생산하는 계기가 되기도 한다는 점에서 '탈'경계에 대한 인식은 단순히 경계를 무화無化시키거나 통합시킨다는 의미를 넘어 중심적 가치, 일원적 가치로 구축된 경계에 대한 반성과 비판을 강조한다.

이러한 의미에서 탈경계인문학에서의 젠더 연구는 경계와 차이의 해체가 아니라 그 현존성의 인식을 강화한다는 측면에서 유효한 접근이다. 근대 사회문화 체계에서 지속되어 온 경계와 타자의 논리는 젠더라는 성차별 구조에 토대를 두고 있으며, 이 구조가 생산하는 문화적 차이와 차별은 사회문화적으로 '경계'를 만들어 왔다. 더구나 현재 탈경계적인 문화 현실 역시 젠더의 원리가 복잡하고 다층적으로 구조화된 문화로 표상되고 있다는 점에서 다양한 경계를 가로지르는 젠더적 시각과 탈경계적 사유가 필요하다.

젠더 관점은 '경계'에 대한 인식을 예각화하는 한편 그 경계들이 어떻게 작동하면서 사회문화적인 젠더 의식을 형성하는가에 대해 비판적으로 접근하도록 한다. 젠더는 개인적인 특성이라기보다 성의 사회적 의미를 규정하는 상호 복합적인 문화적 사고이므로 젠더에 대한 문화적 규정을 내면화하고 구체화하는 개인들의 문화적 경험에 주목할 필요가 있다. 따라서 젠더 연구는 남성성, 여성성에 내재한 허구적 정체성에 대한 성찰을 강화하는 한편 이러한 이데올로기를 생산하는 문화적 토대와 기제에 주목하고 여성성과 남성성을 재현하고 조장하고 반영함으로써 문화적 경계와 차이를 생산하는 문화 권력에 대한 비판적 시각을 견지하고 있다.

이 책에 실린 10편의 글은 차별과 배제를 만들어 내는 위계화된 젠더 질서에 주목함으로써 중심/주변이라는 경계짓기 현상을 비판적으로 부각시키고 이러한 경계를 넘어서는 인식론적 방법론을 고찰하고 있다. 또한 다양한 문화와 실천에 반영되는 젠더 가치의 허구성을 비판하고, 그러한 허구적 가치와 환상을 통해 만들어진 젠더 정체성에 주목함으로써 새로운 정체성 사유의 토대를 마련하고 있다. 그뿐만 아니라 탈경계적 사유를 통해 젠더적 위계 질서에서 배제된, 주변화된 문화 영역들에 대한 인식을 강화하는 한편 현재 탈경계적으로 이루어지는 문화적 징후들이 젠더 구조를 어떻게 전복시키는가 혹은 강화하는가에 주목한다.

이 책은 3부로 이루어져 있는데, 제1부는 '중심/주변의 경계짓기와 경계넘기'라는 주제로 차별과 배제를 만들어 내는, 중심과 주변이라는 위계적 구조와 이를 극복하기 위한 대안이 모색된다. 구체적으로 최현덕의 "경계와 상호문화성"은 문화 간 경계 및 탈경계 문제와 연관해 논의되는 단일 문화론, 다문화성, 초문화성, 상호문화성 개념을 살펴가며, 현실을 설명하는 데 좀 더 적합하면서, 새로운 미래를 향한 비전을 발전시키는 데 도움이 되는 개념적 요소들을 분석하고 있다. 이 연구에서 차별과 배제의 선으로서 경계, 중심과 주변을 가르는 경계의 극복은 중요한 문제로 인식되고 있으며, 이는 중심과 주변의 위계 질서 극복에 관한 문제로 이어진다. 진정한 극복은 위계 질서 내에서의 자리바꿈이 아닌, 위계 질서 자체의 변혁에 있는데, 이를 위한 철학적 성찰의 경계와 상호문화성 원형을 연구자는 함석헌의 역사철학, 특히 그의 고난의 해석학에서 찾아내 분석하고 있다.

다음으로 김애령의 "인문학 연구 방법론의 경계넘기: 현상학과 해석학의 방법론적 적용"은 살아 있는 경험의 고유성과 의미에 도달하고자 하는 인문 · 사회과학 모든 분야에서 현상학적 · 해석학적 토대에 근거한 질적 연구 방법론이 대두되고 있음을 전제하고, 질적 연구 방법론의 하나인 밴 매넌Max van Manen의 '체험 연구lived experience research' 방법론 분석을 통해, 현상학적 탐구 방법의 의미를 정교화하고 체험의 질적 연구를 위한 해석학적 확장의 필요성을 밝힌다. 또한 질적 연구 방법론이 인문학의 경계를 넘어 사회과학 분야와 현장 연구에 적용할 가능성을 발견한다. 이러한 방법론적 경계 확장은 계량화된 양적 연구의 한계를 넘어 체험의 구체성에 다가가, 일반화된 설명의 구조에서 누락된 개별적이고 구체적인 체험의 의미를 밝힐 수 있을 것이다.

김진희와 이경란의 연구는 제국과 식민지, 미국과 제3세계라는 구체적인 역사적 시 · 공간을 중심으로 작동하는 중심과 주변의 역학을 살피고 있다. 우선 김진희의 연구 "근대 제국의 경계짓기와 로컬 '향토'의 상상"

은 제국과 식민지라는 지리적 · 공간적 관계는 물론 정치적 · 문화적으로 중심과 주변이라는 위계 속에 놓인 1930년대 후반 조선 문화의 '로컬' 혹은 '로컬리티'를 재고해 보는 글이다. 이 글은 1930년대 제국 일본의 식민지로서 로컬의 정체성을 부여받은 조선이 자신의 독립적인 정체성을 어떻게 정립하고자 했는가를 당대 유행했던 '향토'라는 상상력을 중심으로 논의하고 있다. 1930년대 제국의 권력과 위협이 젠더 정치에 의해 식민지를 주변화 · 로컬화시키고 있었지만 당대 문인들은 향토를 상상하고 민족을 소환함으로써 제국의 문화 정책에 균열을 내고, 중심과 주변이라는 위계 구조를 극복하려 했음을 밝히고 있다.

이경란의 연구 "초국가적 경계넘기: 호세 마르티와 폴리 마셜의 경계 영역 글쓰기의 역동성" 역시 주변부의 글쓰기에 대한 새로운 해석의 단초를 보여 준다. 이 연구는 '아메리카'의 의미와 본질에 대한 문제 의식에서 시작한다. 19세기 초에 에머슨Ralph Waldo Emerson이 미국의 정치적 독립에 이어 문화적으로도 영국과 유럽에서 독립한 '아메리카 학자The American Scholar'를 요청한 이래 미국 문학 텍스트들의 주요 주제들 중 하나는 '아메리카America'의 의미와 본질을 탐구하는 것이었다. 이런 경우 '아메리카'는 암암리에 앵글로 아메리카 혹은 기합중국을 의미했으며, 이러한 '아메리카' 용어에 대한 미국의 독점은 현재에도 지속되는 현상이다. 연구자는 '아메리카'로서 미국의 본질에 대한 문제 제기와 '아메리카'에 대한 미국의 독점적 사용에 대한 도전은 이미 19세기 말부터 시작해 미국에 유입되기 시작했던 중남미 이민자/망명자 작가들에 의해 이루어지고 있었음에 주목하면서 특히 뉴욕에 거주하던 쿠바 독립 혁명가이며 문인인 호세 마르티José Martí와 제1차 세계대전 이후 뉴욕 브루클린에 형성된 바베이도스 이민 공동체의 성쇠를 다룬 폴리 마셜Paule Marshal의 텍스트들을 통해 이런 문제 의식을 풀어나간다. 이 글은 이른바 제3세계 이주민들의 메트로폴리스 뉴욕으로의 유입이 미국의 제국주의적 기획의 필연적인 결과임을 분명하게 보여 줌으로써 아메리칸 예외주의 담론의 허구성을 폭로한다. 즉 마르티와 마셜은 메트로폴리스 뉴욕에서 공간적으로나 문화적으로나 사회적으로나 변두리 위치에 놓여 있던 제3세계 출신의 작가들이지만, 그들은 자신이 놓여 있는 미국 국경선 안의 '변두리' 공간을 아메리카들 사이의 가치와 시각과 경험들이 역동적으로 교섭하고 충돌하는 경계 영역으로 적극적으로 변모시킴으로써 '아메리카'를 새롭게 해석할 수 있는 초국가적 시각을 획득하고 있다.

다음으로 이 책의 제2부는 '젠더 정체성의 형성과 문화 정치'라는 주제로 다양한 문화 구조와 실천을 통해 반영되는 젠더 정치와 이를 통해 형성되는 젠더 정체성의 문제를 다룬다. 우선 강소영의 "여성다움을 나타내는 어휘의 의미 구조"는 근대 이후 새로운 가치 질서의 유입에 따라 사회에서 제시하는 여성상에 변화가 일어났고, 육체적 단점을 극복할 수 있는 정보통신 기술의 발달에 힘입어 성별 분업을 뛰어넘는 이상적인 여성상이 등장하고 있음에 주목하는 글이다. 연구자는 사람들이 가지는 여성에 대한 인식의 변화가 언어에 그대로 투영되며, 여성이 남성과 구별되는 특징, 즉 여성다움을 나타내는 어휘 역시 전통과 현재가 공존하는 모습을 보이고 있음을 자료들을 통해 분석하고 있다. 나아가 '여성다움'을 둘러싼 20대 남녀의 의식을 분석해 새로운 젠더 정체성을 형성해 가고 있는 20대 문화의 또 다른 가능성을 탐구하고 있다.

오윤호의 "남성 우울증과 타자적 정체성 : 김승옥의 「서울의 달빛 0장」을 중심으로"는 김승옥의 「서울의 달빛 0장」에 나타난 이혼을 내면화하는 남자 주인공의 우울증적 태도와 환멸 의식을 분석하면서, 이혼 후 우울증을 극복해 나가는 '나'가 아내의 신체를 상상하며 타자를 담론화하고 스스로의 정체성을 재구성해 나가는 양상을 밝히고 있다. '나'가 남성이기는 하지만 제도화된 타자로서 어떻게 젠더 정체성을 구성하게 되는가를 살펴보고 있는데, 이 때 버틀러Judith Butler의 젠더 정체성과 수행성, 크리스테바Julia Kristeva의 아브젝시옹과 아브젝트를 중요한 비평적 시각으로 활용했다.

박경의 "살옥殺獄 판결을 통해 본 조선 후기 지배층의 부처夫妻 관계상: 『추관지秋官志』 분석을 중심으로"에서는 『추관지』에 수록된 배우자 살해 사건의 심리와 판결 내용을 분석함으로써 정조대 위정자들이 지향했던 부처 관계상에 대해 살펴보았다. 조선 시대 성별 정체성은 상당 부분 남성과 여성이 혼인 후 각각 남편과 처의 지위를 가지게 된다는 점에 기인한다. 이러한 판단에 입각해 이 글에서는 이 시기 가족 윤리를 선도했던 지배층의 부처 관계상을 실제 형정刑政 운용을 통해 고찰함으로써 전통 시대 젠더 정체성 형성의 일면을 파악하고자 했다.

김영숙의 "〈색/계〉의 성 담론의 문화정치학"은 영화 〈색/계〉의 성 담론의 의미가 무엇이고, 그것이 중국 현대 문화사에서 어떤 의의가 있는지를 탐구한 연구다. 연구자는 이 글에서 여주인공이 영화 컷 안에서 어떻게 애국 이데올로기의 호명呼名을 통해 젠더 정체성을 형성하는지를 보여줌으로써 이데올로기가 구성되는 것임을 드러내는 한편, 여 주인공이 남 주인공과의 육체 관계를 통해 점진적으로 애국 이데올로기의 통제에서 벗어나는 과정을 묘사함으로써 영화가 이데올로기의 억압성을 비판하고 있음을 지적한다.

이 책의 제3부는 '공간의 젠더 문화론적 독해'라는 주제로 여성과 남성의 경계와 차이를 생산하는 문화적 토대와 기제로서 특히 자본주의와 가부장제가 작동하는 공간에 주목하고 있다. 이수안의 "서울 도심의 공간 표상에 대한 젠더 문화론적 독해: '검경'으로 보며 산보하기"는 서울의 도심을 근대성과 탈근대성이 공존하는 도시 공간으로서의 문화 텍스트로 상정하고 젠더 문화 연구의 관점에서 독해하고 있다. 이 글은 물리적 공간과 사회적 주체 간의 관계가 어떻게 형성되어 왔는지를 주요 논제로 삼던 기존의 도시사회학과 인문지리학적 논의를 배경으로 하여, 근대성이 관철되는 과정을 거치면서 형성된 서울이라는 도시 공간의 성별적 표상과 공간의 성별 분할을 파악하고 있다. 이 연구에서 이미지성과 가독성을 중심으로 한 서울의 공간적 해석의 분석틀은 성별 분업과 영역의 이분법, 여성성/남성성의 이분법적 재현, 그리고 근대성과 탈근대성이 이들과 조응하고 교차하는 방식 등으로 구성되었다. 특히 이 연구에서는 벤야민 Walter Benjamin의 '산보하기flânerie'의 도시 문화 해석과 음미의 방식은 수용하되 이를 페미니스트 문화 독해 방식으로 전화해 은유적 방법론으로 차용하기 위해 이리가라이Luce Irigaray의 '검경speculum으로 들여다보기'를 도입해 도시 공간 분석의 새로운 해석적 방법론을 제시하고 있다.

김경미의 "서울의 유교적 공간 해체와 섹슈얼리티의 공간화: 19세기 소설을 중심으로"는 조선의 수도로 조성된 서울이 유교적으로 젠더화된 공간이었음에도 이러한 문제 의식에 입각해 다루어지지 않은 점을 지적하고, 조선 후기에 들어 서울의 도시화가 진행되면서 유교적으로 젠더화된 공간의 해체가 이루어지고, 이것이 소설 속 공간 재현에 반영되는 양상을 살펴본 글이다. 이 글은 특히 19세기에 서울을 배경으로 창작된 소설 「심생전」, 「절화기담」, 「포의교집」 등이 도시적 사랑의 한 전형을 재현해 내고 있는 것으로 보았다. 이 글에서는 조선 후기 서울이 보여 주는 이러한 변모가 젠더화된 공간의 해체에까지 이르지는 못했다고 본다. 근대 이후의 공간 기획에도 여전히 젠더적 위계가 반영되었다고 보기 때문이다. 이 글은 서울이라는 도시 공간에 대한 젠더적 · 역사적 분석을 시도

했다는 점에 의의가 있다.

이상의 연구들은 중심과 주변의 위계 구조 안에서 형성되는 경계에 대한 자명한 인식을 바탕으로 그것의 극복 가능성과 새로운 정체성에 대한 상상을 가능케 한다. 이러한 연구 성과를 바탕으로 앞으로의 젠더 연구는 경계에 위치한, 그러면서 경계를 넘어서고, 경계를 새로운 시 · 공간으로 영입하는 '경계'의 '타자'에 대한 연구로 박차를 가할 것이다.

2010년 5월
저자들을 대표해
김진희 씀

제1부

중심/주변의 경계짓기와 경계넘기

경계와 상호문화성*

최현덕

1. 들어가는 말

경제, 사회, 문화 전반에 걸쳐 세계화라 불리는 과정이 급속도로 진전되고 있는 오늘날, 경계를 넘고 가로지르는 현상 내지는 경계 자체가 사라지는 현상에 대한 관심은 유행처럼 퍼지는 듯하다. 국경을 넘는 것은 물론이고, 민족적 · 인종적 경계, 나아가 남성과 여성의 성적 경계 및 성적 지향성의 경계까지도 포함해 경계의 넘나듦이 시대적 추세로 느껴지고 있다. 그러나 역설적이게도, 이러한 과정에서 새로 생겨나는 경계, 더욱 공고해지는 경계들이 없지 않으며, 경계를 넘나드는 사람들의 운명도 멋있기보다는 비극적인 경우가 드물지 않기에, 경계와 탈경계의 문제를

* 이 글은 「경계와 상호문화성. 상호문화 철학의 기본 과제」라는 제목으로 『코기토』 66(2009년 8월)에 게재된 논문의 일부를 새로이 편집하고 수정 · 보완한 것이다.

규명하는 일은 학계에서도 하나의 중요한 도전이 되고 있다.

한국, 정확하게는 남한 사회를 돌아볼 때, 여러 종류의 보이지 않는 경계가 존재하고 있음을 발견하게 된다. 몇 가지만 예를 들어 본다면, 첫째, 다른 나라에서 온 이주 노동자, 결혼 이주민, 같은 민족이지만 반세기 동안 아주 다른 체제 하에서 살면서 우리와는 다른 문화를 가꾸어 온 새터민, 또 조선족 등으로 불리는 한인 혹은 조선인 디아스포라들의 수가 급증하면서 이들과 함께 들어온 여러 문화 간의 경계다. 둘째, 신자유주의의 전 지구적 팽창과 더불어 대두된 '88만 원 세대', 비정규직 문제 등은 경제적 · 사회적 측면에서 경계를 만들어 내고 있으며, 이러한 경계는 또 문화적 경계를 만든다. 셋째, 이른바 남남 갈등이라고 불리는 것의 바탕에 깔려 있는 이데올로기적 경계다.

경계가 문제가 되는 것은 그것이 차별과 배제의 선으로서, 넘나듦이 자유롭지 못한 분리와 갈등의 선일 경우다. 차이가 문제가 되는 것은, 차이가 차별의 근거로 작용을 할 때이며, 이 경우 차이의 인정이란 차별의 메커니즘에 대한 비판 없이 실현될 수 없기 때문이다. 즉, 문화적 이해와 분석을 넘어선 권력 관계와 정치의 관점이 개입되지 않을 수 없다. 또한, 우리 사회에서 이방인들이 겪는 어려움의 문제는 단순히 그들이 두 문화 사이에 끼어 있기 때문만은 아니다. 어려움의 본질은 그들이 자신의 본래적 문화권에서도, 그들이 이주한 곳의 문화권에서도 주변적으로 취급되는 데에 있다고 볼 수 있다. 이방인들과 동등한 위치에서 함께 더불어 사는 삶을 실현하고자 한다면, 문화의 외양 속에 숨어 있는 정치의 문제를 문제화하지 않을 수 없다.

이 글에서는, 문화 간 경계 및 탈경계 문제와 연관해 논의되는 단일 문화론, 다문화성, 초문화성, 상호문화성 개념을 살펴가며, 현실을 설명하는 데 좀 더 적합하면서, 새로운 미래를 향한 비전을 발전시키는 데 도움이 되는 개념적 요소들을 분석해 보고자 한다. 여기서, 차별과 배제의 선으로서 경계, 중심과 주변을 가르는 경계의 극복은 중요한 문제 제기가 되기에, 중심과 주변의 위계 질서 극복에 관한 문제에 대한 토론으로 글을 맺고자 한다.

2. 다문화성, 초문화성, 상호문화성

단일 문화론

문화에서 경계의 문제와 관련해 두 가지 극단적인 입장이 존재한다. 하나는, 일상 언어 차원에서뿐 아니라 학술적 차원에서도 널리 퍼져 있는 견해로서, 이에 따르면 한 국가 내지 하나의 민족 혹은 종족을 경계로 하여 문화가 상정된다. 즉, 미국 문화, 한국 문화, 일본 문화, 독일 문화, 유대인 문화 등의 용어에 깔려 있는 문화관으로서, 벡Ulich Beck은 이를 '컨테이너'에 비유될 수 있는 사회를 전제로 하고 있다고 지적한다(Beck, 1997: 50; Beck, 1998: 53-54). 마치 컨테이너처럼, 하나의 독립적인 단위를 이루는 실체로서, 하나의 '역사적' 원천에서 기원했으며, 다른 '컨테이너'와는 영토적으로 존재적으로 분리되는 것, 구성원들로 하여금 내부적 동일성을 바탕으로 하는 공통의 정체성을 갖게 해 주는 것이 문화라는 것이다. 사상적으로는, 독일의 민속 그리고 민족 문화에 많은 관심을 기울였던 낭만주의 사상가 헤르더Johann Gottfried Herder(1744-1803)의 문화 이론에서 그 전형적 모델을 찾을 수 있다(Welsch, 2000: 329).

이러한 문화 모델은 최소한 다음 세 가지 측면에서 문제점을 안고 있다. 첫째, 한 민족 혹은 종족이 하나의 공통적이고 통일된 문화를 갖는다는 것은 사실상 허구다. 세계화가 급속도로 진행되어 한 지역에 여러 종류의 문화가 교차하게 되는 오늘날의 상황은 말할 것도 없지만, 과거의 사회를 돌아본다 하더라도 결과는 마찬가지다. 귀족의 문화와 천민의 문화 사이에 공통점을 찾기 힘들며, 남성과 여성의 문화 역시 차이점을 보인다. 주류에 함께 휩쓸리려는 사람과 대안적 삶을 모색하는 사람 사이에도 큰 문화적 차이가 존재한다.

둘째, 이런 상황에서 통일된 문화를 주장하는 것은 특정 문화를 배제하고 사회적으로 비가시화하는 역할을 한다. 여기에는 권력 관계가 개입되며, 이 과정은 이데올로기적 과정이다. 대부분 지배 세력의 이해와 결합되어 있는 문화가 그 민족의 문화로 주장되며, 이 문화와 호환되지 않는 문화는 배제된다. 제3세계에서 많은 경우 가부장제 문화는 스스로를 자기 사회의 문화로 규정하면서, 자기 사회의 페미니스트들이 가꾸어 가는 페미니즘 문화를 서구적이라 칭하고 배척한다.

셋째, 통일적 '민족 문화'의 개념은 또한 대부분 정태적 개념으로서 통일적 '전통'을 전제로 한다. 통일적 '민족 문화'가 허구인 만큼 통일적 '전통' 역시 허구다. 사회는 '전통'과 '혁신' 사이의 변증법적 역동성에 의해 변화, 발전하기 마련이며, 전통이란 한번 만들어진 후 완결된 형태로 그 사회를 지배하는 것이 아니라, 그 자체가 끊임없이 새로 만들어지는 것이다(Fornet-Betancourt, 2001b: 23; Choe, 2008, 357-358).

초문화성

이러한 단일 문화적 표상의 다른 극단에는 '초문화성transculturality' 개념이 존재한다. 이 개념은 세계화 혹은 전지구화라 불리는 현재의 상황 속에서 급속도의 인기 상승을 누리고 있다. 초문화성이란 오늘날 세계화

시대의 특성들, 말하자면 교통과 통신 기술의 발달, 온갖 종류의 상품의 경계를 초월한 이동, 폭발적으로 증가하는 이주 현상이 우리 삶에 미치는 영향, 즉 국가, 민족, 종족 등을 중심으로 설정된 문화적 경계가 가지는 의미가 극히 축소된 점에 초점을 맞춘다. '초문화성'이란, 한 사회 내에도 여러 가지 문화가 공존하며, 기존의 경계를 넘어서 상이한 요소들이 서로 결합하거나 엉켜서 새로운 것이 되기도 하고, 네트워크를 형성하기도 하는 현상을 가리킨다. 이러한 현상은 거시적 차원, 즉 사회적 차원에서 일어날 뿐 아니라, 미시적 차원, 즉 한 개인의 차원에서도 발견된다. 개인은 자신의 정체성을 자신이 속해 있는 집단과의 동일시를 통해 형성하는 것이 아니라, 여러 종류의 문화적 콘텍스트 속에서 이런저런 요소를 취사선택하고 결합해 가면서 발전시킨다는 것이다. '초문화성'이란 문화에 대한 역동적인 이해다. 이 개념을 일관성 있게 추적하게 되면, 정태적인 문화적 경계는 사라지게 되며, 대신 역동적인 문화적 '과정'이 있을 뿐이다. '나의 것'과 '이방적인 것'의 구분도 사라진다.[1]

다문화성, 다문화주의

이 두 극단 사이에 '다문화성'과 '상호문화성' 개념이 자리하고 있다. '다문화성'이란 한 사회 속에 소수 민족, 같은 지역 출신의 이주민 집단, 토착민 등 다른 문화를 지니는 여러 집단이 존재함으로써, 여러 문화가 병존하는 현상을 기술적으로 표현하는 개념이다. 이 개념을 바탕으로 하

1 "단적으로 이방적인 것은 없으며 이와 마찬가지로, 단적으로 나의 고유한 것도 없다. [나의 고유한] 진정성이란 민속에 불과한 것이 되어 버렸고, 다른 이들을 위해 연출된 고유성에 불과할 뿐이다. 그런데, 다른 이들의 것들 속에는 이미 내 자신의 것들이 포섭되어 있다"(Welsch, 2000: 337, 최현덕 옮김).

고 있으나 이 개념과는 구별해야 하는 '다문화주의'는 위와 같은 소수집단의 권리minority rights에 대한 인정의 정치를 바탕으로 사회 통합을 이루고자 하는 것을 내용으로 한다(Kymlicka, 2002: 335). 여기에는, 같은 사회에 살고 있는, 다른 문화적 집단에 속한 구성원들에 대한 관용이 중요한 역할을 한다. 소수집단의 권리로 들 수 있는 것으로는, 이들의 고유한 언어에 대한 권리, 소수집단으로서의 정치 참여권 보장, 소수집단의 독자적인 매체 운영을 위한 재정 지원, 과거사와 관련된 보상 등으로부터 시작해 특정 사안에 관한 자치권 보장에까지 이른다(Okin, 1999: 10 이하). 다문화주의를 위한 정치철학적 기초를 제공한 대표적 철학자로는 테일러Charles Taylor와 킴리카Will Kymlicka를 들 수 있다.

'다문화주의'는 그 사회에 존재하는 상이한 소수집단들의 다양성과 차이에 대한 관용, 그리고 그들의 권리를 인정함을 바탕으로 사회 통합을 이루고자 한다는 점에서, 동질적인 단일 문화적 표상에 입각해 차이를 억압하고 동질성을 강요함으로써 사회 통합을 이루려고 하는 '동화주의'에 비해 진일보한 것임에는 틀림이 없다. 그러나 '다문화주의'가 기초하고 있는 문화에 대한 모델로서 '다문화성'은 동질적인 단일 문화적 모델이 안고 있는 문제점을 본질적으로 해결하지 못하고 있다. '다문화성' 모델에 따르면, 한 사회 안에 존재하는 여러 문화를 인정하는 점에서, 한 사회를 하나의 문화 단위로 설정하는 것과는 다르나, 한 사회 내에 존재하는 문화들을 각기 하나의 문화적 단위로 취급함으로써, 결국 규모가 축소되었을 뿐, 문화를 표상하는 데 컨테이너적 발상은 지속되고 있는 셈이다. 여기서는 한 단위의 문화를 하나의 집단적 주체로서 상정하고 있는 셈인데, 이는 한 집단 속에 존재하는 권력 관계에 따른 차이 내지는 내부적 경계, 불평등의 문제를 못 보게 만든다. 가나 출신의 미국 철학자 아피아Kwame Anthony Appiah는 테일러의 '인정의 정치'에 대해 논하면서, 문화적 집단의 인정에 대한 권리 주장이라는 것이 암묵적으로 그 집단의 구성원 모두에게 적용되는 일종의 규격화된 속성과 행위 방식을 전제하고 있음을 지적한다. 이는 다른 문화에 대한 차별이라는 하나의 폭력을, 구성원에게 동질성을 강요하는 또 다른 폭력으로 대치하는 것임을 아피아는 경고한다(Appiah, 1994: 163). 오킨Susan Moller Okin을 비롯한 미국의 페미니스트들은 다문화주의가 여성 적대적이라는 비판을 가했다. "즉, 젠더와 같은 한 집단 내에서의 차이를 도외시함으로써, 결국 그 소수집단 내의 주류 권력을 강화시켜 주고, 그 집단 내의 억압 구조에 동조하는 문제를 안고 있다는 점이다. 특정 문화집단에서 일어나고 있는 일부다처제, 여성의 음핵 절제와 같은 관행을 다문화주의의 원칙에 따라 차이의 존중이라는 미명으로 눈감아 준다면 이는 그 집단 내의 가부장적 권력 관계를 용인하고 여성의 억압에 동조하는 결과를 가져올 것이다" (최현덕, 2009b: 56).

킴리카는 오킨의 이러한 비판을 수용해 자기의 입장을 약간 수정한다. 즉, 소수집단의 권리 중 대외적으로 자신을 보호하는 의미의 권리와 대내적으로 자기 집단 구성원에게 제한을 가하는 권리를 구별해, 전자는 인정해 주고, 후자는 인정해 주지 말자는 것이다(Kymlicka, 1999: 32-33). 그러나 이러한 방안은 소수집단 내부의 모순 문제를 마치 문화 간의 갈등처럼 호도할 위험이 있다. 독일에서 문제화된 '명예 살인'에 속하는 사건(예를 들면, 독일에 사는 터키 여성의 자유분방한 삶이 그녀 가족의 명예를 더럽힌다고 하여 남동생이 그 여성을 살해한 사건)은 사실 터키 사회라는 소수집단 내부의 여성 억압에 관한 문제인데, 독일 사회의 비판적 시선과 독일 내 터키 커뮤니티, 특히 남성의 자기 방어는 이 문제를 마치 독일 문화와 터키 문화 간의 대립인 양 나타나게 만들었다. 즉 소수집단 권리의 부분적 불인정은 집단 내부의 문제에 주의를 환기시키기보다는 소수집단과 주류 사회, 즉 컨테이너 대 컨테이너의 갈등으로 나타나게 한다는 점에서 본래 의도한 효과를 전혀 거두고 있지 못할 뿐더러, 다문화주의의 근본 취지마저 흔들리게 할 수 있다.

상호문화성

첫째, 상호문화성 개념은 평등한 상호 관계의 지향을 담고 있다. '상호문화성'은 영어 용어인 'interculturality'의 번역으로서 접두사인 'inter'는 관계를 전제로 한다. interculturality는 여러 문화 간 관계의 속성을 지칭하는 말로서, 상호문화 철학자들은 문화 간의 만남에서 모든 문화가 각기 주체이며, 힘의 크기에 상관없이 동등한 권리를 갖고 있음을 내용으로 부여했다. 이는 타자를 나와는 다른, 그의 고유성 속에서 인정함으로써 다양한 세계를 이루는 데로 귀결된다. 상호문화성이란 타자의 고유성을 체계적으로 그리고 계획적으로 말살해 온 과거 식민주의에 대한 비판이며, 또한 오늘날의 세계가 여러 측면에서 중심과 주변으로 나뉘어 있는 현실, 삶의 거의 모든 영역을 침투하고 있는 자본주의적 시장 논리, 상품 논리가 전 지구적으로 확대되면서 다양한 삶의 문화 양태를 축출하고 자신의 문화를 획일적으로 관철시키고 있는 현시대 지배적인 체제에 대한 반대 모델이라고 볼 수 있다.[2] 긍정적으로 표현하자면, 중심과 주변의 위

2 여기서 주장하는 바와는 정반대로, 세계화는 문화 다양화를 촉진시킨다는 견해도 있다. 즉, 인터넷과 같은 매체의 발전 등을 통해 다양한 지역 문화들은 빠른 시간 내에, 적은 비용으로 국제 무대에 등장할 수 있게 되었고 다른 문화와 서로 교류하게 되었으므로, 전 지구적 차원에서 볼 때 날이 갈수록 더욱더 다양한 문화가 '지구지역적 문화glocal culture'로 공존하는 모습을 볼 수 있으리라고 전망하는 것이다. 이러한 경향이 실제 관찰되는 것은 사실이나, 이와 동시에 나타나는 현상은, 지난 20년간 엄청나게 성장한 이른바 '창의적 산업' 시장의 경우, 이 시장을 지배하는 회사는 주로 미국 출신의 몇 개 안 되는 기업들이라는 점이다(미국 할리우드 영화의 세계 시장 점유율이 70%를 넘고, 세계에서 출시되는 음반의 80%가 단지 네 개의 기업에 의해 배급되고 있다고 한다). 지역적 문화의 국제화 현상이 존재한다고 하더라도 자세히 분석해 보면, 시장 논리를 따르는

계적 질서 대신 동등성에 입각한 소통과 연대의 질서를 만들어 내는 것을 지향한다고 할 수 있다.

이는 상호문화성 개념이, 현실을 해석하는 데에서 더 나아가 현실을 개혁하려는 의지를 바탕으로 하는 학술적 기획과 연관된 개념임을 보여 주며, 이러한 학술적 기획은 현실적 콘텍스트에 관한 연구를 필요로 한다. 이 작업은 학제적 협력을 요구한다.

둘째, '상호문화성'은 '만남'에 관한 개념이다. 접두사 'inter'는 또한 '사이'를 함축한다. 쿠바 출신으로서 상호문화 철학의 발전에 중심적 역할을 하고 있는 포르넷-베탕쿠어Raúl Fornet-Betancourt는 이 '사이'를 만남의 열린 공간으로서 가꾸어 갈 것을 제안한다. 서로가 아직 규정되지 않은 상태로, 판단되거나 정의되지 않은 상태로 만나는 공간으로서, 익숙한 것, 확실한 것들을 부유하게 만들고, 사전에 일방적으로 계획하거나 의도하지 않았던 아주 새로운 것이 만남을 통해 태어날 수 있는 공간이다(Fornet-Betancourt, 2001 : 97 ; Becka, 2007 : 56에서 재인용).

셋째, 상호문화성 개념은 상이한 것들의 단순한 병존을 넘어서는, 그들 사이의 역동적인 상호 작용을 함축한다. 상호문화성 개념이 차이를 존중해 다양성의 세계를 지향한다 하더라도, 상대주의를 의미하는 것은 아님을 상호문화 철학자들은 거듭거듭 강조해 왔다. 다양성을 주장하면서도 상대주의에 빠지지 않을 수 있는 전략은 상호 작용의 역동성에서 찾을 수 있다고 보는 것이다. 즉 서로가 만나서 상대방을 인식하고, 또 상대방을

지역 문화가 국제 문화 시장으로 진입하는 과정, 문화의 상품화가 문화 전반으로 확장되어 가는 과정임을 알 수 있다. 즉, "외견상 문화가 다양해진 듯 보일 수 있으나, 이러한 확산이 시장 논리에 따라 이루어진다는 점에서 결국은, 문화가 획일화되고 있다고 주장할 수" 있는 것이다(최현덕, 2009a: 107; 최현덕, 2009c: 23; 이동연, 2008: 240). 지젝Slavoj Žižek에 따르면, 다양한 문화적 생활 세계의 혼종적 공존이라는 현상은 사실 정반대의 것, 즉 보편적 세계 체제로서 자본주의의 막강한 현존의 [이데올로기적] 외양에 불과하며, 현재 세계가 유례없이 동질화되어 가고 있음에 대한 증거다(Žižek, 1997).

통해 나를 인식하고, 이 과정에서 서로 영향을 주고받기도 하고, 갈등을 겪기도 하며 서로를 변화시키는 것, 이러한 과정을 통해 서로가 함께 참여하는 보편성을 모색하는 것, 상호문화 철학자들은 이러한 상호 작용을 가능하게 해 주는 통로로 '대화'를 설정한다. 필자는 2006년에 열린 한 학회에서 킴멀레Heinz Kimmerle의 대화론을 소개한 적이 있다.

> ① "킴멀레는 상호문화적 대화에서 다음 사항들을 염두에 둘 것을 강조한다(Kimmerle, 2002 : 12, 80-86). 첫째, 대화 참가자들이 각기 다른 의견을 갖고 있고, 그들이 하는 말의 내용이 다르다 하더라도, 지위에서 동등성을 인정받아야 한다. 둘째, 대화의 결과가 어떻게 나올지는 열려 있어야 한다. 이는, 대화의 과정 속에서 서로가 자신을 변화시킬 가능성을 열어 두어야지, 자신의 견해로 상대방을 설득시키려는 식의 태도, 대화의 결과를 이미 선취하려는 태도로 진행되는 이야기는 결코 대화라 불릴 수 없다는 것을 뜻한다. 셋째, 서로가 서로를 이해하게 되는 데에는 언어 내지 토론만이 유일한 수단이 아니라는 것을 고려한다. 넷째, 내 자신이 혼자서는 결코 알지 못했을 것을 상대방으로부터 들을 수 있을 것이라는 기대를 가지고 대화에 임한다"(최현덕, 2009c : 33 이하).

이는 대화에 임하는 태도에 대한 훌륭한 조언으로서 대화 상대자들이 선의로 성실하게 대화에 임하고자 할 경우 도움을 줄 수 있을 것이다. 그런데 현실을 돌아보면, 대화 상대자가 동등한 경우보다는 동등하지 않은 경우가 훨씬 더 많으며, 대화가 정작 필요한 상황은, 서로가 대화를 하고자 할 때보다, 서로가 대화하고 싶은 마음이 별로 없는 갈등 상황인 경우일 수가 있다. 이러한 경우 '상호문화성'은 어떤 역할을 할 수 있는 것일까?

대화 상대자들이 권력 관계에서 불평등하고, 이해 관계가 대립되는 상황에서, 한쪽이 권력과 부富를 기반으로 자신의 이해 관계를 관철시킬 수 있는 여러 수단을 장악하고 있으면서 이를 통해 상대방에게 불이익을 주거나, 상대방을 억압 혹은 착취하는 상황이라면, 이들에게 위와 같은 대화의 태도를 설교하면서 대화하라고 하는 것은 우스운 일에 불과할 것이다. 이런 상황에서 대화의 인식론적 기초를 논하는 데 머무르는 것 역시 상호문화적 기획이 뜻하는 바에 비춰 본다면 부족한 일이다. 하지만, 문제를 평화적으로 해결하고자 한다면 대화는 필요할 것이다. 상호문화적 정신은 이러한 경우 대화 상대자들의 권력 관계를 분석해 약한 쪽을 강하게 할 수 있는 방안을 강구해야 한다. 예를 들자면, 권력과 부를 갖고 있지 못하는 대신에 공공성에 호소하는 사회정치적 연대 운동을 조직해 그 힘으로 대화에 나서는 것이다. 포르넷-베탕쿠어는 '상호문화성'이란 오늘의 현실에서 저항을 포함할 수밖에 없으며, 상호문화적 정신은 실천적 차원 내지는 정치적 · 윤리적 차원을 결여할 수 없음을 강조해 왔다 (Becka, 207 : 103 이하).

다문화성, 초문화성, 상호문화성 개념 비교

상호문화 철학자들은 의식적으로 '다문화'가 아닌 '상호문화'라는 개념을 자신들의 철학의 이름으로 선택했다. 그 이유는 두 개념이 갖고 있는 다음과 같은 차이에 기인한다. 첫째, 개념적 측면에서 볼 때, '다문화성' 개념이 여러 문화의 존재를 현상적으로 기술하는 개념이라면, '상호문화성' 개념은, 여러 문화가 존재한다는 사실에서 더 나아가, 이들의 상호적 관계성을 개념 자체 속에서 표현한다는 점에서, 현상 기술을 넘어서서 당위적 지향성을 표현하는 개념이라고 할 수 있다. 상호문화 철학이 현실을 기술하는 데에 머물지 않고 현실의 변화를 지향하는 강한 프로그램을 갖고 있는 학문이라는 점을 고려해 볼 때, '상호문화성' 개념이 그 성격을 더 잘 표현해 주는 개념이라고 할 수 있다.

두 번째 차이는 '다문화성' 개념이 다문화적 존재의 관용적 인정에 주안점을 두고 있어 상대주의에 빠질 수 있는 위험을 안고 있는 반면, '상호문화성' 개념은 이들 간의 대화 등을 통한 상호 작용에 주안점을 두고 있는 만큼, 소통과 대화를 통한 규제적 역할을 발전시켜 갈 수 있는 여지를 갖고 있는 점이다. 다문화성 개념은 이론적으로나 실제로나 여러 문화가 서로 간의 별 연결 없이 단지 병존하는 상태의 기술에 머무르는 경우가 많은 반면, 상호문화성 개념은 서로를 변화시켜 가며 살찌우는 대화적 교류, 서로 간에 존재하는 경계와 장애물을 극복하려는 과정에 대한 적극적 표상을 함축하고 있다는 것이다(Antor, 2006 : 3).

인도 태생으로서 상호문화 철학의 주요 창시자 중의 한 사람인 말Ram Adher Mall은 '상호문화성'을 다음과 같이 설명한다. "상호문화성 개념은 어떤 문화도 전체 인류를 위한 유일한 문화가 될 수 없다는 통찰 혹은 신념을 뜻한다. 이러한 관념이 철학, 진리, 문화, 종교 등과 같은 용어의 보편적 적용을 해체하지 않을까 하는 우려는 근거가 없다. 그러나 상호문화성 개념이 해체하는 것이 있다면, 이러한 용어들의 절대적이고 배타적인 용법이다. 따라서 상호문화적 사유란 유럽 중심주의이건, 중화주의이건, 아프리카 중심주의이건 간에, 모든 종류의 중심주의로부터 해방의 과정을 뜻한다. 상호문화적 정신은 다원주의, 다양성, 차이를 가치로서 인정하지 통일성의 결핍으로 보지 않는다. 다양성의 인정이란 상호문화적 정신으로부터 자연스럽게 귀결되는 것이다. …… 상호문화적 사유가 함축하는 질서란 차이 속에서, 차이를 통해, 차이와 더불어 존재하는 질서이며, 상이한 목소리들의 합창을 위한 공간을 만드는 질서다" (Mall, 1999).

그러나 초문화적 모델을 주장하는 측에서는 상호문화성 개념 역시 문화를 보는 데 기본적으로는 단일 문화적 모델을 전제로 하고 있어, 그 한계를 고스란히 물려받고 있다고 주장한다(Welsch, 2000 : 332 이하). 즉 상호문화성의 개념은 서로 다른 문화들이 대화와 같은 상호 작용을 통해 다양성 속에서 함께 사는 삶을 이루어 가는 방향을 제시한다는 점에서 단일 문화적 표상이나 다문화성 개념이 갖지 못한 큰 의의가 있다고 할 수 있지만, 문화를 보는 패러다임이 낡아서 문화의 탈영토화 현상, 경계를 가로지르며 융합하고 혼종적 양태를 이루면서 발전해 가는 현시대의 문화 현상을 제대로 포착하지 못한다는 것이다.

초문화성 개념은 세계화 시대 탈경계적 문화 현상을 포착하는 데는 분명 큰 장점을 갖고 있다. 그러나 이 개념이 간과하고 있는 것이 있다. 첫째는, 경계를 넘어서서 혹은 횡단하며 새로운 조합을 이루는 문화 현상들이 나타남으로써 지리적 · 인종적 경계와 같은 실체적 경계의 의미가 축소되는 것은 사실이나, 그렇다고 해서 실체적 의미의 경계가 아주 사라지는 것도, 그 의미를 완전히 상실하는 것도 아니라는 점이다. 아직도, 실체적 의미의 경계를 따라 일어나는 갈등들이 지구 여러 지역에 걸쳐 존재한다. 쿠르드 족이나 바스크 족의 문제에서 볼 수 있듯이, 권력 관계를 배경으로 하는 문화 간의 위계화 현상, 즉 소수 종족 · 문화집단의 차별 문제는 아직도 많은 곳에 존재한다. 또한 이주민 문제를 보더라도, 상품과 자본의 이동에 대해 경계는 점점 사라지고 있으나, 인간의 이동에 대해서는 많은 국가가 국경을 단단히 단속하고 있음을 알 수 있다. 한 개인을, 여러 문화적 요소들을 조합해 자기 나름의 독특한 정체성을 형성한 초문화적이고 개별적인 존재로 파악하기보다는, 어느 나라의 국민인가, 어떤 인종인가에 따라 특혜를 주기도 차별을 하기도 하는 상황은 아직도 전 지구적으로 널리 퍼져 있는 현상이다.

둘째, 한편으로는 경계가 사라지고 있지만, 다른 한편으로는 새로운 경계들이 생겨나고 있다. 경제적 지구화와 더불어 전 지구적으로 확장되는 신자유주의는 한국에서만 하더라도 청년 실업, 조기 퇴직, 비정규직 노동 등 새로운 불평등을 발생시키고 있으며, 권력 구조의 재편에 따른 여러 종류의 새로운 사회 내적 경계들을 양산해 내고 있다. 바우만Zygmunt Bauman은 "현대화가 낳은 불가피한 산물이며, 현대(성)에 불가피하게 수반되는 것"으로서 쓰레기가 된 인간들, 말하자면 존재의 필요성조차 인정받지 못하는, '잉여' 혹은 '여분'의 인간들이 양산되고 있는데, 그 중요한 원인 중의 하나는 전지구화라고 지적한다(바우만, 2008 : 24).

상호간의 평등성을 지향하기 때문에 불평등의 문제에 민감할 수밖에 없는 상호문화성 개념이 가지는 중요한 장점은, 차별과 배제의 선으로 작용하는 경계의 문제를 뚜렷하게 제시해 준다는 점이다. 비대칭적 권력 관계가 존재하는 한, 경계에 대한 분석은 중요하다. 위에서 지적한 두 가지 문제점은 초문화성 개념이 가지는 한계를 지적해 줌과 동시에, 상호문화성 개념이 이미 낡아 버린 개념이 아니라 바로 지구화 과정에서 생겨나는 경계 문제의 분석에 필요한 개념임을 보여 준다. 그런데 이 개념이 단일문화적 모델에 따른 문화에 대한 이해를 전제로 하고 있다는 비판, 하나의 집단적 주체로서 문화의 단위들을 상정하고 있다는 비판이 있는 만큼 이에 대한 해명이 필요하다. 물론, 이 해명이라는 것은, 상호문화성이라는 개념을 어떤 일이 있어도 고수해야 하기 때문은 결코 아니다. 또한, 초문화성이나 다문화성을 대치해 두루두루 쓰일 수 있는 개념을 찾기 위함도 아니다. 문제는, 현실을 좀 더 잘 이해하고 설명할 수 있는 개념, 경우에 따라 그 현실과 씨름하는 데 더욱 유용한 개념을 발전시키기 위함이며, 그렇다 하더라도, 경우에 따라 다문화성이나 초문화성이라는 개념의 사용이 더 적절할 수 있는 맥락이 있을 수도 있다는 사실을 결코 배제하지 않는다.

상호문화성 개념이 갖는 중요한 장점을 살리기 위해서는 동시에 이 개념의 자기 정리도 필요하다. 자기 정리에서 핵심적인 문제는 경계를 어떻게 이해하느냐의 문제다. 한편으로는, 초문화성 개념에서 전제로 하고 있는 탈경계적 상황의 포착에 적당한, 실체적 의미에서의 경계 개념의 해체가 필요하다. 그러나 동시에, 여러 가지 권력 관계의 맥락 속에서 새롭게 등장하는 경계를 포착할 수도 있어야 한다. 즉, 상호문화성 개념이 전제로 하는 문화는 무조건적으로 지리적 · 인종적 경계를 따라 실체적 단위로 구분되는 문화가 아니라, 문제의 상황에 따라 새롭게 설정되는 경계를 기준으로 파악되는 것이라는 점을 분명히 할 필요가 있다. 여기서의 경계는 비대칭적 권력 관계가 개입되는 수많은 현실의 요소들을 포괄한다. 계급, 성별, 빈부 문제, 자본과의 관계, 지역성, 연령, 학력, 성적 지향성, 장애 여부 등등이며, 여기에는 물론 국가, 인종/종족의 차이도 포함된다. 문제의 상황이 지리적 · 인종적 경계를 중심에 놓고 있다면, 실체적 의미의 경계를 갖는 문화를 전제로 하는 상황이 있을 수도 있다. 예를 들어 베트남전쟁에서 한국군의 전쟁 범죄를 현실적 콘텍스트로 하여 화해의 문화를 모색하는 상황이라면, 한국과 베트남의 상호문화적 대화를 주선할 수도 있을 것이며, 여기서 대화 상대자들의 경계는 실체적인 국가적 · 지리적 경계다. 그러나 이러한 상황은 많은 상황 중의 하나에 해당되는 것일 뿐이다.

3. 중심과 주변의 위계화된 질서의 극복

상호문화성의 실현은 중심과 주변으로 위계화된 질서에 문제를 제기하며 이 질서의 변혁을 기획하는 작업과 맞물려 있다. 그런데, 여기서 변혁의 방향을 어떻게 잡을지에 관한 좀 더 세밀한 연구가 필요하다. 보통 중심과 주변의 위계적 구조 속에서 어떻게 주변성을 극복할 것인가의 문제를 제기해 보면, 대강 세 가지 가능성을 생각해 볼 수 있다.

첫째는, 주변적인 것이 기존의 중심적인 것을 물리치고 그 자리에 들어서는 것이다. 중심이 바뀌는 것이다. '내'가 주변적인 위치에 있다가 중심으로 진입했다고 한다면, '나'에게 주변성의 문제가 해결되었다고 볼 수도 있겠지만, 보편적인 측면에서 보았을 때 이것이 문제 해결이 될 수 없음은 너무도 자명하다. 중심과 주변이라는 위계를 낳는 구조가 변하지 않는 상황에서, 중심이 여러 번 바뀐다 하더라도 주변에서 헤어 나오지 못하는 부분은 여전히 남기 때문이다. 때로는, 주변이 중심이 되었을 때, 그 전보다 끔찍하고 혹독하게 중심의 지배를 수행하는 경우도 있다. 마치 이전의 억압과 수모를 증폭시켜 돌려 주려는 듯.

둘째 가능성은, 주변적인 것들을 중심에 편입시키는 방법이다. 예를 들어, 서양 철학을 중심으로 재구성된 철학사를 두고 생각해 본다면, 아리스토텔레스 철학이 중세에 수용되는 과정에서 이슬람 철학의 역할을 복원한다든지, 고대 철학에서 중국, 인도, 이집트, 그리스의 철학을 같은 비중으로 다룬다든지 등이 그 예가 될 것이다. 이 작업은 분명 큰 의의를 갖고 있는 작업이라 할 수 있다. 배제된 것은 보이지 않는다. 보이지 않는 것은 존재하지 않는 것으로 간주되기 일쑤다. 배제된 것을 다시 포함시키는 것은 존재 회복의 의미가 있다. 이상적인 상황을 가정해서, 주변화된 것들이 모두 중심에 포함된다면 중심과 주변이라는 구조 자체가 없어질 수도 있다.

그런데, 이것이 가능하려면 조건이 있다. 즉, 왜 이러한 위계화, 주변화, 배제, 비가시화가 일어났는가를 철학 내적으로 또 철학 외적으로 분석해 그 근본 원인을 제거하려는 노력을 동시에 기울여야 한다. 이러한 노력이 없다면, 배제된 것을 다시 포함시키려는 시도는 자칫 소박한 소망 내지는 요구 주장에 그치고 말거나, 혹 성공한다 하더라도 몇 가지 사안에 국한되는 우연적 일로 끝나버릴 가능성이 크다. 중심과 주변이라는 위계적 구조는 그저 우연히 생긴 것이 아닌 이상, 이러한 구조를 유지하고 재생산하는 메커니즘을 함께 갖고 있으며, 이 메커니즘에 대한 공격 없이 이 구조를 바꾸는 것은 거의 불가능하기 때문이다. 과거 남미의 많은 철학자들이 콜럼버스Christopher Columbus의 '신대륙 발견'을 기점으로 해서 그들의 철학의 기원을 생각하게 된 것은 식민주의 역사와 밀접한 관계가 있다. 한국에서 한국적 콘텍스트에 기초한 문제 의식 없이 거의 맹목으로 서양 철학을 수입해 온 경향이 있어 왔던 것의 배경에도 식민지 피지배 역사가 연관되어 있다. 중심과 주변이라는 위계적 구조에 대한 문제 제기 없이, 주변적인 것을 중심에 편입 혹은 통합시킨다는 것은, 이를 정말 철저히 수행하고자 한다면, 불가능한 일이다. 또 철학 내적 상황을 돌아보더라도, 서양 철학이 철학을 정의하는 방식, 이성/합리성 개념, 서양 철학에서 이론적인 것과 실천적인 것의 관계, 방법론에 대한 규정 등은 특정 서양 철학의 특성에 기반을 두고 있는 경우가 대부분이어서, 이런 경우 타문화 전통에 기원하는 철학을 철학에서 제외시키게 되는 개념적 체계적 구조가 내재되어 있다. 이런 개념과 틀의 맥락성에 대한 비판적 성찰과 변화 없이 타문화에서 기원하는 사유 전통을 철학에 포함시키라는 것은 경우에 따라서는 서양 철학으로서 자기 모순을 일으키게 되므로 불가능하다. 이런 점에서, 온갖 종류의 중심주의에 대한 철학 내적 · 외적 비판은 상호문화 철학 기획에서 중심적 과제 중의 하나다.

셋째 가능성은, 주변에 대한 재해석을 통해 주변의 가치를 재발견하는 것이다. 거꾸로 보면, 주변은 중심이 갖고 있지 않은 중요한 장점을 갖고 있다. 주변에 존재하는 차별, 억압, 부정, 배제의 경험은 이런 경험 속에서 망가지지 않고 살아남았을 때 여기에 속한 사람들로 하여금 이러한 불평등, 부정의의 문제를 식별해 내고, 이런 문제에 대한 비판적 문제 의식, 더 나아가 이러한 문제를 양산해 내는 중심과 주변의 위계적 구조에 대한 비판적 관점perspective을 갖게 할 수 있다.[3] (물론 이러한 의식이 '주변'이라는 상황으로부터 직접적으로 형성되는 것은 아니다. '중심'은 자신이 중심이게 하는 구조를 만들 뿐 아니라, 그 구조가 마치 보편적인 진리인 것처럼 보이게 하는 이데올로기를 양산해 퍼뜨리기 때문에, 구조에 대한 비판적 의식을 가지려면, 이데올로기 비판의 과정을 거쳐야 한다.) 억압과 차별과 부정과 배제의 경험으로부터 싹튼 '다른 세계'에로의 비전은 사람들에게 새로운 정체성을 형성하게 해 줄 수 있다. '부정의 부정'의 역학이다. 이러한 사람들의 공간으로서의 주변은, 억압과 차별과 배제의 경계선을 상호문화적 만남의 공간으로 변화시킨, 중심과 주변의 구조를 극복한 '새로운 세상'을 기획하는 중심이 될 수 있다.

서구 중심의 현실 속에서 배제되어 온, 다양한 문화 속에서 기원하는 상이한 사유 전통이 겪어온 식민지 지배를 통한 자기 부정 내지는 자기 상실, 중심과 주변의 위계 질서 속에서의 억압과 차별과 배제의 경험은 현재의 지배 질서를 극복하고 동등한 만남을 추구하는 '만남의 철학'을 발전시킬 수 있는 밑거름이다.

주변에 대한 적극적인 재해석의 원형은 함석헌의 역사철학에서 발견된

3 이는 결코 억압에 대한 마조히스트적인 예찬이 아니다. 이런 말은 또한 어떤 처지에서든 상관없이 할 수 있는 말이 아니다. 억압자가 이런 말을 해서는 안 된다. 고난 속에 있는 인간에게 고난에 어떻게 대처할 것인가의 문제, 즉 고난 속에서 무너지고 말 것인지, 아니면 이를 딛고 일어날 가능성이 있는 것인지는 기본적인 실존의 문제다. 고난의 의미는, 억압 속에서, 스스로 파괴되어 가는 것을 막으려고 혼신의 노력을 기울이는 과정에서 생겨난 것이며, 처절한 실존적 투쟁의 결과다. 위와 같은 깨달음은 이러한 투쟁을 함께 하면서 고민하는 사람들이 공유하는 것이다.

다.[4] 함석헌은 "가난과 압박과 병과 무지와 더러움과 모짐의 무거운 짐을 그 어깨에 메고" 있는, 고난으로 점철된 한국 역사 속에서 고난의 뜻을 깨닫는다(함석헌, 1993: 313). 이를 위한 첫걸음은 '비렁뱅이' 같은 우리의 모습을 우리의 것으로 인정하는 것이다. 중심을 쳐다보며, 주변적 현실에서 도망쳐 중심이 되고자 하는 것이 아니라 나의 주변성을 아픔 속에서 인정하는 것이다. 이는 자기 분열을 극복하고, 자신과 하나가 되는 과정이기도 하다.

> "그 비렁뱅이는 바로 우리 자신이 아닌가? 다른 사람의 일인 듯 우리가 바라보고 있었던 그 끔찍한 형상은 고난의 시냇물 위에 비친 우리 자신의 그림자였다. 그러므로 우리는 이제 한 걸음 더 나가야 한다. 우리 자신을 고난자로 스스로 의식하고 수난자의 심정을 가지고 아픔을 우리 자신에 체험하여야 한다. …… 제3자의 태도를 버리고 내가 되어야 한다. 그러면 고난의 짐을 지는 자들아, 오라, 헤매이기를 그만두고 이 비장한 곡조로 높이 우는 고난의 냇가로 오라. 와서 그 무거운 짐을 이 높은 바위 끝에 내려놓고 이 고난의 뜻을 시원히 이야기하자. …… 이 자리에서 이 고난을 극복하고야 말 결심을 하고 오라"(함석헌, 1993: 313).

함석헌은 고난에 뜻이 있음을 밝힌다. 주변적 삶에 동반된 고난의 체험은 사람을 성숙하게 하고, 보편적 진리(하나님)를 깨닫게 하고 새 세상에 대한 비전(하늘 나라)을 갖게 한다. 새로운 정체성의 내용이 형성되는 것이다.

4 김상봉은 함석헌의 역사철학을 고난의 자기 의식의 과정으로서 슬픔의 해석학으로 해석한다(김상봉, 2002: 311-355).

“고난은 인생을 깊게 만든다. 이마 위에 깊은 주름살이 갈 때 마음 속에 깊은 지혜가 생기고, 살을 뚫는 상처가 깊을 때에 혼에서 솟아오르는 향기가 높다. 생명의 깊은 뜻은 피로 쓰는 글자로만, 눈물로 그리는 그림으로만, 한숨으로 부르는 노래로만 나타낼 수 있다. …… 고난은 인생을 위대하게 만든다. …… 핍박을 받음으로 대적을 포용하는 관대가 생기고, 궁핍과 형벌을 참음으로 자유와 고귀를 얻을 수 있다. …… 고난은 인생을 하나님께로 이끈다. 궁핍에 주려보고야 아버지를 찾는 버린 자식같이, 인류는 고난을 통해서만 생명의 근원인 하나님을 찾았다. …… 눈에 눈물이 어리면 그 렌즈로 하늘 나라가 보인다. 사람은 고난을 당해서만 까닭의 실꾸리를 감게 되고, 그 실꾸리를 감아 가면 영원의 문간에 이르고 만다”(함석헌, 1993 : 316).

고난은 고난을 받으면서 그 의미를 통해 극복된다. 의미는 사명의 자각에서 온다. 함석헌은 “살고 싶으면 할 일을 발견”하라고, “사명의 자각이야말로 재생의 원동력”이라고 설파한다(함석헌, 1993 : 322). “역사의 하수구”가 됨으로써, “세계의 불의를 담당함으로써 인류의 역사를 도덕적으로 한층 높이 올리는 일”을 해야 한다는 것이다. “모든 불의를 받아서…… 하나님께로 돌려야 한다”는 것이다. “새 역사의 싹은 언제나 쓰레기통에서” 나온다고 한다(함석헌, 1993 : 328-330). 고난의 체험에 담겨 있는 중요한 의미는 고난을 통해 인식된 진리와 새 세상에 대한 비전을 구체적 행동, 실천을 통해 실현하고자 함으로써 발현되며 이것이 고난을 극복하는 길이다. 여기서 고난을 통한 고난의 극복이란, 고난 속에 그냥 머무르는 것도, 불의를 불의로 갚아 주는 것도 아니다. 불의를 하나님께 돌리라는 것은, “인간의 모든 불의를 신적인 사랑으로” 이기라는 것, “불의한 역사 속에서 남을 누르고 이기는 것이 아니라, 불의한 역사와 약육강식의 원리 그 자체를 극복하”라는 의미로 볼 수 있다(김상봉, 2002 :

337, 339).

함석헌의 고난의 철학은 주변성을 극복하는 데 새로운 전망을 제시해 준다. 그의 철학은, 희생자의 수동적 위치에서 벗어나, 자신의 열악한 처지를 오히려 도덕적 우위의 바탕으로 전환시키고, 능동적 행위자로서 새로운 세상을 만들어 가는 주체의 역할을 주변에 부여하고 있다. 이러한 전망은, 지금껏 주변적 위치에 밀려 있었던 철학이야말로 '만남의 철학'을 발전시키는 데 중요한 '사명'을 가질 수 있음을 시사해 준다.

참고 문헌

김상봉, 『나르시스의 꿈: 서양정신의 극복을 위한 연습』, 한길사, 2002.

이동연, 「문화다양성과 문화적 권리를 위한 문화운동」, 『유네스코와 문화다양성』, 유네스코 한국위원회, 2008.

최현덕, 「세계화, 이주, 문화 다양성」, 『다문화 사회와 국제이해 교육』, 동녘, 2009a.

____, 「다문화 사회에서의 사회통합을 위하여」, 『철학 사회 연구』 29권, 2009b.

____, 「문화들 사이에서 철학하기: 상호문화철학의 대두」, 『젠더와 탈/경계의 지형』, 이대출판부, 2009c.

함석헌, 『함석헌전집 1 : 뜻으로 본 한국 역사』, 한길사, 1993.

바우만, 지그문트, 『쓰레기가 되는 삶들. 모더니티와 그 추방자들』, 정일준 옮김, 새물결, 2008.

Antor, Heinz, "Multikulturalismus, Interkulturalitaet und Transkulturalitaet: Perspektiven fuer interdisziplinaere Forschung und Lehre," *Inter- und*

Transkulturelle Studien. Theoretische Grundlagen und interdisziplinaere Praxis, ed. Heinz Antor, Heidelberg, Universitaetsverlag Winter, 2006.

Appiah, Kwame Anthony, "Identity, Authencity, Survival: Multicultural Societies and Social Reproduction," *Multiculturalism: Examining the Politics of Recognition*, ed. Amy Gutsman, Princeton, Princeton University Press, 1994.

Beck, Ulrich, *Was ist Globalisierung?*, Frankfurt am Main, Suhrkamp, 1997.

____, "Wie wird Demokratie im Zeitalter der Globalisierung moeglich? Eine Einleitung," *Politik der Globalisierung*, Frankfurt am Main, Suhrkamp, 1998.

Becka, Michelle, *Interkulturalitaet im Denken Raúl Fornet-Betancourts*. Nordhausen, Traugott Bautz, 2007.

Choe, Hyondok, "Migration, Gender, Transkulturalitaet: Philosophieren zwischen den Kulturen," *Philosophie, wozu?*, Hans Joerg Sandkuehler ed., Frankfurt am Main, Suhrkamp, 2008.

Fornet-Betancourt, Raúl, *Transformación intercultural de la filosofía*, Bilbao, 2001a.

____, (ed.), *Kulturen zwischen Tradition und Innovation. Stehen wir am Ende der traditionellen Kulturen?* Frankfurt am Main / London, Iko-Verlag, 2001b.

____, *Zur interkulturellen Transformation der Philosophie in Lateinamerika*, Frankfurt am Main / London, Iko-Verlag, 2002.

____, *Interkulturalitaet in der Auseinandersetzung*, Frankfurt am Main/ London, Iko-Verlag, 2007.

Gutsman, Amy(ed.), *Multiculturalism: Examining the Politics of Recognition*,

Princeton, Princeton University Press, 1994.

Kimmerle, Heinz, *Interkulturelle Philosophie zur Einfuehrung*, Hamburg, Junius, 2002.

Kymlicka, Will, *Contemporary Political Philosophy*(2nd ed.), Oxford, Oxford University Press, 2002.

____, "Liberal Complacencies," *Is Multiculturalism Bad for Women?*, Susan Moller Okin et. al., Princeton, Princeton University Press, 1999.

Mall, Ram Adhar, "Toward a Theory and Practice of an 'Analogous' Intercultural Hermeneutics, *Chinese Thought in Global Context*, ed. K.-H. Pohl, Leiden/Boston/Köln, Brill, 1999. http://www.int-gip.de/intercultural.htm (검색일: 2006.11.10.)

Okin, Susan Moller et al., *Is Multiculturalism Bad for Women?*, Princeton, Princeton University Press, 1999.

Welsch, Wolfgang, "Transkulturalitaet. Die veraenderte Verfassung heutiger Kulturen," *Jahrbuch Deutsch als Fremdsprache* 26, 2000.

Žižek, Slavoj, " Multiculturalism, or, the cultural logic of multinational capitalism," *New Left Review*, 225, Sept./Oct. 1997.

인문학 연구 방법론의 경계넘기:

현상학과 해석학의 방법론적 적용*

김애령

1. 들어가는 말

살아 있는 경험의 고유성과 의미에 도달하고자 하는 인문 · 사회과학 분야에서 현상학적 · 해석학적 토대에 근거한 질적 연구 방법론이 대두되고 있다. 계량화된 양적 연구가 인간 경험이 가지고 있는 다면성과 고유성을 충분히 돌보지 못하고, 기획된 연구 가설과 그 검증의 체계적 실현이 일반화된 설명의 구조 안에서 경험의 내용을 섬세하게 포착하지 못한다는 인식으로부터, 개별 경험에서 출발해 그 경험의 본질을 이해하고자 하는 질적 연구 방법론의 시도는 설득력을 갖는다.

다양한 질적 연구 방법론은 그 출발점을 현상학과 해석학에서 찾고 있다(신경림 외, 2005). 질적 연구 방법론이란 연구 대상자의 관점을 이해

* 이 글은 『탈경계 인문학』 제2권 1호(2009년 2월)에 게재된 논문을 수정 · 보완한 것이다.

하고, 연구 대상자의 체험 이야기를 통해 그 세계와 경험 현실을 해석 · 재구성하는 방법론을 말한다(이희영, 2005). 현상학의 '사태 그 자체로 Zu den Sachen selbst'라는 지침과 이해의 '해석학적 순환 구조'는 질적 연구 방법론이 양적 연구의 '실증주의적 객관성'과는 다른, 체험 세계에 근거한 질적 내용을 확보하고 있음을 주장하는 근거로 제출된다. 그러나 '현상학적', '해석학적' 연구 방법론에 대한 논의와 그 적용이 현상학과 해석학의 개념들에 대한 피상적 이해에서 출발하고 있음을 발견하게 되는 경우 또한 적지 않다. 철학적 개념에 대한 피상적 이해 또는 오해는 질적 연구 방법론의 해석 정당성을 위협할 수 있으며, 질적 연구 방법론의 고유한 의의를 손상해 양적 연구와 별반 다르지 않은 연구 결과를 만들어 내는 오류를 범할 수 있다. 실제로 체험 그 자체에 접근하기 위해 수집된 구술 자료들이 해석학적 깊이 안에서 분석되지 못하고, 체험의 본질적 의미에 대한 탐구 역시 현상학적 엄밀성의 두께를 확보하지 못하는 현장 연구의 실례들을 발견하게 되는 일도 적지 않다.

이 글은 사회과학 분야에서 도입하고 있는 '질적 연구 방법론'의 철학적 토대와 지평을 점검하는 것을 목적으로 한다. '질적 연구 방법론'이란 일차적으로는 통계적 수량화와 그 분석에 의존하는 '양적 연구 방법론'에 대비되는 인문학적 방법론을 말하며, 다양한 전통에서 출발한 다양한 연구 방법론을 포괄하는 상위 개념이다.[1] 그 다양한 연구 방법론을 '질적 연구'로 포괄할 수 있는 가장 근본적인 공통점은, 그것이 다른 것이 아닌 '체험 이야기'를 연구 자료로 하며, 과학적 분석이나 설명이 아닌 '이해

1 인문과학과 사회과학 분야에서 사용하는 질적 연구 방법론으로는 현상학적 연구, 근거이론 방법론, 문화기술지, 이야기 분석 방법론, 참여행위 연구, 일상생활 방법론, 질적 사례 연구, 생애사 분석 방법론 등 다양하다. 그리고 이 각각의 방법론도 연구자와 학제적 전통 등에 따라 각기 달리 발전되고 적용되기도 한다(신경림 외, 2005 참조).

와 해석'을 통해 접근한다는 점이다. 그리고 이렇듯 '이야기'를 해석함으로써 생생한 인간 체험 그 자체의 이해에 도달할 수 있다는 질적 연구 방법론의 토대 믿음은 바로 현상학과 해석학의 철학에 근거한다.

이 글은, 인문학의 추상성은 사회 현장과 삶의 현실에 주의를 기울임으로써, 사회과학의 구조적 설명은 인문학적 인간 이해를 바탕으로 함으로써 풍부해진다는 문제 의식에서 출발한다. 즉 해석 이론에 관한 철학적 · 인문학적 메타 담론들의 추상성은 살아 있는 체험과 조우하면서 구체성을 획득해야 하며, 인간 행위에 대한 사회과학적 탐구는 실증주의적 · 과학적 설명이 포착하지 못하는 체험의 '고유성'을 이해하고자 하는 인문학적 반성을 매개해야 한다는 것이다. 이를 위해, 이 글은 질적 연구 방법론의 철학적 토대를 확립하고 확장하기 위한 물음의 출발을 하나의 구체적인 연구 방법을 검토하는 것에서 시작하고자 한다.[2] 질적 연구 방법론의 하나로 교육학, 간호학, 사회복지학 등의 연구 및 실천에 사용되고 있는 '체험 연구lived experience research' 방법론methodology과 방법method의 분석을 통해, 현상학적 탐구 방법론의 의의를 정교화하고 체험의 질적 연구를 위한 해석학적 확장의 필요성을 밝혀보고자 한다. 이 연구 방법론은 질적 연구 방법론의 광범위한 지형에서 단 하나의 예에 불과하지만, 질적 연구 방법론이 가지고 있는 인문학적 · 철학적 의미를 이해하는 데 하나의 단초를 제시한다. 더불어 이 방법론의 비판적 분석을 통해, 질적 연구 방법론이 사회 현상의 실증주의적 · 과학적 설명의 구조를 넘어설 가능성을 보여 주는 그곳에서, 여전히 극복해야 할 협소한 자기 이해의 지점도

2 이 글에서 "연구 방법method"은 지식 탐구의 구체적인 분석 절차의 집합set이라는 의미로, "연구 방법론methodology"은 그 구체적인 연구 방법의 종합, 토대가 되는 철학적 이념 또는 개념적 전제philosophical assumption를 포함하는 체계라는 의미로 사용한다. 이 글에서는 이 두 개념의 차이를 분명히 하기 위해, 연구 방법을 구체적으로 지시하는 '연구 절차', '방법론적 장치' 등의 개념을 혼용하기도 한다.

있음을 지적할 수 있으며, 방법론의 정교화를 위한 고민의 출발점을 적시할 수 있을 것이다.

2. 질적 연구 방법론의 의의

인문과학과 사회과학에 도입된 과학적 실증성의 이상은, 인간 행위도 다른 물리 현상과 같이 인과 관계의 구조 안에서 설명할 수 있다고 전제한다. 통계적 수량화를 근거로 사회 현상을 설명하고 변화를 예측할 수 있다는 것이다. 그러나 인간학에서 실증주의 도입의 위험을 경고하는 현상학적 반성은 이러한 설명과 예측의 구조는 특정한 '이론적 구축물'이라는 사실을 인식한다. 해석학은 인문 · 사회과학뿐 아니라 자연과학도 주관적 연구 관점과 이미 주어진 개념 체계 및 이론사에 근거해 출발하고 있으므로 불편부당하고 투명한 객관성은 불가능한 이상에 불과함을 간파한다. 인간의 행위와 선택은 인과적 구조만으로 설명할 수 없는 다양한 의미화의 요소들을 내포하며, 우리가 살고 있는 세계는 정적인 사물들의 집적이 아니라 이미 다양한 의미로 구성된 세계라는 것이다. 질적 연구 방법은 이러한 현상학적 · 해석학적 인간 이해를 바탕으로 일반화된 설명의 구조가 포착하지 못하는 개별성, 구체성, 차이를 통해 인간 행위의 본질적 의미와 이유를 이해하고자 시도한다.

질적 연구 방법론의 적용은 포괄적 인문 · 사회과학이 성찰해야 할 윤리적 요청을 내포한다. 해석학에 근거한 질적 연구 방법론은 실증주의 전통의 객관주의와는 달리, 연구자 자신이 벗어나기 어려운 편향성을 인정하고, 그것을 반성적으로 성찰하는 데서 출발한다. 그리고 그러한 인정과 성찰의 토대가 되는 것이, 연구 참여자와의 관계, 연구 주제의 설정 등과 관련된 윤리적 태도다. 이러한 윤리에의 요청이 전제하는 바는 학문적인 이론화 작업과 윤리적 성찰은 서로 날카롭게 분리된 영역이 아니라, 인간 과학이 다루는 살아 있는 체험의 해석 과정에서 상호 작용하는 영역이라는 사실이다. "특정 상황에 대한 정확하고 적합한 평가, 즉 특수자particular에 대한 판단이나 지각은 일반 규칙이나 궁극적 원리를 적용해 도출되는 것이 아니기 때문에, 무엇보다 중요한 것은 도덕적 판단의 능력이다"(허라금, 2004: 109).

교육학, 간호학, 사회복지학 등에서 질적 연구 방법을 도입할 때, 그것은 연구 대상에 대한 '돌봄care'의 관심을 포함한다. 이 돌봄의 관심은 앞서 언급한 교육학, 간호학, 사회복지학의 학문적 특수성에만 한정되는 것은 아니다. 그 밖의 제반 사회과학 탐구 과정에서도 경험 주체, 행위자들을 대상화하지 않으려는 반성적 노력은 연구자와 연구 대상자의 상호 관계를 과학적 관찰의 태도와는 전적으로 다른 지점으로 가져간다.

더욱이 자신의 현실을 주장할 수 없는 취약한 조건에 있는 '연구 참여자'[3]들을 그 대상으로 할 때에는 이러한 연구 방법론적 관심의 전환은 더 큰 의의를 갖는다. 그것은 첫째, 양화量化되지 못하는 개인의 고유한 경험 실재를 향한 관심을 증가시킨다. 그것은 기존의 사회 이론이 과학주의와 실증주의적 객관성이라는 설명의 구조 안에서 외면해 온, 행위자 자신의 '주관적 의미'를 파악하려는 노력이다. 둘째, 질적 연구 방법이 유지하고자 하는 연구 대상을 향한 열린 태도는 단순히 '연구 참여자'의 경험의 본질에 가까이 다가가고자 하는 진리 탐구의 시도와 노력 이상으로, 연구 과정에 내재하는 권력 관계에 대한 연구자의 자기 반성, 나아가 스스로를

3 질적 연구 방법론에서는 기존의 연구 관행에 온존하는 연구자와 연구 대상자 사이의 불평등한 '권력 관계'를 반성적으로 성찰하면서, 연구 자료를 제공하는 경험 이야기의 주체(구술자, 응답자)를 연구자와 동등한 '연구 참여자'로 지칭하기도 한다.

정당화할 수 없는 '연구 참여자'의 취약한 현실을 '이해하고자 하는 소망'을 포함한다.

이것은 또한 자신의 체험을 의미화할 수 있는 언어를 가지지 못한 존재에 대한 '돌봄'이기도 하다. 이는 곧 일반화된 이론의 구조 안에서 개별적이고 구체적인 자신의 체험을 기입하지 못하는 모든 예외적 존재에 대한 관심이다. 주류 역사 서술에서 배제되었던 소수자의 체험적 현실, 사회과학의 거대 담론 안에서 간과된 차이들, '생활 세계의 자연적 태도' 안에서 반성하지 못한 체험의 다면적 본질에 다가가려는 노력은 질적 연구 방법론이 '인간에 대한 이해'를 목적으로 하는 인문 · 사회과학 연구에 도입되어야 할 이유다.

사회 현실과 인간 행위의 의미를 이해하고자 하는 질적 연구 방법론에서 철학의 역할은 연구 과정 전반을 관통하는 성찰을 촉구하는 데 있다. 그것은 연구 대상이 되는 현상에 대한 민감성과 통찰을 지속하기 위한 성찰이기도 하지만, 연구자 자신의 연구 태도와 과정상의 예단과 오류를 최소화하기 위한 노력이기도 하다.

3. '체험 연구'의 현상학적 지향과 방법론

질적 연구 방법론 중 간호학, 교육학, 사회복지학 등에서 광범위하게 활용되는 현상학적 '체험 연구' 방법론은 "후설, 하이데거, 메를로-퐁티 등에 의해 전개된 현상학적 철학적 전통에 트대를 두고 발전된 연구 방법"(이남인, 2006 : 445)이다. 밴 매넌Max van Manen이 제시하는 체험 연구의 구체적인 방법론은 교육 현장에서 피교육자의 현실과 생활 세계를 탐구하기 위한 것으로 개발되었다(밴 매넌, 1994).

밴 매넌에 따르면, 체험 연구 방법론은 생활 세계에서의 살아 있는 일상 경험에서 출발해, 그 경험의 본질 탐구로 나아가는 것을 목적으로 하는 인문학적 방법론이다. 이 연구 방법론이 기초하고 있는 "현상학은 체험의 구조, 체험의 내적 의미 구조를 드러내고 기술하려는 체계적인 시도"로 이해된다(밴 매넌, 1994: 26). 더불어 이 방법론은 '해석학적 전제'를 가지고 있다. "이 방법론의 전제는 체험의 (현상학적) '사실들'이 언제나 이미 (해석학적으로) 의미 있게 체험된다는 것을 인정하는 것이다"(박지영, 2007: 302).

그리고 체험 연구가 목적하는바, 경험 본질에의 탐구는 '유일한 것의 이론theory of the unique'에 도달하고자 한다. 그것은 이 탐구가 대체될 수 없는 경험의 고유성에 대한 관심에서 출발하며, 일반화를 통한 경험적·분석적 과학을 지향하지 않는다는 것을 의미한다. 밴 매넌은 이러한 탐구의 방향을 다음과 같이 정식화한다. "현상학은 경험적 일반화, 법칙적 진술들의 생산이나 기능적 관계의 확립 등을 허용하지 않는다. 현상학이 허용하는 유일한 일반화는 이렇다. 결코 일반화하지 말라!"(밴 매넌, 1994: 39) 체험 연구 방법론이 보편자나 본질을 탐구하기를 포기하는 것은 아니다. 그러나 그 출발은 언제나 특수한 체험 데이터여야 한다는 것이다. 체험 연구 방법론은 구체성, 차이, 유일한 것으로서 경험의 '개별적 특성'과 그 개별 경험의 본질적인 내용, 즉 이해 가능성의 토대가 되는 '보편성' 사이의 '이율배반'적 관계가 개별 경험 사태들에 개입되어 있음을 직시한다. 그리고 밴 매넌은 바로 이러한 방법론적 태도를 '현상학적'인 것이라고 본다(밴 매넌, 1994: 40). 현상학적 체험 연구의 근본 물음은 특정한 사회적·현실적 문제의 구조적 설명이나 대안적 해결이 아니라, 바로 그 현상, 바로 그 현실의 '본질적 의미'를 향한다. 현상학적 체험 연구는 어떤 현상이 무엇을 의미하는지, 그리고 그 현상이 어떻게 경험되는지를 묻는 발견론적heuristic 탐구다.

현상학적 체험 연구는 기본적인 경험의 차원으로 돌아가 세계를 보는 법을 다시 배우기 위해 '사태 그 자체로'라는 현상학적 지침[4]을 불러낸다. 체험 연구에서 '사태 그 자체로'는 '체험의 본성으로 돌아가는 것'을 의미한다. 그것을 성취하기 위해 "무전제를 목표로 하는 연구 방법을 가정한다"(밴 매넌, 1994: 48). 경험 그 자체의 본질로 진입하기 위해서는 연구 계획, 고정된 절차, 기술記述 및 개념의 예정된 집합을 구성하려는 경향을 극복해야 한다. 그뿐 아니라 상식적인 선입견, 추측, 가정, 자연적 태도에 근거한 전반성적 해석과 믿음을 '괄호 치는' 판단 중지epoché[5]의 노력이 필요하다.

체험 연구는 겪은바 그대로의 개별 체험에서 출발해 현상의 본질을 주제화하는 '해석의 과정'을 구축한다. 이 체험의 해석 과정에서 특수자는 보편자와, 부분은 전체와, 에피소드는 삶의 총체성과 연관지어진다. 개별 체험의 의미 구조와 본질을 주제화하기 위해, 그리고 그 주제화가 연구자 개인의 주관적인 인상이나 선입견에 매이지 않게 하기 위해, 밴 매넌은 경험의 맥락과 의미화의 구조를 파악하기 위한 정교한 연구 방법의 절차들을 제안한다. 여기서 "생활 세계, 즉 체험의 세계는 현상학적 탐구의 원천인 동시에 대상이다"(밴 매넌, 1994: 77). 이 생활 세계의 의미 구

4 "사태를 이성적으로 혹은 학적으로 판단한다는 것은 사태 자체를 겨냥하는 것 내지는 말과 생각들로부터 사태 자체로 되돌아가는 것이고, 사태를 그 자기 소여성으로 탐문하는 것이고, 아울러 사태를 벗어난 모든 선입견을 제거하는 것이다"(Husserl, 1950: 35). 후설Edmund Husserl의 이 논의를 "사태 그 자체로! Zu den Sachen selbst!"라는 원리로 정착시킨 것은 하이데거Martin Heidegger다(조광제, 2008: 31).

5 "나는 본래의 의미에서 '현상학적인' 에포케를 수행한다. 즉 나에게 존재하는 것으로서 지속적으로 미리 주어지는 세계를, '나'는 자연적이고 실천적인 전체 생활 속에서 받아들이는 것처럼 받아들이지 않고, 내가 실증 과학을 하면서 받아들이는 것처럼 직접적으로 받아들이지 않는다. …… 나는 이제부터 실재에 대한 그 어떤 경험도 소박하게 곧이곧대로 수행하지 않는다"(Husserl, 1950: 56).

조를 파악하기 위해 밴 매넌은 '어원의 추적', '관용어구의 추적', '체험 글쓰기', '밀착 관찰', '문학 작품 · 전기 · 일기와 같은 언어화된 텍스트의 참조', '예술 작품 분석', '현상학적 문헌 참조' 등의 방법론적 장치를 도입한다.[6] 이러한 장치들은 하나의 개별 경험이 그 자체로 존재하는 것이 아니라 생활 세계의 의미망, 다양한 체험의 교차 안에서 구성되는 것임을 보여 준다.

현상학적 체험 연구가 구체적이고 직접적인 체험에 도달하는 방법에서 '언어'는 그 모든 과정을 매개한다. 현상학적 체험 연구는 언어를 통해 체험을 이해하고자 한다. 경험 자료를 모으기 위해 '밀착 관찰'과 같은 방법이, 특히 자신의 경험과 느낌을 언어화하기 어려운 어린아이와 같은 연구 대상의 일상을 관찰하는 방법이 제시되기도 하지만,[7] 그보다 더 직접적이고 일반적인 데이터 수집 방법은 다른 질적 연구 방법들에서와 마찬가지로 개인의 삶과 경험에 관한 이야기를 듣고 기록하는 일이다. 인터뷰 자료는 체험의 본질적 의미를 추적하는 가장 기본적인 자료다. 체험 연구 방법의 주축을 이루는, 문장을 분류하고 거기에서 의미를 추출하고 주제화하는 과정[8]은 인터뷰 자료를 토대로 이루어진다. 따라서 인터뷰 자료는 그 수집 과정에서부터 체험 그 자체에 도달할 수 있도록 구조화되어

6 이러한 방법적 장치들은 경험을 겪은 대로 탐구하기 위한 절차다. 이것은 개별 경험이 생활 세계 내의 의미화 구조 안에서 발생하는 것이라는 점을 전제한다는 의미에서 '해석학적인' 절차이기도 하다.

7 밀착 관찰도 판단 중지와 반성적 태도, 해석학적 경계를 필요로 한다. 참여자이자 관찰자인 연구자의 위치에서, 경계를 유지하면서도 가까운 관계를 만들려는 노력, 참여적이면서도 반성적 태도를 지속하는 노력, 그리고 사회적 상황과 관계에 개입하고자 하는 조작적이고 인위적인 태도에 대한 지양 등을 의식해야 한다(밴 매넌, 1994: 97).

8 밴 매넌의 체험 연구 방법은 다음의 단계들에 따라 진행된다. 첫째, 체험의 본질을 묻는 "현상학적 질문('이 현상은 정말로 어떠한 것인가?')"의 단계, 둘째, 그 현상의 포괄적 이해를 위해 다른 형태의 자료들(관용어구, 문학 및 예술 작품 등)을 수집하는 단계, 셋째, 경험 이야기 텍스트를 수집해, 그것의 내용을 분류하고, 주제 진술을 분리해 정리하는 본질적 주제 추출 단계, 그리고 마지막으로 그 결과를 글로 쓰는 해석학적 현상학의 글쓰기 단계가 바로 그것이다(박지영, 2007 참조).

야 한다. "다른 사람들의 경험에 관해 인터뷰할 경우에는 겪은 대로 경험에 가까이 다가가는 것이 필수적이다. 어떤 경험이 어떠했는지를 물을 때는 매우 구체적일 필요가 있다"(밴 매넌, 1994: 95). 그것은 연구자의 추상적이고 평가적인 질문이 인터뷰 내용에 영향을 미칠 수 있기 때문이다. 따라서 많은 질문을 던지기보다는, "인내와 침묵으로 인터뷰 대상자가 기억을 되살리고 이야기를 하도록 하는" 공감적인 태도가 필요하다.[9] 그리고 "인터뷰 대상자가 자신의 경험에 관해 일반화하기 시작하는 것처럼 보일 때는 언제나 이야기를 구체적인 경험의 수준으로 돌리는 질문을 던질 수도 있다"(밴 매넌, 1994: 96).

체험은 언어를 통해 주어진다. "우리는 언어 덕택에 경험을 회상하고 반성할 수 있다"(밴 매넌, 1994: 61). 그리고 또한 우리의 경험은 언어가 있기에 가능한 것이다. 체험 그 자체는 언어적 구조를 갖고 있다. 밴 매넌은, 세계 전체를 텍스트로 환원할 수는 없다 할지라도, 인간의 경험, 인간 간의 상호 작용에서 '텍스트성'이라는 개념을 체험의 "의미를 분석하기 위한 효과적인 은유적 장치"로 인식해야 할 필요가 있음을 강조한다. 따라서 그는 "현상학적 기술은 모두 텍스트 해석이거나 해석학"이라고 단언한다(밴 매넌, 1994: 61).

체험과 언어화의 관계는 체험 자료의 수집 단계에만 머물지 않는다. 체험 연구의 목적은 "체험의 본질을 포착해 텍스트로 표현하는 것"이다(밴

9 부르디외Pierre Bourdieu는 한 걸음 더 나아가, 좋은 인터뷰가 가능하기 위한 연구자와 연구 참여자[부르디외의 용어로는 '응답자'] 사이의 공감적 상호 관계를 "영적인 것"이라고까지 규정한다. "영감을 받은 해석학자들뿐만 아니라 엄격한 방법론자들의 귀에까지 거슬릴지도 모른다는 위험을 무릅쓰고, 나는 인터뷰가 일종의 **영적인 작업**에 속한다고 기꺼이 말하고 싶다. 이 작업은 **자기 망각**을 통해 일상생활 속에서 타인들에게 시선을 돌리는 **시선의 방향 전환**을 목표로 한다. 응답자들의 문제를 자기 것으로 하려는, 다시 말해 타인을 기꺼이 받아들이는 성향, 즉 응답자의 독특한 요구에 따라 그를 있는 그대로 받아들이고 이해하는 태도는 일종의 지적인 사랑이다[원저자의 강조]"(부르디외, 2002: 1474).

매넌, 1994: 57). 글쓰기, 즉 체험의 해석학적 · 현상학적 기술은 체험 연구의 핵심적인 과정이자 목적이다. 그것은 곧 체험 연구가 연구의 모든 과정에서 언어에 주목해야 함을, 듣는 방식뿐 아니라 말하는 방식에 민감해야 함을 의미하는 것이기도 하다.

밴 매넌이 제시하는 현상학적 체험 연구가 채택하는 연구 방법론과 방법적 장치들은 원론적인 지침으로서는 재론의 여지가 없어 보인다. 그러나 그 구체적인 실천과 연구 결과에서, 체험의 본질적 의미 탐구에 성공하고 있는지 여부는 검토되어야 한다. 그리고 그 척도는 현상학적 연구 지침, 그리고 해석 과정의 엄밀성이 되어야 할 것이다.

밴 매넌이 자신의 저서 『체험 연구』에서 제시하는, 연구 방법 적용의 사례를 통해 현상학적이고 해석학적인 방법론의 적용 문제를 검토해 볼 수 있다. 밴 매넌은 '양육 체험'을 앞서 그가 제시한 다양한 방법적 장치들, 즉 인터뷰, 어원의 추적, 관용어구의 추적, 체험 글쓰기, 관찰, 문학 작품 · 전기 · 일기의 참조, 예술 작품 분석, 현상학적 문헌 참조 등을 적용해 분석한다. "버려졌다고 느끼는 아이의 경험"에 접근하기 위해 그는 아이들의 경험 이야기 사례뿐 아니라 다양한 문헌, 예술 작품 등[10]의 자료를 참조하면서, 경험의 본질에 다가가고자 시도한다. 그리고 그 모든 접근과 분석의 결과 발견한 양육 체험의 본질은 "부모로서 사는 것", "남겨졌다는 경험이 만들어 내는 관계의 붕괴와 단절의 위협에서 아이를 보호하는 것"이라고 규정한다. "우리는 양육적 관계를 함께 있음의 관계, 집에 있음의 관계, 아이를 위해 그 곁에 있음의 관계, 깊은 애정과 친밀의 관계라고 기술할 수 있다. 그것은 가족의 관계이자 함께 길들여짐으로써

10 밴 매넌은 헨젤과 그레텔과 같은 전래 동화, 시, 소설들, 프랑수아 트뤼포François Truffaut의 영화 〈작은 변화Small Change〉, 마틴 부버Martin Buber의 자서전 등을 분석한다.

함께 살아가는 관계다"라고 기술한다(밴 매넌, 1994 : 147).

양육적 관계의 본질에 대한 이러한 분석이 과연 판단 중지와 현상학적 환원으로부터 출발한 자료 수집에서 출발한 것인지, 그리고 다양한 문학 · 예술 자료들의 분석 과정이 과연 개별 체험의 본질에 도달하기 위한 철저한 해석학적 과정을 포함한 것인지, 체험 연구의 현상학적 토대와 해석학적 절차에 대한 반성을 통해 되물어보아야 한다.[11]

4. 체험 연구의 현상학적 토대에 대한 반성

체험 연구의 토대가 되는 현상학적 방법은 '현상학적 판단 중지 및 환원의 방법'과 '본질 직관의 방법'이다(이남인, 2006 : 371). 체험 연구의 자료 수집 과정에서는 주로 '판단 중지와 현상학적 환원'이, 수집된 체험 자료를 통해 도달하고자 하는 체험의 본질적 의미를 주제화하기 위해서는 '본질 직관'이 도입된다.

체험 자료를 수집하는 과정에서는 체험 그 자체에 도달하기를 방해하는 어떠한 선입견이나 자연적 태도도 배제되어야 하며, 이 때 요청되는 것이 바로 '현상학적 판단 중지와 환원의 방법'[12]이다. 체험 연구 방법론에서 도입되는 판단 중지와 현상학적 환원은 후설Edmund Husserl의 개념을 수용한 것이지만, 후설 철학의 선험적 구조로까지 나아갈 수는 없다.

11 이에 대한 구체적인 비판적 분석은 현상학적 판단 중지 및 본질 직관 방법을 추적하는 뒤의 절에서 다룰 것이다.

12 후설이 말하는 '현상학적 환원'은 명백한 것으로 받아들여져 온 습관에 근거한 '인식'을 검증하기 위해, 그것의 근원을 되묻기 위한 전환을 의미한다. "후설이 말하는 환원Reduktion은 근본적으로 태도를 바꾸는바, 주체 쪽에서의 일이다. 자연적 태도에서 생겨나고 성립되는 존재에 대한 일반적인 정립을 괄호 치고, 배제하고, 작용을 못하게 하고, 사용하지 않으려는 새로운 태도를 지닐 것을 요구한다"(조광제, 2008: 68).

후설의 관심은 초월적 주관의 본질 구조의 파악, 경험 내용의 근저를 이루는 순수한 인식 대상과 인식 활동의 관계에 대한 정립에 있다. 후설의 현상학적 관심은 경험의 영역이 아니라, 경험 이전의, 경험의 조건과 토대가 되는 '선험적 구조'를 해명하는 것이다. 따라서 후설은 끊임없이 경험적인 것을 초월해, 순수 형식으로 건너가고자 한다. 반면 체험 연구의 관심은 바로 살아 있는 경험, 즉 체험에로의 진입 그 자체와, 그것의 본질적 주제의 발견에 있다. 따라서 체험 연구에서 수행해야 하는 판단 중지와 현상학적 환원은 '경험적'인 것을 초월하지 않는다.[13] 경험 영역에 도입되는 판단 중지와 현상학적 환원은 상식적 선입견을 배제하는 것에서 출발한다. 즉 다양한 유형의 체험을 연구하고자 할 경우, 그 체험 현상에 곧바로 진입하기 위해, 그리고 그 체험의 일상적인 의미가 아닌 본질적 주제를 파악하기 위해 이미 수립된 지식과 전통과 관습을 통해 주어져 있는 선입견을 일단 배제해야 한다. "어떤 체험의 구조를 올바로 파악할 수 있기 위해서는 이 체험과 관련해 우리가 앞서 가지고 들어갈 수도 있는 선입견으로부터 해방되어야 하며, 바로 이러한 선입견으로부터 해방되려면 이 선입견에 대한 판단을 유보하고 우리가 탐구하고자 하는 체험의 영역으로 시선을 돌려야 하는데, 이러한 방법적 절차 역시 일종의 현상학적 판단 중지 및 환원이라 불릴 수 있다"(이남인, 2006 : 378).

체험 연구에서 현상학적 판단 중지와 환원은 연구자가 어떠한 전제도 없이 연구 대상자의 경험을 그 자체로 수용하는 태도 변경에서 시작된다.

13 체험 연구 방법이 후설의 현상학적 개념들을 오용하고 있다는 비판에 대해, 이남인은 후설의 현상학적 판단 중지 및 환원의 방법은 "현상학적 심리학적 판단 중지 및 환원", "초월론적 현상학적 판단 중지 및 환원", 그리고 "경험적 현상학적 판단 중지 및 환원"으로 구분될 수 있다고 지적한다. 그리고 체험 연구에 적용되는 것은 현상학적 심리학적 판단 중지 및 환원과, 후설에 의해 직접적으로 논해진 적은 없지만 후설의 이념과의 정합적인 관계로 인정될 수 있는 경험적 판단 중지 및 환원이라고 주장한다(이남인, 2006: 373-385).

"경험적 판단 중지 및 환원은 현상학적 체험 연구를 통해 다양한 유형의 경험과학이 정량적 경험과학과는 구별되는 정성적 혹은 질적 경험과학으로 정립될 수 있는 토대다"(이남인, 2006 : 378). 연구자는 연구 대상자의 경험 세계를 선입견 없이 기술해야 한다. "현상학의 이념인 사태 자체로 나아가기 위해 제시되는 무전제성Voraussetzungslosigkeit은 연구 대상자의 경험 세계로 직접 들어갈 수 있는 길이다. 아무런 전제 없이 연구에 임할 때 연구 대상자와의 면담 등을 통해 얻어낸 자료들을 주어진 그대로 기술할 수 있는 것이다. 기술한다는 것은 연역적 추론과 같은 방법이 아니라 사태를 있는 그대로 보여 주는 방법이다"(홍성하, 2002 : 25).

체험 연구의 출발이 되는 판단 중지와 현상학적 환원은 체험 자료에 대한 선입견적인 예단과 평가를 배제하고, 그것 자체로 존재하는 바를 기술하는 것을 목적으로 한다. 그리고 이렇게 수집된 체험 자료들의 분석 및 해석 과정을 통해 그것이 무엇인가, 어떤 의미를 가지고 있는가를 알 수 있게 하는 '본질 직관'의 과정으로 넘어가게 된다. 체험 연구의 목적은 개별 체험에서 출발해 그 체험의 본질적 의미를 파악하는 데로 나아가는 것에 있기 때문이다.[14] 즉, 그 개별 사태를 '바로 그것'이게 하는, 모든 우연적이고 조건적인 요소들을 제거한 후에도 남는 그 사태의 본질적 의미를 파악하는 것이 이 연구 방법론의 궁극적인 목적이다.[15]

밴 매넌은 자신의 체험 연구 방법이 지향하는 바를 체험의 본질을 해명하는 것, 즉 "그 체험은 무엇인가?"를 밝히는 것으로 규정한다. 그에 의하면, 현상학적 체험 연구는 사실적인 상태의 기술이 아니라, 어떤 체험

14 철학에서 "본질은 무수히 많은 개별적인 대상들을 어떤 하나의 이름으로 부를 수 있도록 해 주는 보편적이며 일반적인 요소"를 말한다(이남인, 2006: 385).

15 그러나 체험 연구 방법론에서 '본질' 및 '본질 직관' 개념은 철학적 엄밀성을 따르고 있는 것 같지는 않다. 많은 사회과학 연구자들이 실제로 어떤 체험의 본질이 아닌, 사실적인 구조를 연구할 때에도 이러한 사실적인 구조를 지칭하기 위해 본질이라는 표현을 사용하고 있기 때문이다.

의 본질을 해명하는 것이다. 밴 매넌은 현상학적 체험 연구의 과제를 체험의 본질 구조를 해명하는 것으로만 국한한다. 그는 "현상학은 경험적인 분석적 학문이 아니"라고 규정하고 "현상학은 어떤 사태의 사실적인 상태를 기술하지 않는다"고 주장했다. "따라서 그에 의하면 현상학적 체험 연구의 과제는 어떤 체험의 본질을 해명하는 데 있는 것이지, 사실로서의 체험을 해명하는 데 있는 것은 아니"게 된다. 이남인은 이러한 밴 매넌의 규정이 현상학적 방법을 지나치게 엄격하게 이해함으로써 축소 규정한 것이라고 비판한다. 밴 매넌의 주장과는 달리, 그는 "현상학적 체험 연구는 체험의 본질에 관한 연구뿐 아니라 사실로서의 체험에 관한 연구도 포함하는 것"이라고 본다(이남인, 2006: 390-391). 이남인이 지적하는 바처럼, 밴 매넌은 방법론적 지침을 이야기하는 자리에서 '본질 탐구'에의 지향을 강조한다. 그러나 이러한 주장대로 그의 접근이 과연 '사실로서의 체험'이 아닌 체험의 '본질 의미'를 포착하는 데 성공하고 있는지는 의문이다.

예를 들어 앞서 언급한 밴 매넌의 양육 체험에 대한 연구 사례에서, 그는 양육의 본질을 묻는 질문을 시작할 때, '버려진 아이의 체험'을 그 매개항[16]으로 도입한다. 그리고 '버려진 아이의 체험'을 구성하는 본질적 주제로 "뒤에 남겨진 아이는 충분하고도 유일한 방식으로 자신을 경험하지 못할 수 있다", "남겨진다는 것은 상처받기 쉬움, 불안정, 불완전의 경험이다", "버림받았다는 느낌에 대한 초기의 기억은 뒷날 그 사람의 직업에 심대한 결과를 가져올 수도 있다", "버려진다는 것은 배신의 형태로 경험될 수도 있다" 등등의 기술을 가져와 의미화 · 주제화한다. 이 주제화 명

16 밴 매넌은 이 매개항의 도입에서 체험적 내용을 혼동하는 오류를 범하고 있다. 밴 매넌은 부분적으로 '버려진 아이의 체험'과 '아이의 [어떤 순간에 받는] 버려졌다는 느낌'을 동등한 것으로 둔다. 그러면서 이 두 체험의 본질이 과정적 · 맥락적으로 전혀 다르다는 사실을 모른 척한다.

제들은 이미 생활 세계의 자연적 태도와 선입견을 반영할 뿐 아니라, 그것을 강화하는 것처럼 보인다. 따라서 이러한 기술들에 대해 다음과 같은 질문이 가능하다. 과연 이 주제화가 개별 체험의 구체성을 선입견 없이 반영하고 있는가? 다시 말해 양육에 대한 우리의 선입견, 관습적 윤리 의식, 이미 교육학이나 아동학 이론에서 주어진 사유의 틀, 인과적 설명에서 벗어나 무전제성을 성취한 것으로 볼 수 있는가? 본질적 주제를 발견하는 '본질 직관'에 대한 충분한 해명 없이, 구술 자료의 문장에서 추출한 이러한 주제들은 개별 체험의 본질적 의미, 또는 체험자 자신의 주제화가 아닌, 사태를 특정 측면에서 일반화한 것일 수 있다. '본질'이 체험 사실을 일반화할 수 있는 보편적이고 일반적인 요소라면, 밴 매넌이 언급하는 '불완전성', '불안정성', '배신', '미래의 불행한 결과' 등의 주제화는 지나치게 편향적이다. 또한 '가능성 또는 개연성의 언어'("~일 수도 있다.")를 통한 주제 정식화는 더욱 문제가 많다. 나아가 주어진 '언어화된 체험 자료', 즉 경험 이야기에서 주제 문장을 선별하는 방식이 연구자 자신의 인식 구조와 연구자가 보고자 하는바, 혹은 드러내고자 하는 바에 의해 영향받고 있지 않은지 반성해야 한다. 그리고 본질 혹은 본질 직관에 대한 분명한 개념화를 통해, 해석의 모든 과정이 엄밀한 원리에 의해 진행되고 있는지도 반성해야 한다.

체험 연구 방법론은 체험을 선입견 없이 수용하기 위해 인터뷰 과정에서부터 가능한 한 의도적이고 제한적인 질문을 피하고 포괄적이고 구체적인 질문을 던져야 한다는 지침을 갖는다. 그리고 이렇게 수집된 체험 이야기의 다양한 자료—연구 대상자의 체험 이야기뿐 아니라, 다양한 문화·예술적 자료—에서 체험의 본질 연구로 진입할 때에는, 그 체험이 벌어지고 있는 경험 세계의 구조와 성격에 대한 분석을 포함할 수밖에 없다. 즉 개별적인 체험은 그 체험의 주체가 어떠한 세계 안에 살고 있는지,

그 세계의 의미망 안에서 어떠한 계기로 행위를 선택하고 결정하는지, 어떤 감정을 느끼고 어떤 표현의 언어를 제공받는지도 고려되어야 한다. 따라서 체험 연구의 '판단 중지와 현상학적 환원'은 일차적으로는 자료 수집 단계의 방법론적 지침이지만, 그 단계를 넘어 경험 세계의 의미 구조를 해석하는 과정에도 지속되어야 한다. 경험 세계를 이미 주어진 이론이나 설명의 구조에 의거한 선입견적 일반화에 의해서가 아니라, 행위자 개인이 겪는 체험의 구체성과 차이의 관점에서 볼 수 있어야 한다. 행위자 개인의 체험은 생활 세계의 의미망에 포획되어 있기도 하지만 그것과 갈등하기도 하며, 다른 사람들과의 관계에 의해 강요되기도 하지만 협상하기도 하기 때문이다. 이러한 복합적인 탐구 과정은 현상학이 제공하는 연구의 토대, 즉 선입견을 버리고 개별 체험에로 직접 진입하기, 그리고 개별 체험으로부터 그것이 '무엇인지', '무엇을 의미하는지' 본질적 의미를 추출하기를 넘어, 세계 경험과 언어의 순환 구조를 밝히는 해석 단계의 도입을 필요로 한다.

5. 체험 연구의 해석학적 확장

현상학적 체험 연구는 이중적인 긴장 안에 놓여 있다. 그것은 개별 체험의 고유성에서 출발해 그것의 보편적인 본질적 의미 주제를 발견해야 하고, 생활 세계에서 출발하면서 동시에 어떠한 선입견으로부터도 자유로워야 한다. 확실히 "현상학은 '무한히 추구하는 성찰'이다. 왜냐하면 자기 자신이 겪은 체험의 잠재적 의미는 반성을 채우고도 넘치기 때문이다" (리쾨르, 2002: 76).

현상학적 체험 연구를 포함해 질적 연구 방법론들의 해석 과정은 늘 동일한 난제에 직면하는데, 그것은 수집된 체험 자료는 '언어화된 텍스트' 이지만 연구의 지향은 이 주어진 언어 텍스트 너머의 '체험된 실재'를 밝혀내는 것을 향한다는 점이다.

해석학은, 체험은 언어를 통해 기억되고 반성되고 전달된다는 사실에서 출발한다. 체험 이야기는 이야기하는 주체에 의해 '구성된 것'이다.[17] 이야기하는 행위는 현재의 관심 주제를 중심으로 다양하고 산발적인 체험의 요소와 계기들을 텍스트로 만드는 언어적 구성이다. '이야기할 (만한) 것'을 선별하는 구성은 이야기에서 불가피하다. 따라서 체험 이야기는 체험들의 의미화된 전체다.[18] 그리고 이 의미화된 체험의 구성 과정에는 생활 세계의 의미 체계가 개입한다. 그것은 반성 이전의 자연적 태도이며, 이미 주어진 개념과 '선입견'의 결과이기도 하다.

여기서 핵심적으로 고려해야 할 점은, 경험은 소유되는 것이 아니라 개인들을 구성하는 내용이라는 점이다. 경험은 다가가야 할 실체가 아니라 설명되어야 하는 것, 해석되어야 하는 것이다(Scott, 1991). 체험 연구의 해석이 지향해야 할 '체험'은 날것의 실재가 아니라, 경합하는 의미망들의 함축적 포화다. 체험은 세계 내에서, 언어화되기 이전에도 이미 일정한 '행동의 의미망' 안에서 상징적으로 매개되어 있다(리쾨르, 1999). 그리고 그 상징적 행동의 의미망은 한 생활 세계 내의 모든 행위자에게 동일하지 않다. 지배적인 의미망 이외에도 경합하고 교차하는 다양한 의미망이 공존한다. 인간의 행위는 물리적 사건과는 달리 목적과 동기에 의한 주체적인 결정과 선택을 내포한다. 행동의 주체는 상황과 조건 안에서 고

17 리쾨르Paul Ricoeur는 이를 '형상화figuration'라고 정의한다. "삶의 스토리는 주체가 자기 자신에 대해 이야기하는 진실하거나 꾸며낸 모든 스토리들로 끊임없이 다시 형상화된다. 그처럼 다시 형상화함으로써 삶은 이야기된 스토리들로 짜여진 직물이 된다"(리쾨르, 2004: 472).

18 이 의미화된 전체를 한나 아렌트Hannah Arendt는 '서사적 정체성narrative identity'이라고 규정한다(리쾨르, 2004: 471 참조).

통과 시련을 당하기도 하고, 상호 작용의 협력과 경쟁에 노출되며, 갈등과 한계에 직면해 행위를 수정하기도 한다. 선택은 실패하기도 하고 성공하기도 한다. 또한 행위는 과정이기에 시간적 변화와 변이에 노출되어 있다. 이러한 행위의 상징적 의미망은 체험 연구가 체험 사태 그 자체로 진입하고자 할 때, 반드시 고려되어야 할 선이해의 구조이기도 하다. 언어화되기 이전의 체험 그 자체도 이미 일정한 의미화의 결과다.[19] "세계 안에서 인간의 행위는 아무런 전제나 선구조 없이 일어나는 사건이 아니다. 하나의 행위가 형성되고 이해되기 위해 언어화되기 이전부터 의미, 상징, 시간 질서 안에서 위치지어져야 한다"(김애령, 2002: 183). 이러한 선이해의 구조는 그 자체로 해석의 중요한 항목으로 고려되어야 한다. 상징적 의미망의 복합적 맥락이 해명되지 못하면, 체험의 본질적 의미 해석은 체험 연구가 지향하는바 그 '유일한 것의 이론'에 도달할 수 없다. 그런데 체험 연구 방법론은 이 지점을 충분히 고려하지 못하고 있는 듯이 보인다.

체험 이야기에서 체험의 본질적 의미를 추출하는 과정에서도 '이야기된 것'의 구성적 특성이 고려되어야 한다. 체험을 이야기하는 인터뷰 상황은 '대화 상황'이다. 질문자인 연구자는 평가적이고 선입견적인 질문을 피해야 할 뿐 아니라, 체험을 일반화하려는 화자(연구 참여자)의 의도를 제어해야 한다는 밴 매넌의 체험 연구 방법의 지침은 이야기가 체험에 대한 평가나 해명, 자기 정당화를 포함할 수 있음을 의식한 것이다. 체험 그 자체를 말할 수 있는 상황을 구성해야 한다는 요청은 이러한 인식에서 출

19 "인간의 행위는 언어적으로 구성되기 이전에도 이미 고유의 질서들에 의해 규정되어 있다. 리쾨르는 행위가 세계 내의 선이해 구조에 의해 이미 규정되고 있다고 하는 사실을 세 가지 특질을 들어 설명한다. 즉, 행위는 늘 이미 의미 구조(개념의 망, Begriffsnetz)와, 상징적인 요소들 그리고 시간적 특질들에 의해 매개되어 있다는 것이다"(김애령, 2002: 183).

발한다. 체험 연구의 대상은 생활 세계 내에서의 일반화된 자연적 태도에 의해 재단된 체험이 아니라, 그 일반화 사이에서 차이를 만들어 내는 체험의 구체성이다. 언어화의 구성 과정에서 미끄러지는 감추어진 체험 요소들에 대한 배려 없이는 체험의 고유성은 다시금 일반화된 언어에 포획될 수 있다. 그러나 대화 상황에서 연구 대상자는 상대인 연구자의 의도에 반응하게 된다.[20] 이러한 대화 상황의 맥락적 구조는 체험 그 자체에 도달하고자 하는 판단 중지의 의지를 원천적으로 어렵게 한다. 현상학의 무한한 성찰은 이 연구 과정에서 발생하는 연구자와 대상자 사이의 권력 구조에 대한 해석을 포함해야 한다.[21]

이 같은 상황을 고려하면서, 해석학은 "문화적 대상 일반을 파악하는 데에서 작용하는 '선이해'의 역할을 고찰함으로써, 이데올로기적 현상의 극복할 수 없는 특성을 나타낼 수 있다"(리쾨르, 2002: 51). 무한한 성찰의 필요성은 선이해가 모든 연구 과정 안에 내재한다는 사실에 근거한다. '해석학적 순환'의 구조 안에서 선이해는 이해와 해석의 토대이지만, 때로 체험의 의미를 왜곡하는 권력화된 선입견으로 작용할 수 있다. "오해가 주석의 근본 구조인 것과 마찬가지로(슐라이어마허), 선판단Vorurteil은 사회적인 또 제도적인 형식 내에서 이루어지는 소통의 근본 구조다"(리쾨르, 2002: 51).[22] 바로 그렇기 때문에 해석학은 이데올로기 비판의

20 인터뷰의 대화 상황을 반성적으로 성찰할 때, 우리는 다음과 같은 사실을 직시하게 된다. "자기 본위적이거나 경솔한 질문들로 인한 강요의 효과를 피할 수 있는 응답자는 없다. 특히 억지로 강요당한 대답이 분석가를 향해 돌려보낼 수 있는 반동의 효과를 피해 갈 분석가도 없다. 그런 반응을 접한 분석가는 해석을 할 때, 자신도 모르는 사이에 만들어 냈던 인위적이거나 우연적인 답을 심각한 것으로 여기기 마련이기 때문이다"(부르디외, 2002: 1467).

21 사실 여기에서 고려되어야 할 '권력'이 연구자의 것만은 아니다. 한편으로는 연구자와 연구 참여자가 함께 사용하는 언어의 권력 또는 무의식까지 침투되어 있는 사회적 이데올로기가 비판되어야 한다. 또한 연구 참여자의 의식 · 무의식적 자기 정당화 욕구의 '간섭'에서 벗어나 체험 그 자체의 본질을 밝혀내기 위해서는 '언어화된 텍스트'에 대한 '현상학적인 판단 중지와 환원', 그리고 '심층 해석'의 과정이 필요하다.

필연성을 나타낼 수 있다. 해석 주체는 비판적 '거리두기'를 통해 역사적 연관이 만들어 내는 선이해의 구조 전체를 해석의 대상으로 삼아야 한다.

체험 연구가 목적하는 체험의 본질적 주제 의미 발견은 체험 이야기 텍스트를 출발점으로 한다. 텍스트로 구성된 체험의 의미를 밝히려는 시도는 언어가 매개되지 않는 실체로서의 날것인 체험을 향할 수 없다. 따라서 "해석학은 텍스트 아래 숨어 있는 심리적 의도를 탐구하는 것이라고 정의되지 않고, 텍스트에 의해 나타난 세계-내-존재를 명료화하는 것이라고 정의된다. 텍스트 속에서 해석해야 할 것은 세계의 명제, 즉 내가 그곳에 살 수 있고 내가 거기에서 나 자신의 가능성을 투영할 수 있는 세계, 이러한 세계의 계획이다"(리쾨르, 2002: 53). 다른 한편 텍스트 이전의 체험도 이미 하나의 해석이다. 체험은 살아가는 세계에 대한 해석, 타자와의 관계에 대한 해석, 행위자의 기대와 전망을 내포하는 해석의 결과다. 그리고 이러한 해석은 해석되어야 한다(Scott, 1991). 따라서 체험 연구가 도달해야 할 것은 체험 그 자체가 아닌, 세계에 대한 해석의 결과로 만들어진 체험의 의미다.

체험 연구에서 '현상학적 판단 중지와 환원'은 연구자의 선입견과 개념적 예단에 대한 부단한 성찰을 요구하며, 연구 자료의 수집 과정뿐 아니라 연구의 모든 과정에서 고려되어야 할 태도의 전환을 의미한다. 그러나

22 현상학적 연구 과정에서 괄호 쳐져야 할 '선입견'도 선이해의 한 형태라고 할 수 있다. 행동을 구조화하는 생활 세계의 의미망은 많은 경우, 선입견과 편견에 사로잡혀 있을 것이기 때문이다. 선입견 내지는 편견을 포함해 행위가 놓여 있는 의미의 전제들을 이해하는 일은 해석학적 · 현상학적 탐구 과정에 필수적이다. 이 구조적 전제들에 대한 비판적 성찰이, 바로 현상학적 해석학 방법론을 관통하는 지침이 되어야 한다. '현상학적 · 해석학적 연구'라는 표현은 현상학과 해석학이 공속되어 있음을 전제한다. 현상학은 해석학의 전제로 남아 있으며, 그 역도 마찬가지다. 연구 방법론의 차원에서 이야기하자면, (얼마간의 개념적 · 조작적 도식화를 통해 이야기하자면,) 어떤 체험 사태에 접근하는 일차적 과정은 '현상학적 판단 중지와 환원'을 통해 선입견을 배제하고 사태 자체로 진입하고자 하지만, 그렇게 얻은 체험 사태가 그 성립에서부터 피할 수 없는 선이해 구조의 산물이라는 사실을 인식하면서, 다시금 해석학적 이해의 순환 구조 안에서 해석되어야 한다는 것이다.

현상학은 '해석학적 전제' 없이 그 자체로 성립될 수 없다.[23] 나아가 현상학적 연구는 확장된 해석학을 포함해야 한다. 즉 해석 작업이 경험 이야기의 언어화된 텍스트라는 한정된 영역을 넘어, 행위의 상징 체계와 의미망을 해석하는 것으로 확장되어야 한다는 것이다. 그것은 체험 그 자체가 이미 상징적 의미화의 결과이며 세계와 타자들과의 관계에 대한 해석이라는 사실을 인정해야 하기 때문이다. 해석학은 단지 언어화된 텍스트를 대상으로 하지 않는다. 해석학은 이야기 이전의 체험 세계의 상징적 의미망에 대한 해석으로 확장되어야 하고, 나아가 텍스트를 해석하는 매 상황에 개입하는 연구자의 위치와 관점에 대한 해석으로 확장되어야 한다. 해석학은 해석의 모든 과정, 텍스트의 안과 밖, 전과 후 모든 맥락적 연관을 또한 해석의 대상으로 포함해야 한다.

6. 나오는 말

밴 매넌의 체험 연구 방법에 근거한 연구들을 살펴보면 정형화된 연구 도식에 따라, 어원 분석, 관용어 분석, 예술 작품 참조 등의 절차를 거쳐 인터뷰 자료에서 본질적 주제를 추출하는 동일한 패턴을 발견하게 된다. 정형화된 연구 방법method의 도식은 막연하게 여겨지는 질적 연구 방법론을 지탱해 주는 이론화 장치이며, 때로 '대표성을 갖지 못하는 부분에 대한 연구', '구조를 보지 못하는 미시적 연구'라는 오명으로부터 질적 연구 방법론을 지켜 주는 학적 정당화 근거다. 그러나 연구 방법의 수행

23 물론 해석학도 현상학적 기초 위에 세워져 있다. "해석학은 현상학으로부터 멀어지면서도 현상학을 간직하고 있다: 현상학은 해석학이 넘어설 수 없는 해석학의 전제로 남아 있다"(리쾨르, 2002: 36).

이 질적 연구 방법론methodology을 이끌어 냈던 철학적 성찰의 과정과 분리되면, 질적 연구는 양적 연구와 별반 다르지 않은 결과에 도달하게 된다. 연구 결과를 들여다보는 현상학자, 해석학자들은 그 방법론적 장치와 과정에도 불구하고, 이 연구 방법이 지향하는바 현상학적이고 해석학적인 연구가 되지 못한다고 느끼게 되기도 한다.

체험 연구 방법론을 포함한 질적 연구 방법론이 봉착하는 이러한 한계점은 이들이 여전히 '과학제일주의'의 망령과 싸워야 하기 때문에 발생한다. 밴 매넌이 제시하는 체험 연구 방법의 상세한 절차적 장치들도 이러한 점을 잘 드러낸다. 이에 대해 부르디외Pierre Bourdieu는 질적 연구의 분석 방법에 대한 상세한 지침이 오히려 방법론의 본질을 놓칠 수 있다고 지적한다. "이는 이 글들[방법에 대한 상세한 기술]이 이미 오래된 방법론적 원칙에 충실하고 있기 때문인데, 그 원칙들을 많은 인정을 받고 있는 과학적인 학문에서 볼 수 있는 엄격성이라는 외부적 특징을 흉내내려는 데서 비롯된 것이다"(부르디외, 2002: 1463). 이는 질적 연구 방법론이 극복하고자 했던 태도, 즉 "과학적이라기보다는 과학으로 모든 걸 설명할 수 있다고 믿는 과학제일주의적인 방법론의 규범 안에서나, 또 감정이 녹아 있어 설명하기 어려운 면을 비과학적인 것으로 몰아 경계하는 태도"를 반복하는 오류이기도 하다(부르디외, 2002: 1464).

현상학과 해석학은 질적 연구 방법론의 토대와 지침을 제공하고 연구윤리와 반성을 촉구할 수는 있지만, 구체적인 방법의 절차를 제공하지는 못한다. 현장 연구자들에게 막연한 윤리적 태도를 강요하면서, "잘 해석해야 한다", "해석의 모든 과정에서 해석학적 순환이 고려되어야 한다", "선입견을 괄호 치고, 자연적 태도를 판단 중지하고, 사태 그 자체로 나아가야 한다"는 원리를 반복하는 것은 큰 도움이 되지 못할 수 있다. 그들에게 필요한 것은 어떻게 잘, 어떻게 사태 그 자체로 나아갈 수 있으며,

어느 길을 통해*meta hodos* 체험의 본질적 의미를 발견할 수 있는지를 찾아내는 구체적인 연구 절차일 것이기 때문이다. 그러나 해석학과 현상학은 연구 방법론의 지평을 옮긴다. 즉 과학 제일주의라는 규범에서 벗어나, 결국 "이해하는 것과 설명하는 것은 하나"(부르디외, 2002: 1472)라는 사실을 발견하게 한다. "설명과 이해가, 상호 배타적인 극을 형성한다기보다는, 해석이라고 불릴 수 있는 하나의 복합적인 과정의 상대적 순간들relative moments로 간주될 수 있다"는 것이다(리쾨르, 2002: 194).[24] 리쾨르의 말대로 "만약 철학이 살아남아야 하는 것이라면, 방법론적 분열을 조장하는 것이 그 방법은 아닐 것이다. 철학의 운명은 바로 사물과 존재들에 대한 우리의 진리 관계의 좀 더 근본적인 개념에 방법론을 종속시키는 능력에 달려 있다"(리쾨르, 2002: 195). 이것이 바로 질적 연구 방법론의 토대가 되어야 할 철학의 근본화(철저화)radicalization다.

이 철저한 근본적 토대 위에서 해석학과 현상학이 다른 인문 · 사회과학의 현장 연구들과 만나 함께 질적 연구 자료를 분석하고 해석하는 과정을 공유할 수 있다면, 이런 학제적인 노력은 새로운 방법론적 성과를 만들어 낼 수 있을 것이다. 방법은 각 학문 분과의 관심과 필요에 따라 다르게 만들어지고 적용되어야 할 것이지만, 현상학적 해석학의 방법론적 원리는 인문 · 사회과학의 모든 분과에서 다양한 방법들을 포괄해야 할 것이다.

현재 철학이 제공할 수 있는 것은 정형화된 도식적 연구 절차나 장치에,

24 설명과 이해의 방법론적 분리는 딜타이Wihelm Dilthey로부터 기인한다. 딜타이는 실증주의적 요청, 즉 "자연과학 분야에서 통용되고 있던 경험적인 설명을 모든 지성의 모델로 삼으라는 요구"에 직면해, 정신과학은 이와는 전혀 다른 방법론적 능력인 '이해'의 능력을 요구한다는 사실을 강변한다. "자연적 사물과 정신 간의 지위의 차이는 설명과 이해 간의 지위의 차이를 지배한다." 정신과학의 독자적인 '과학적 방법'의 확립을 위한 이러한 방법론적 분리는 그러나 해석학을 인식론의 변종으로 만들었다(리쾨르, 2002: 81-112).

무엇이 되었든 연구 자료를 다루는 모든 과정에 개입되어야 할 '성찰'을 촉구하는 것이다. 질적 연구 방법론의 현상학적 토대가 무엇인지, 텍스트를 해석학적으로 다룬다는 것의 의미가 무엇인지를 분명히 하는 것, 이것이 질적 연구 방법의 의의와 가능성을 확장하는 출발이 될 것이다. 현상학적 판단 중지와 환원은 연구 자료의 수집과 연구자의 텍스트 기술記述 과정 모두에 적용되어야 하며, 심층 해석 작업은 체험과 체험 이야기뿐 아니라 언어화되기 이전의 행위들, 연구자 자신의 선입견과 기존의 모든 개념, 관념 체계들까지를 대상으로 해야 한다. 그래야만 질적 연구 방법론이 계량화된 양적 연구의 한계를 넘어 체험의 구체성에 다가가고, 일반화된 설명의 구조에서 누락된 개별적이고 구체적인 체험의 의미를 밝혀 줄 수 있다.

"해석은 먼 것(시간적 · 지리적 · 문화적 · 정신적으로)을 가깝게 하는 것이다"(리쾨르, 2002: 51). 그러나 또한 해석은 가까운 것일수록 거리를 두고 먼 관점에서 접근할 것을 요구한다. 체험의 잠재적 의미는 반성을 채우고 넘치도록 다양한 요소를 내포하고 있다. 그렇기 때문에 "현상학은 '무한히 추구하는' 성찰"이어야 하며, 해석은 무한히 지속하는 과정이어야 한다.

참고 문헌

거넬, 존 G., 『주류 사회과학 방법론 비판』, 김종술 옮김, 나남, 1990.

김애령, 「시간의 이해, 이해의 시간: 리쾨르의 시간의 재형상화 논의」, 『해석학 연구』 제9집: 169-190, 2002.

리쾨르, 폴, 『텍스트에서 행동으로』, 박병수 · 남기영 편역, 아카넷, 2002.

____, 『시간과 이야기 1 : 줄거리와 역사 이야기』, 김한식 · 이경래 옮김, 문학과 지성사, 1999.

____, 『시간과 이야기 3 : 이야기된 시간』, 김한식 옮김, 문학과지성사, 2004.

박지영, 「노인 자살 생존자의 자살 경험에 관한 연구」, 『정신보건과 사회사업』 제27집: 295-330, 2007.

밴 매넌, 막스, 『체험연구: 해석학적 현상학의 인간과학 연구방법론』, 신경림 · 안규남 옮김, 동녘, 1994.

부르디외, 피에르, 『세계의 비참』, 김주경 옮김, 동문선, 2002.

신경림 외, 『질적 연구 방법론』, 이화여자대학교출판부, 2005.

이남인, 『후설의 현상학과 현대철학』, 풀빛 미디어 2006.

이희영, 「사회학 방법론으로서의 생애사 재구성: 행위이론의 관점에서 본 이론적 의의와 방법론적 원칙」, 『한국사회학』 제39집 3호: 120-149, 2005.

정혜경 · 홍성하, 「간호학에서의 질적 연구 방법에 대한 현상학적 고찰: 보살핌의 현상학」, 『철학과 현상학 연구』 제18집: 176-203, 2002.

조광제, 『의식의 85가지 얼굴: 후설 현상학의 주요 개념들』, 글항아리, 2008.

최신일, 「질적 연구의 철학적 배경」, 『초등교육연구논총』 제17권 2호: 263-275, 2001.

한전숙, 「후설의 실증주의 비판」, 『철학논구』 제15집: 9-19, 1987.

허라금, 『원칙의 윤리에서 여성주의 윤리로』, 철학과현실사, 2004.

홍성하, 「응용현상학의 과제와 전망」, 『현상학적 간호 연구 방법의 재조명』, 대한 질적 연구 간호학회 학술대회, 2002.

후설, 에드문트, 『유럽 학문의 위기와 선험적 현상학』, 이종훈 옮김, 한길사, 1997.

Scott, Joan W., "Experience," *Critical Inquiry*, No. 17: 773-797, 1991.

Husserl, Edmund, *Ideen zur einer reinen Phänomenologie und phänomenologischen Philosophie, Erstes Buch*, hg. von Walter Biemel, Leiden, 1950.

____, *Arbeit an den Phönomenen, Ausgewählte Schriften*, hg. Bernhard Waldenfels, F/M, 1993.

Waldenfels, Bernhard, *Einführung in die Phänomenologie*, F/M, 1992.

근대 제국의 경계짓기와 로컬 '향토'의 상상*

김진희

1. 제국의 문화 논리와 조선 문화의 로컬화

1930년대 후반에서 1940년대 전반까지 일본의 '동아신질서東亞新秩序' 기치 아래, 제국의 한 지방 문화로 인식된 조선 문화는 공간적인 위치는 물론, 그 가치나 문화적 함의에서 '로컬'의 차원에서 이해되었다. 일본 제국의 입장에서는 근대 파시즘 권력의 확장에 따른 권력 재편으로서 중앙과 지방, 중심과 주변, 내지와 변방이라는 위계 질서를 확장, 공고화하는 의미를 갖고 있었다. 이런 맥락에서 대동아라는 지역주의 구상 속에 새로운 근대의 중심인 제국 일본과의 관계 속에서 주변 조선은 로컬의 정체성을 부여받았다.

제국 일본의 문화 담론은 근대의 위기를 서양의 위기와 동일시하면서

* 이 글은 『어문연구』 제61집(2009)에 게재되었던 논문을 수정 · 보완한 것이다.

근대의 비판과 초극을 동양의 가치의 발견과 복권을 통해 이루고자 했으며, 이를 통해 근대 제국으로서 파시즘의 확장 및 공고화를 실현하고자 했다. 이는 근대의 파국이라는 시간적인 종말 의식을 다시 생성으로 재설정하기 위해 공간적 · 지리적 담론을 도입한 것이다. 즉 서양의 근대가 끝나고, 동양이라는 새로운 지역을 중심으로 새로운 역사의 시간을 구성해야 한다는 역사 의식의 발로였다. 이를 위해 일본은 대동아 단결과 공영의 논리를 펼쳤으며 동양 문화의 탐구를 제창했는데, 식민지에서의 전통주의나 전통 지향성 역시 이런 문화정치적 변화와 밀접히 연관되어 있다.

그러나 일본이 식민지에서 기획한 동양 문화의 탐구는 제국 일본과는 다른 것이었다. 그들은 자국의 문학을 중심과 보편으로 규정하며, 각각의 식민지(대만, 조선 등) 문화를 제국의 지방 문화로 위치시켰다. 일본 제국의 문화 균질화 정책에 따른 중심과 주변의 논리는 조선의 문화를 제국의 지방 문화로 위치시켰다. 제국과 균질적인 공동체의 이상을 토대로 하면서도 차이와 차별을 통해 끊임없이 조선(문화)을 주변화시키는 로컬리티의 문화정치학을 작동시켰다.

특히 로컬리티를 추동하는 근저에 젠더적 위계가 작동하고 있었는데, 이것이 서구의 오리엔탈리즘처럼, 서양연西洋然하는 일본이 식민지 국가를 타자화시키며, 자신을 비서구이지만 서구라고 생각하는 모순적이고 양가적인 의식의 핵심이었다. 이런 점에서 1930년대 후반 식민지 시기를 관통하는 한국의 근대 문학, 혹은 문화를 이야기할 때 로컬리티는 일본의 대동아공영권大同亞共榮圈의 문화 정책이 환기하는 지리적 · 공간적 배치와 그에 따른 차별과 배제의 지점들과 함께 논의할 수밖에 없을 것이다. 즉 서양의 제국이 식민지를 미개와 미몽, 야만과 같은 특성, 또는 이국적이고 에로틱한 성격을 부여했듯이 일본은 조선에 동아시아 지역의 한 뿌리임을 강조하고(同祖同根論), 내선일체內鮮一體를 주장하면서 제국의 지방 문화로서의 균질적인 발전을 강요하는 한편 지방 문화의 야만성과 원시성, 관능성 등을 통해 '지방색=향토색'을 갖춘 제국이 거느린 다양한 지방 문화 중의 하나라는 정체성을 부여했다.

이런 문제 의식 속에 당대 식민지 조선의 조선 문화 운동에 주목할 필요가 있다. 1930년대 초반 민족주의 계열의 조선 문화 운동으로 촉발된 '조선 문화 담론'은 고전과 전통, 향토, 민족 등의 관념과 이미지를 만들어 내면서 조선 문화의 정체성을 모색해 나갔다. 이 운동은 무엇보다 제국이 강요하는 식민 문화에 대한 저항의 의미를 갖는 것이었지만, 그러나 조선 문화의 독자성을 찾고, 전통을 찾는 작업이 지방 문화의 특수성과 다양성 탐구를 통해 근대화의 '보편' 문화를 추구하려던 일본의 로컬리티 정치학 밖에서 사유되고 실천될 수 있었던 것인지는 회의스럽다. 즉 식민지에서 추구한 조선 문화의 특수성이 '보편'이라는 제국의 근대 문화 기획 안에 포획된 것으로, 지방 문화의 다양성이라는 측면에서의 정치적인 위상을 가질 수밖에 없었다는 뜻이다. 이는 1930년대 후반 조선 문화 담론은 일본의 식민지로서 민족 문화의 정체성을 찾고자 하는 주체적인 것이면서도 한편으로는 제국의 시선에 의해, 그 시선을 의식하면서 사유할 수밖에 없었음을 의미하는 것이기도 하다.

이 연구는 제국과 식민지라는 지리적·공간적 관계는 물론 정치적·문화적으로 중심과 주변이라는 위계 속에 놓인 1930년대 후반 조선 문화의 '로컬' 혹은 '로컬리티'를 재고해 보는 글이다. 또한 이 연구의 목표는 향토와 로컬리티를 논의하고 있는 기존의 연구 성과들에 대한 일종의 메타비평적 성격을 가지면서 새로운 연구의 방향을 제시하고자 하는 것이다. 1930년대 식민지 후반기의 조선 문화를 '로컬리티'라는 용어나 개념을 내세우며 연구하는 경향은 최근 확장되고 있다.[1] 물론 그 전에 향토나 고향 관련 연구, 페미니즘 문학 연구에서 로컬의 개념을 문제삼지 않은 것은 아니지만 글로벌화에 따른 지역과 로컬의 부상과 그에 따른 로컬리티 담론은 문학 연구에도 근대의 지리적 · 공간적 배치와 이에 따른 문화적 · 경제적 권력 배치의 문제를 다시 돌아보게 하고 있다. 동시대 지방문학은 물론이고, 문학사적으로 1930년대 제국 일본의 대동아공영권이라는 문화정치적 공간 배치와 문화 논리에 대한 통찰 역시 새롭게 주목할 수 있다.

이 글은 1930년대 제국 일본의 식민지로서 로컬의 정체성을 부여받은 조선이 자신의 독립적인 정체성을 어떻게 정립하고자 했는가 당대 유행했던 '향토'라는 상상력을 중심으로 살펴보고자 한다. 보편이나 중심, 혹은 전체라는 대의명분에서 '로컬'을 문제삼는 것은 그런 힘에 의해 함몰되었던 주체 혹은 로컬의 고유성, 즉 정체성을 복원하자는 의지를 반영한다.[2] 이런 의미에서 식민지-주변부 문화로 치부된 조선 문화의 정체성이 향토 문학을 통해 어떻게 중심-제국의 지배를 비껴 독자적인 정체성을 창안할 수 있었는가 논의해 보고자 한다.[3]

2. 제국의 자본과 로컬의 상품화: 대중 문화와 향토성

1930년대는 영화나 잡지, 미술 등 다양한 문화 영역에서 로컬 담론 혹

1 최근 로컬리티라는 개념은 로컬이 글로벌에 대해 갖는 차이와 특수성이 보편 중심에 대한 균열의 계기가 되는 것에 더욱 주목하고 있다. 로컬이 갖는 잠재성을 인정하는 것이 중요하긴 하지만, 한편으로는 식민지와 제국과의 관계에서 중심과 주변의 권력 관계에 대한 이해에는 중심으로서의 제국과 식민지 주변이라는 경계(성) 자체에 대한 이해가 필수적이다.

2 장희권, 「문화연구와 로컬리티: 실천과 소통의 지역인문학 모색」, 『비교문학』 제47집, 2009.

3 이 연구의 중점은 향토 문학에 놓여 있지만, 식민지 문화를 로컬화하는 제국의 지배력을 고찰하기 위해 대중 문화-영화에서의 로컬 담론을 대비적으로 살피는데, 당대 로컬 영화의 대표였던 〈나그네〉가 논의의 중심에 있다.

은 향토색 등의 주제가 유행했다. '로컬 컬러local color'나 '향토색'을 강조하는 구체적인 창작 방법이 당대 제국 일본의 문화 정책이나 창작자들에 의해 직접 주어지고 논의되었기 때문에 대중 문화에서는 좀 더 폭넓게 이를 수용할 수 있었다. 더군다나 '향토'의 상상력은 민족에 대한 (사회적 · 문화적 구성물이라기보다는) 자연적 본질로서의 환상을 환기시킬 수 있었기 때문에 대중 문화와 쉽게 만날 수 있다. 즉 향토나 고향 등 전통문화에 대한 상상은 대중 문화 안에서 민족을 의미하는 수많은 상징적 문화 요소와 얽혀 (재)유포되고 유지된다.[4] 당대 '향토성' 또는 '지방색'이라는 용어로 표현된 조선 문화 역시 제국인 일본의 중앙 문화와 차이를 강조함으로써 조선 문화의 독자성을 드러내려 했다.

그러나 이러한 의도와는 달리 지방색, 즉 로컬의 대표적인 특성이었던 향토색은 제국의 문화 권력이 작동하는 가장 중요한 지점이었다. 이는 당대 영화가 생산하는 조선의 로컬리티가 제국주의 문화 권력과 공모해 식민지 조선의 로컬화를 수용하고 공고화하는 데 기여했음을 의미한다. 즉 1930년대 후반 조선의 영화는 가난, 겁탈, 살인, 탈향의 모티프들을 강조함으로써 현실에 대한 비판과 저항의 기능보다 숙명론적 세계관을 강화하는 한편 민족의 수난을 내면적으로 수용하게 만들고, 나아가 제국의 입장에서 조선을 하나의 농촌(지방)으로 인식하게 만드는 데 기여했다.[5] 이는 식민지 시대 영화의 로컬 컬러가 일본이라는 타자의 시선으로 조선적인 것을 담았기 때문에 옥시덴탈리즘Occidentalism적 시각에서 자유로울 수 없었으며 조선의 현실을 냉철하게 표현할 수도 없었음을 의미한다.[6]

이처럼 영화에서 재현되는 향토색은 식민지를 지배하는 일본의 문화

4 팀 에덴서, 『대중문화와 일상, 그리고 민족정체성』, 박성일 옮김, 이후, 2008, 43면.
5 이화진, 「식민지 영화의 내셔널리티와 향토색」, 『상허학보』 제13집, 2004.
6 강성률, 「1930년대 로칼 칼라 담론 연구」, 『영화연구』, 33호, 2007.

정책과 자연스럽게 맞닿으면서 식민지인 조선의 문화를 제국의 주변 문화로 위치시키는 데 기여했다. 즉 조선 문화의 특수성을 유지함으로써 제국 문화의 다양성을 보장해 주는 방식으로 대동아공영권의 이상을 실현하는 것으로 조선의 언어와 문화라는 것은 민족적 정체성이 아니라 대동아공영권 내에서의 지방적 정체성을 담지하는 것으로 모색되었다고 평가할 수 있다.[7] 특히 가야금과 요정 장면과 기생 등이 동원된 엑조티즘에 대해 당대의 비판이 없었던 것은 아니지만,[8] 당대의 로컬 컬러 담론은 흥행 영화인 〈나그네〉의 주요 주제가 가난 때문에 살인을 저지르게 되는 비극적 현실성에 있었음에도 불구하고, 조선의 문화를 이국적 정서의 로컬 컬러에만 집중하고 있는 문화적 현실을 보여 준다.

> 一曰 朝鮮的이오 二曰 朝鮮的이오 三曰 朝鮮的이라고 역설한 그 힘이었습니다. 즉 지방색, 로컬 컬러가 농후하다는 지적이 유리하게 주효하여 동경 시장에 〈나그네〉가 일약 등단하였던 것입니다. 그곳 평론가들의 눈이 잘 보았던 것인지 또 〈나그네〉에 정말 조선색이 그처럼 포함되었는지 아직 그 때까지는 고도의 분별안을 못 가진 나로서는 어떻다고 말할 수는 없으나 어쨌든 영화가 그 어떤 고유한 특색을 내용으로 함에서부터 <u>오히려 넓게 팔릴 수 있는 것만은 실례로 보아 사실인 것 같습니다.</u>[9] (밑줄 인용자)

첫째도, 둘째도, 셋째도 조선적인 로컬 컬러를 강조하는 위 인용문은 '조선적인 것'에 몰입되어 있는 영화계의 현실을 단적으로 보여 준다. 당

7 백문임, 「대동아공영권과 임화의 조선영화론」, 문학과 영상학회 학술대회 발표논문집, 2005년 가을 정기학술대회, 2005.

8 이헌구는 작품과 관련 없는 로컬 컬러가 작품성을 오히려 죽인다고 비판한다. 「조선영화인에게: 소박한 계몽적 수언」, 『문장』, 1940, 6/7월호.

9 이창용, 「고려 영화의 금후」, 『조광』, 1939. 11.

대 '로컬 컬러' 담론을 이끈 영화는 〈나그네〉였다. 그 영화의 제작자인 조선영화주식회사의 최남주는 조선적 향토색과 조선색과 조선 정조가 농후한 작품을 만들겠다고 역설하기도 했다.[10] 그런데 이런 기획 의도의 근저에 〈나그네〉 같은 영화를 만들어 일본은 물론 다른 나라에 수출하겠다는 욕망이 존재함에 주목할 필요가 있다.

영화가 다른 문화 매체에 비해 향토색과 로컬 컬러의 구현을 강조할 수밖에 없었던 이유와 이를 통해 제국의 문화 논리의 충실한 공모자가 될 수밖에 없었던 이유는 영화 산업 시장의 논리로부터 자유로울 수 없었기 때문이다. 당대 영화 시장에서 '조선적인 색채'나 '향토색'은 조선 영화의 경제적 존립상의 문제에서 제기된 것이었다. 따라서 이를 해결하기 위해 영화 제작의 기업화, 합리화 논의가 제기되었으며, 일본과 합작 형식으로 제국의 자본이 조선에 들어오게 되었다. 그런데 일본의 지배 하에 있었던 동(남)아시아에 수출함으로써 이윤을 창출하고자 한다면 조선적인 색채가 강한 영화를 만들어야 할리우드 영화와 구별된다는 판매 전략이 자연스럽게 도출될 수밖에 없었다.

연구자들이 주목하는 이런 현실—일본이 가진 소비 시장, 일본의 자본 등이 식민지 영화의 성격 형성과 발전에 영향을 주는—은 결국 식민지가 제국의 문화 자본의 영향력 안에 있기 때문이라 할 수 있다.[11] 이런 의미에서 향토색은 제국의 근대적 자본이 투자된 식민지의 상품으로 발명되어 식민지의 로컬리티를 구현한 것으로 드러난다.[12] 당대 사회주의 계열

10 최남주, 「조선 영화계의 돌격대」, 『조광』, 1938. 1.

11 앙리 르페브르는 근대 민족국가의 국가적 시장이 로컬이나 지역적 시장을 예속시키고, 위계화시킨다고 한다. 이런 지적은 제국의 로컬인 식민지 시장이 제국의 시장 원리에 지배되는 것과 유사하다고 할 수 있다(Henri Lefebvre, *The Production of Space*, translated by Donald Nicholson-Smith, Blackwell, 1991, pp.111-112).

12 1930년대 일본으로 수출된 조선 영화를 일람하면, 제작상 일본 자본 투자 영화, 또는 자본 합작 영화, 내용상 조선 고전이나 향토성 재현 영화, 정책 상 총독부 시책에 부응한 영화 등이다. 김려

의 문화비평가가 〈나그네〉를 보고, 조선에 대한 선전 광고로 대중과 영합하려는 것이며, 일본 문화계가 이 영화에 보인 관심 역시 어른의 관점에서 어린아이의 작품을 칭찬하는 수준이라며 조선색과 향토색 영화의 실패를 언급하고 있는 것은 자본의 위력에 대한 시사, 그리고 자본을 가진 제국과 식민지 문화의 위계성에 대한 비판 등을 염두에 둔 것이었다.[13]

제국의 자본과 전략이 투영된 향토 영화에서 또 주목해야 할 것은 젠더적 위계가 뚜렷하게 구현되고 있다는 사실이다. 대부분의 향토 영화의 줄거리는 무능력한 남성과 겁탈당하는 여성, 기아에 허덕이는 아이의 초상으로 그려지고 있는데, 민족과 젠더, 계급이 교차하면서 제국인 남성과 식민지 남성, 식민지 엘리트 남성과 무기력한 남성, 무기력한 남성과 수난당하는 여성 등의 인물을 통해 식민지 현실의 열악함이 표현되고 있다. 또한 농촌으로 대표되는 향토성의 공간은 제국과 식민지의 관계를 경京/향鄕, 도都/농農의 공간적 구도 속에서 상상하고 공간적 차원의 위계 속에서 민족 이야기가 구성되는데, 여기에는 농촌과 농촌 사람들을 타자화함으로써 계몽적 위치를 확인하려는 엘리트들의 욕망과 농촌을 조선적인 것의 표상으로 소비하게 함으로써, 위로는 만주로 아래로는 남방으로 그 영토를 확장하려는 제국 일본의 욕망과 그 안에서 시장을 확보하려는 영화 제작인들의 욕망 등이 복잡하게 얽혀 있다.[14] 이처럼 향토 영화에 드러나는 젠더적 위계는 공간적, 계급적, 민족적, 경제적 차별과 배제의 정치와 교차하면서 제국 일본이 식민지 조선 문화에 부여한 로컬리티의 성격을 규정했다.

실, 「조선을 '조센화'하기」, 『영화연구』 34호, 2007.

13 홍효민, 「영화 보는 취미」, 『영화보』, 제1호, 1937; 한인택, 「영화 원작과 현실성」, 『영화보』, 제1호, 1937.

14 이화진(2004), 앞의 글.

대중 영화에서 향토색을 중심으로 로컬 컬러 담론이 급부상했다면 대중 잡지인 『삼천리』 역시 고향 의식과 향수를 자극하며 향토성을 대중화시켰다. 『삼천리』(1929~1942)는 일제 시기 발간된 월간 종합지로 1930년대 전 시기에 발간된 유일한 잡지였다. 대중 잡지로서 『삼천리』는 대중문화와 문화민족주의의 결합 양상을 보여 주었다.[15] 문화민족주의는 제국주의에 대한 저항의 이념이면서 동시에 피억압 민중으로서 조선 민족의 현실을 소극적으로 표출하는 이데올로기로 기능했다. 그러나 『삼천리』가 표방한 문화민족주의의 향토성 대중화 확산 작업과 조선 민족의 토속ethnic은 일본 근대 국가주의 틀 안에서 상충되는 것이 아니라 상보적으로 작용했다. 식민지 조선에서의 향토성과 복고적 정서는 일본 제국주의의 지역성과 식민성을 전제로 했으며, 민족을 거론하지만 오히려 가장 반민족적인 것이었다는 지적도 고려할 필요가 있다.[16]

대중 문화에서 보이는 향토성은 제국의 문화 정책과 자본의 힘에 의해 만들어졌다는 점에서 조선 문화의 식민성을 뚜렷이 보여 준다. 특히 영화는 조선 문화의 로컬리티를 향토성으로 규정하고 충실히 제국의 시선을 모방, 재현하면서 조선과 일본이 조선 문화의 로컬리티를 소비하게 만들었다. 이런 관점에서 생각해 보면 로컬 문화는 제국 중심의 권력에 의해 구성되는 것으로 이해할 수 있다.

그러나 한편 로컬리티가 일률적으로 만들어지는 것이 아니라 다양한 사회적 관계와 과정, 그리고 문화적 가치의 상호 작용 속에서 구성되는 것이라면[17] 창작 주체, 매체, 자본 등과의 관계성에서 차이를 보이는 문학

15 천정환, 「초기 『삼천리』의 지향과 1930년대 문화민족주의」, 『민족문학사 연구』, 36호, 2008.

16 이지원, 「『삼천리』를 통해 본 친일의 논리와 정서」, 『역사와 현실』 69호, 2008.

17 로컬리티는 로컬 내·외부의 다양하고 상이한 힘들이 지속적으로 관계하는 속에서 존재하는 (비)물질적 실체들인 동시에 과정으로 이해되는, 복잡하고 어려운 개념으로 이해된다(박규택, 「로컬리티 연구의 동향과 주요 쟁점」, 『로컬리티 인문학』, 창간호, 2009.4). 한편 같은 의미선상에서 메시

의 경우 어떻게 자신의 정체성을 정립하고 있었을까. 이는 당대 조선 문화의 정체성을 추구하는 로컬 담론이 실제 일본의 대동아공영권의 문화 논리와 유사한 측면이 있음에도 불구하고, 유사함 속에 어떤 차이와 균열을 담고 있었으며, 민족과 탈식민에 대한 사유를 갖고 있었다는 점에서 그러하다. 이런 점에서 로컬 문화와 연계된 향토 문학을 살펴보고 그것이 환기하는 조선적인 것의 정체성을 생각해 볼 필요가 있다.

3. 향토 문학과 조선 문화의 정체성 복원

근대의 기획과 '향토'라는 타자

1930년대 일어난 '조선주의 문화운동'은 조선적인 것, 즉 전통성의 부활을 통해 민족 문화의 정체성 복원을 꾀했다. 이 때 '향토성'은 문화적 차원에서 민족의 주체성을 재현하는 주요한 표상이자 상상력으로 작용했다. 특히 향토 소설은 당대의 조선주의 문화운동의 '조선적인 것' 탐구와 맥을 같이하면서 정치적인 현실과는 거리를 두며 향토 소설의 미학을 정립했다.[18] 이런 특성이 일본의 대동아공영권 논리의 식민지적 모사模寫이자, 피식민지인 스스로가 내부의 타자로 향토를 설정함으로써 열등감을 부정하려는 무의식적 욕망의 발현이라는 평가 역시 가능하다. 그러나 당

D. Messey의 논의를 참조할 수 있는데, 그는 로컬리티를 "공-현존의 상황 속에서 구체적인 사회관계와 사회 과정과 문화적 가치의 상호 작용으로부터 생겨난 구성물"로 정의하고 있는데, 이는 로컬리티가 추상적인 것이 아니며, 또 중심에 의해 고정되는 것도 아니므로 관계나 과정에 의해 성격이 달라질 수 있는, 현실적인 어떤 영향력이라는 의미를 갖는다(김용규, 2008, 앞의 글). 본고는 로컬리티가 갖는 관계성과 상호작용성 등에 주목하고 있다.

18 박헌호, 『한국인의 애독 작품: 향토적 서정소설의 미학』, 책세상, 2001, 76-78면.

대 향토와 고향의 상상력은 무엇보다 파행적 근대화가 야기한 제반 부정적인 현상에 피곤해진 민족 구성원의 피로감을 달래 주는 위안처 역할을 했다.[19]

이처럼 향토는 식민지 근대화라는 문제 속에서 새롭게 전유된 전통이지만, 한편으로는 식민지에서의 향토란 '민족'의 상상과 연관된다는 점에서 제국인 일본과의 관계 속에서 규명될 필요가 있다. 그렇다면 식민지 조선은 대동아공영권이란 문화 논리가 생산해 낸 로컬 문화의 담론과 어떻게 교차하고 저항하면서 자신의 문화를 생산했을까.

최근 로컬리티에 관한 일련의 논의들은 당대 향토 문학에서 민족 의식을 근저에 두고 제국과 식민지, 즉 중심과 주변의 관계에 주목하면서 로컬리티를 고찰하는데, 이런 논의를 통해 탈식민과 반근대의 기획을 읽어내는 경향을 보인다. 정종현은 1930년대 식민지 후반의 조선 문화의 로컬리티를 제국의 근대 기획의 자장 안에서 파악한다.[20] 네이션nation이라는 균질적인 공동체에 대한 상상과 함께 동시적으로 로컬리티가 형성되는 과정을 중심인 제국과 주변인 식민지의 동력학이라는 맥락 속에서 검토하려는 이 연구는 이태준의 단편 소설 「패강랭浿江冷」에 구현된 자본주의 침입 이전의 순수와 자연과 무궁의 공간, 또 조선 고유의 문화 등이 환기하는 반근대의 표상으로 재현되는 로컬리티에 주목한다.

오태영은 '조선적인 것'을 둘러싼 당대 로컬리티 담론의 생산 메커니즘에 주목하면서 식민지 지식인들이 변화하는 시대에 조응하며 어떻게 조

19 앞의 책, 181면. 향토 소설을 바라보는 박현호의 시각은 제국과 식민지의 문제는 괄호에 넣고 근대화에 대한 대응으로서 향토 소설을 바라보고 있다. 1930년대 향토의 문제를 로컬이나 지방색의 차원에서 접근했다기보다는 오히려 (식민지) 근대화라는 문제 속에서 새롭게 전유된 전통의 발견 차원에서 바라보고 있다. 즉 민족이라는 차원에서 향토 소설의 의의를 찾지만 식민지 현실과 제국의 권력에 대한 고려는 부각되지 못하고 있다.

20 정종현, 「한국 근대소설과 '평양'이라는 로컬리티」, 『사이間SAI』, 제4호, 2008.

선 문화의 정체성을 모색해 나갔는가를 탐구한다.[21] 이를 토대로 조선을 주변화시키려는 제국 일본의 욕망과 제국이 구성한 로컬리티의 자장 안에서 조선 문화를 기획하고 아이덴티티를 정립하려 한 식민지의 욕망 간의 관계에 주목한다.[22] 그는 이효석의 작품을 중심으로 제국과 식민지 지식인의 욕망의 메커니즘을 분석하는데, 이효석이 제국과 식민지라는 경계를 조선과 세계라는 상상을 통해 무화시키려는 탈식민적 사유를 보여 주고 있다고 한다.[23]

김양선 역시 이들이 만들어 낸 향토가 내부 식민지인 타자화된 장소이며, 동시에 견고한 식민주의에 틈을 낼 수 있는 균열의 장소라는 점을 동시에 살필 필요가 있다고 한다. 이런 의미에서 이태준과 김동리의 소설에 나타나는 동양적 세계관과 미의식에의 경도, 식민지 근대화의 손길을 타지 않은 전통적이고 토속적인 시 · 공간에 대한 향수 등이 타율적으로 주어진 식민지 근대에 대한 비판의 의미를 갖는 한편 동양 중심의 반근대 논리가 일본의 식민주의 이데올로기에 포섭될 가능성이 있음을 지적한다. 즉 이 발견/발명물들은 반근대와 탈식민의 저항적 텍스트로 읽힐 수도 있지만 자칫 전도된 오리엔탈리즘에 기댄 퇴행적 서사, 일본의 대동아공영권 논리에 알리바이를 제공하는 식민 담론으로 전락할 가능성이 있다

21 오태영, 「'향토'의 창안과 조선 문학의 탈지방성」, 『한국근대문학연구』 14호, 2006. 연구자는 조선의 지식인들 역시 향토의 의미가 조선적인 것에서 지방적인 것으로 변질되어 감에 따라 지배 담론의 이데올로기를 일정 부분 수용할 수밖에 없었을 것이라고 전제하면서 당시 조선의 지식인들에게도 관능적이고 야만적인 영토로 조선을 바라보는 제국의 관점이 없지 않았을 것이라 한다. 하지만 조선의 지식인들은 식민 담론에서 파생한 향토의 문법을 그대로 받아 쓴 것은 아니고 그 안에서 식민지인으로서의 글쓰기를 고민한 것으로 설명한다.

22 오태영, 「'朝鮮' 로컬리티와 (탈)식민 상상력」, 『사이間SAI』, 제4호, 2008.

23 제국의 경계를 넘어선 곳에서 자신의 욕망을 실현하고자 하는 식민지 조선 지식인의 행위가 그 자체로 제국의 경계에 대한 의문을 던지고 그러한 확정된 경계를 넘어서기 위한 탈식민의 기획이 될 수는 있지만 주인공에게는 서구(세계)가 조선(지방)에 비해 문화적으로 우월하다는 분명한 의식이 존재한다는 점에서 이태준, 백석과는 다른 특성을 보인다.

는 의미다.

그러나 그럼에도 김유정이 피식민자들을 미가 하고 야만적인 삶의 방식으로 재현함으로써 식민자의 균질적인 시각적 응시를 교란할 수 있음에 주목하고 있다. 즉 김유정이 재현하는 피식민자의 삶이 식민자의 재현 수법과 비슷하다는 것이 식민자와 피식민자의 경계에 분열을 내는 행위로 해석한다.

위의 논의들은 모두 향토 소설의 세계에 제국이 구성하는 로컬리티 담론과의 공모와 균열의 지점이 공존하고 있음을 전제한다. 확실한 저항도 확실한 공모도 아닌 양가적인 세계에 갇힌 무의식이 지식인들이 처한 딜레마요, 무의식의 세계라고 설명한다. 이런 지적은 당대 지식인들이 처한 현실적 상황을 가장 적확하게 짚어낸 것이라 할 수 있다. 즉 이런 이중적 상황 속에서 이효석은 일본을 넘어선 서구를 세계로 상상하고, 김유정은 제국의 시선에 교란을 줌으로써 탈식민적 저항을 시도했음을 의미한다.

그러나 한편으로는 이효석의 경우 제국과 식민지의 경계를 무화시키는 상상의 이면에 조선과 서양이라는, 본질적인 근대의 위계가 설정되어 있다는 점, 그리고 야만적이며 토속적인 주인공들의 삶을 통해 제국의 균질적인 시선을 교란했다고 평가받는 김유정의 시도는 당대 동아시아의 자장 안에서 생각해 볼 때, 일본이 대만을 비롯한 다른 아시아 국가들을 통해 의도적으로 원시적인 문화를 로컬 문화의 특성으로 강조했음을 고려할 때 균열이나 교란보다는 이국적인 문화의 열등한 재현과 상상으로 기능함으로써 제국의 타자로서의 위치를 강조하는 기능을 했을 가능성 역시 크다.[24]

1930년대 한국 문학의 로컬 연구는 로컬리티를 근대 국가의 균질화 문

24 레이 초우, 『원시적 열정』, 정재서 옮김, 이산, 2004, 40-46면.

화 정책의 일환으로 파악하고, 이것을 극복하기 위한 반근대의 논리를 로컬 안에서 찾고자 한다. 그런데 실제 1930년대 식민지 향토 문학 연구에서 반근대적 가치의 구현이 탈식민의 전략이 되는지는 생각해 보아야 한다. 즉 원초적 생명력이나 성욕에 대한 관심, 순수와 자연의 세계 등은 근대 세계의 가치와는 다른 것들이지만, 이것의 재현이 근대화의 주체였던 제국의 권력에 어떤 방식으로 균열을 낼 수 있는 것인지는 생각해 보아야 한다. 즉 향토성이 제국의 권력을 강화하는 공모의 지점이라면, 반대로 향토성이 제국의 권력을 어떻게 위협하는가의 지점 역시 구체적으로 밝혀져야 한다. 원초적 욕망, 에로티시즘, 순수 자연 공간 등은 반근대적인 주제들이긴 하지만, 식민지 현실의 열악함을 재현하는 데는 한계가 있기 때문이다.

이런 관점에서 정종현의 연구는 이태준의 1930년대 말에서 40년대 초반의 작품이 일본 파시즘이 제공하는 반근대, 반서구의 담론과 겹쳐지는 혼종성이 있음을 지적하면서도 단편 「패강랭」이나 「무연」 등을 조선인의 음울한 현실 인식과 고뇌를 재현하는 텍스트로 평가하기보다 제국 내의 로컬 컬러를 구현한 텍스트로 읽는다. 마찬가지로 「돌다리」 역시 아들로 대변되는 서구 문명과 개인주의의 표상인 서구 사회가 아버지와 조상 등의 공동체적 윤리를 긍정하게 함으로써 일본이 내세우는 동양적 가치 체계에 일조하고 있다고 평가한다.[25]

그렇다면 이와는 달리 제국의 담론과 겹쳐져 있지만 그 담론의 권력에 교묘하게 균열을 만들면서 제국과 로컬의 관계성을 새롭게 정립하려는 탈식민적 지점은 어떻게 읽을 수 있을까.

25 정종현, 「제국/민족 담론의 경계와 식민지적 주체」, 『상허학보』 제13집, 2004.

로컬 공간의 재구성과 향토 공간의 창안

로컬리티는 단순히 공간적인 것만은 아니고, 관계적이고 맥락적이다. 따라서 우선적으로 장소성placeness에 배어 있는 다양한 층위의 관계성에 주목하고 공간을 지배하는 권력과 그것이 재현되는 표상들에 대한 분석이 중요하다. 왜냐하면 권력이 재현된 표상들을 통해 주체/객체, 중심/주변, 주체/타자 등의 역학이 드러나기 때문이다.[26] 이런 의미에서 로컬을 중심으로 탈식민적 저항의 기획을 읽을 때 주목할 것은 장소(성)과 공간(성)에 대한 인식의 문제다. 이런 맥락에서 이태준의 1930년대 후반 소설과 백석의 시는 향토라는 공간(성)에 대한 새로운 상상력을 통해 제국과 로컬의 관계를 새롭게 정립하고 있음을 알 수 있다. 향토에 대한 상상은 기본적으로 민족이 거주하는 장소(성)을 강력하게 환기하면서 로컬이 갖는 고유성과 연관된다는 점에서 향토가 가진 상상력에 주목할 필요가 있다.

이런 맥락에서 당대 조선 문화의 향토(성)이 갖는 로컬리티의 성격을 구분해서 보아야 함을 강조하는 연구 역시 주목할 수 있는데,[27] 연구자는 1930년대 향토와 고향 등에 대한 빈번한 재현이 검열을 피한 새로운 문화적 상징의 발견임을 밝히고 있다. 즉 같은 시기 일본에서는 고향에 대한 의식이 약화되고 오히려 국가에 대한 상상력이 강화되고 있었는데, 조선의 경우 향토가 급증하는 것은 국토와 국가의 은유로 상징화되었기 때문이라는 것이다. 이는 조선의 향토(성)을 제국과 식민지 간의 지리적 배치와 이에 따른 문화적 위계의 구성물로만 파악할 것이 아니라 독립적 주

26 장희권(2009), 앞의 글.
27 한만수, 「1930년대 '향토'의 발견과 검열 우회」, 『한국문학이론과 비평』, 30집, 2006.

체를 환기하는 국토, 즉 국가의 상상력을 환기시키는 재현물로 파악해야 한다는 것이다. 이러한 논의는 당대 로컬로서의 조선 문화가 단순히 제국의 주변 문화로서만의 의미에 그치는 것이 아니라는 점, 그리고 이런 의미를 만들어 내는 작가의 의도와 전략을 읽어 냄으로써 탈식민의 지점들을 포착할 수 있음을 강조한다. 따라서 향토(성)을 중심으로 전개되는 작가의 로컬 상상력을 세심하게 읽을 필요가 있다.

이태준은 1938년에 평양을 공간으로 단편 「패강랭」과 1942년에 고도古都 경주를 중심으로 단편 「석양」을 발표한다. 이 소설들은 조선의 지방에 관한 새로운 상상을 통해 제국과 로컬이라는 견고한 위계에 균열을 내는 한편, 민족과 전통의 표상을 재현함으로써 조선 문화의 정체성에 관한 적극적인 성찰을 보여 준다. 특히 「패강랭」은 평양을 중심으로 펼쳐지는 이야기인데, 이 소설에서 특히 주목할 것은 제국의 로컬을 환기시키는 공간명이나 지명을 이태준이 피하고 있다는 사실이다.[28] 우선 소설의 제목에 사용된 '패강'은 대동강의 옛 이름이다. 특히 패강은 고구려 시대에 사용했던 명칭인데 당나라 군대를 물리친 '패강대첩'의 주요 무대다. 굳이 대동강이라는 지명을 사용하지 않고 옛 이름을 가져옴으로써 전통과 역사에 내재한 민족적인 정신을 환기하고자 하는 의도가 있었으리라 짐작된다.

주인공을 통해 이태준은 일본과 조선의 위계를 명확히 드러내는 지명인 '내지'라는 표현을 사용하지 않고 '동경'이라는 표현으로 일본을 대신한다. 또한 조선어 교육이 금지된 상황에서는 일본어가 곧 국어인데, 일

28 한만수는 이런 사실이 이태준이 검열을 피하면서 식민 지배에 대한 비판 의식을 드러낸 것이라고 한다(한만수, 「이태준의 「패강냉」에 나타난 검열 우회에 대하여」, 『상허학보』 19집, 2007). 한만수의 견해에 공감하면서, 본고는 이런 표현의 중심에 공간적 상상력이 작동하고, 또 이를 통해 획득되는 비판의 핵심에 제국과 로컬 간의 위계에 대한 저항이 있다고 본다.

본어도 국어도 사용하기 싫었던 이태준은 일본어를 동경이라는 지명으로 대치시켜, '동경 가 글 쓰는 사람'이라고 표현함으로써 중심과 주변이라는 언어의 위계에 저항한다.

> 전에 본 기억이 없는 새 빌딩들이 꽤 많이 늘어섰다. 그 중에 한 가지 인상이 깊은 것은 어느 큰 거리 한 구석에 벽돌 공장도 아닐 테고 감옥도 아닐 터인데 시뻘건 벽돌만으로, 무슨 큰 분묘와 같이 된 건축이 웅크리고 있는 것이다. 현은 운전수에게 물어보니, 경찰서라고 했다. 또 한 가지 이상하다 생각한 것은 그림자도 찾을 수 없는 여자들의 머릿수건이었다. 운전수에게 물으니 그는 없어진 이유는 말하지 않고, "거 잘 없어졌죠, 인전 평양두 서울과 별루 지지 않습니다." 하는 매우 자긍하는 말투였다. 현은 평양 여자들의 머릿수건이 늘 보기 좋았다. 현은 단순하면서도 흰 호접과 같이 살아보였고, 장미처럼 자연스런 무게로 한 송이 얹힌 댕기는, 그들의 악센트 명랑한 사투리와 함께 '피양내인'들만이 가질 수 있는 독특한 아름다움이었다. 그런 아름다움을 제 고장에 와서도 구경하지 못하는 것은, 평양은 또 한가지 의미에서 폐허라는 서글픔을 주는 것이다.[29]

식민지 시기 서울과 평양은 공식 명칭이 경성부, 평양부였다. 이는 일제가 국가의 수도라는 의미의 '한성부'를 사용하지 못하게 하면서 경성부라는 명칭을 정해 한 국가의 수도를 경기도의 도청 소재지로 격하시켰기 때문이다. 이에 주인공은 공식 명칭을 사용하지 않고 서울과 평양을 고집함으로써 조선이 일본의 한 지방으로 국한되어 인식되지 않도록 한다. 또한 근대 제국의 문화를 대표하는 도시가 되어버린 서울에 비해 평양에 애

29 이태준, 「패강랭浿江冷」, 『삼천리문학』, 1938. 1.

착을 가지며 근대의 균질화 정책에 따라 평양다움을 상실한 것을 아쉬워하는데, 주인공의 이런 생각은 민족의 문화 정체성을 잃어버리는 식민지 조선의 현실과 미래에 대한 서글픔이기도 하다.

전체적으로 「패강랭」은 주인공 현의 현실에 대한 우울한 자의식이 주조를 이루지만 그 내면에는 일본 제국의 로컬화 담론에 저항하는 공간 상상이 은밀히 놓여 있음을 강조할 수 있다.

당대 시문학 역시 상징적으로 고향과 향토의 근저에 존재하는 민족의 상상력을 환기시켰다. 향토 소설에서와 마찬가지로 시작품 역시 상상의 민족 공간으로 '향토'를 재현하고 있는데, 로컬과 공간의 관점에서 백석의 시에 주목할 필요가 있다.

> 시집 『사슴』의 세계는 그 시인의 기억 속에 쭈그리고 있는 동화와 전설의 나라다. 그리고 그 속에 실로 속임 없는 향토의 얼굴이 표정한다. 그렇건만은 우리는 거기서 아무러한 회상적인 감상주의도 부어오른 복고주의도 만나지 않아서 이 우혜 없이 유쾌하다. 백석은 우리를 충분히 감상적이게 만들 수 있는 세계를 주무르면서도 그것 속에 빠져서 어쩔 줄 모르는 것이 얼마나 추태라는 것을 가장 절실하게 깨달은 시인이다. 차라리 거의 철석의 냉담에 필적하는 不拔한 정신을 가지고 대상과 마주 선다. 그 점에 『사슴』은 그 외관의 철저한 향토 취미에도 불구하고 주책없는 일련의 향토주의와는 명료하게 구별되는 모더니티를 품고 있는 것이다.[30]

당대 비평가인 김기림은 백석의 시가 '향토'라는 소재를 등장시켜 토속적이며 향토적인 시 공간을 만들어 냈으면서도 결코 복고적이거나 감상

30 김기림, 「『사슴』을 안고: 백석시집 독후감」, 『조선일보』, 1936. 1. 29.

적인 향토성을 그리지 않았음을 높게 평가하고 있다. 그것이 작품이 갖는 모더니티라고 한다. 즉 당대의 대중 영화나 향트 소설 등이 전근대적이거나 혹은 반근대적인 특성을 가진 공간을 창조한 것에 비해 백석의 작품은 오히려 가장 근대적인 공간을 창조했다는 의미다. 김기림이 사용하는 모더니티의 함의는 무엇일까.

백석은 조선 반도와 만주, 러시아, 중국에 이르기까지 평생을 떠돌아다니며 시를 쓴 사람이다. 그는 유랑의 경험을 시로 옮기면서, 그 지역의 경험을 다시 자신의 고향과 견주어 시를 썼다. 위에서 김기림이 평가한 시집 『사슴』은 주로 평안도 방언을 통해 풍속과 일상의 삶을 기억하는 시편들이다. 그러나 평안도 지방이라는 식민지 내부의 로컬은 기존의 향토 소설의 공간처럼 소외되거나 배제된 공간, 혹은 자연과 순수의 공간이기보다는 조선 민족의 풍속과 일상을 환기시키는 대표적인 공간으로 상상되고 재현된다.

> 이 그득히들 할머니 할아버지가 있는 안간에들 모여서 방 안에서는 새옷의 내음새가 나고
>
> 또 인절미 송구떡 콩가루차떡의 내음새도 나고 끼때의 두부와 콩나물과 뽂은 잔디와 고사리와 도야지비계는 모두 선득선득하니 찬 것들이다
>
> 저녁술을 놓은 아이들은 외양간섶 밭마당에 달린 배나무동산에서 쥐잡이를 하고 숨굴막질을 하고 꼬리잡이를 하고 가마 타고 시집가는 놀음 말 타고 장가가는 놀음을 하고 이렇게 밤이 어둡도록 북적하니 논다
>
> —「여우난 곬族」 부분

異邦거리는
콩기름 쪼리는 내음새 속에
섭누에 번디 삶는 내음새 속에

異邦거리는
독기가 벨으는 돌물네소리 속에
되광대 켜는 되앙금소리 속에

—「安東」 부분

백석의 시는 음식과 명절, 풍속과 습득된 제도, 풍습, 민족 신화 등을 기억을 통해 재구성함으로써 망각된 민족정체성을 현실로 소환하고 민족이라는 공동체를 상상하게 만드는 작품이라는 점에서 가장 민족적이며 근대적인 작품이다. 오랜만에 만난 일가친척은 함께 입고, 마시고, 느끼며 공동체감을 피와 살로 느낀다. 또한 그는 고향을 떠나 '안동'이라는 이방의 거리에서도 사람 사는 냄새와 북적이는 소리를 듣는다. 그의 작품을 제국의 문화 논리에 종속된 것으로만 평가할 수 없는 이유는 작품 안에 실제의 민족이 살아 있기 때문이다. 스튜어트 홀Stuart Hall은 주변부 및 주변부의 언어에 창조적 잠재성이 있으므로 로컬은 말살되거나 고정될 수 없다고 한다. 이는 그 공간에 다양한 사람들, 즉 종족ethnic이 살아 숨쉬고 있기 때문이다. 이런 세계의 의미를 중심의 논리에 따라 일률적으로 주변부라 명명할 수 없다. 백석의 향토시가 의미 있는 이유는 일상의 삶과 소박한 민중 삶의 원형을 재현함으로써 조선 문화의 정체성을 복원했기 때문이며, 로컬의 주변성을 극복하고 있기 때문이다. 그는 지역의 풍속과 문화를 기록함으로써 조선 삶의 현장을 실제화하고, 나아가 근대 조선의 시 · 공간적 특수성 안에 놓인 민족의 삶을 구체적으로 재현해 내었다. 그러나 백석의 작품은 어떤 의미에서 가장 토속적인ethnic 작품을 통해 조선시의 향토성을 재현하고 있다는 점에서 제국의 입장에서는 가장 이국적인 문화 상품이며, 제국의 문화 논리를 가장 충실하게 재현한 작품으로 보일 수도 있다.[31] 그러나 실제로 서울 표준어를 포함해, 제국의 언어를 비껴가는 토속적 언어의 사용, 중심과 변편의 공간에 정주하지 않고 조선 안의 지방 그리고 만주와 중국 등 끊임없이 새로운 로컬의 공간을 만들며 유랑하는 삶, 또 이를 바탕으로 창작되는 다양한 공간에 대한 재현을 통해 백석은 제국이 부여한 중심과 주변이라는 로컬의 정체성, 즉 공간적 · 문화적 함의에 균열을 낸다.

이처럼 1930년대 후반기 문인들은 점점 더 열악해지는 제국 파시즘의 위력을 느끼면서 제국의 식민지, 중심의 주변인 조선이 어떻게 자신의 독자성을, 독립성을 유지할 수 있을까 고민했다. 제국 일본과 식민지 조선의 위계의 경계를 허무는 방법도 상상했으며, 젠더적 위계를 교란시키는 상상도 가능했고, 혹은 제국 일본과 식민지 조선이 아니라 조선과 세계를 상상하거나 혹은 끊임없이 자신의 삶을 로컬화함으로써 제국의 경계를 무화시킴으로써 조선의 로컬이라는 위상을 무화시키려는 상상도 존재했다. 이런 상상들은 늘 저항과 공모의 딜레마를 살아가는 식민지 지식인의 무의식 속에서 탄생했다.

> 한 민족의 문화는 늘 그 자신의 존엄과 독창성과 의욕을 가지는 것이고 따라서 거기로 통하는 길은 오직 愛와 尊重을 거쳐서만 뚫려진다. 한 민족이 세계에 향해 실로 그 자신이 이해되기를 원한다면 그것은 자신의 문화를 버

31 케빈 로빈스Kevin Robins에 따르면 전 지구적인 균질화의 흐름에서도 차이에 대한 매력이 여전하므로, 종족성ethnicity과 타자성이 문화의 차이를 지표화하면서 마케팅에 이용될 것이라 한다(장희권, 2009 참조).

림으로써 얻어질 리는 만무하다. 보다도 그 전통 및 생리와 보편성과의 충격과 조화와 충격의 끊임없는 운동을 따라 그 자신의 문화를 더 확충하고 심화하고 진전시킴으로써 이루어질 수 있다.[32]

대동아공영권의 이상은 아시아 각 민족이 조화와 협력을 통해 위기에 빠진 문명을 새롭게 갱신하고 새로운 질서를 창조하자는 것이다. 이를 위해서는 아시아 각국의 문화적 다양성에 대한 존중과 인정이 필요하다. 김기림의 위의 글은 이런 생각을 담고 있다. 그러나 실제 1940년을 전후해 일본은 훨씬 더 폭력적으로 자신의 권력을 행사함으로써 조선에서의 모든 문화는 제국 일본의 문화에 종속된 로컬 문화의 수준으로 전락할 수밖에 없었다(조선어 금지, 창씨개명, 친일 강요 등). 이런 상황 속에서 조선적인 것, 조선 문화, 향토적인 것이 환기하는 것은 어떤 의미를 가진 것일까. 식민지인들에게 살과 느낌으로 오는 향토의 의미는 무엇이었을까.

시인 정지용이 1940년대 식민지의 파시즘 압력 속에서 자신의 시를 구원하기 위해 택한 것은 조선의 자연 풍토와 조선적인 정서, 감정과 최후로 언어 문자를 고수하는 것이었다.[33] 조선옷을 입었을 때만, 그리고 조선옷에 담긴 품격에 자긍심을 지닐 때에만 서양인의 시선을 견딜 수 있었다는[34] 정지용의 고백은 조선적인 것이 민족적인 자존과 직결된 것임을 짐작케 한다. 임화는 해방 이후 1940년 전후를 회상하면서 조선 문화의 위기가 닥친 그 시기를 민족적이냐 계급적이냐, 또는 진보적이냐 반동적이냐 하는 방법으로 생각되어 왔던 모든 문제가 민족적이냐 비민족적이냐, 혹은 친일적이냐 반일적이냐라는 형식으로 제기되었다고 하면서 문학가

32 김기림, 「조선문학에의 반성」, 『인문평론』, 1940. 10.
33 정지용, 「조선시의 반성」 『문장』, 27호, 1948. 10.
34 정지용, 「의복일가견」, 『동아일보』, 1939. 5. 1.

들에게 조선어의 수호와 합리주의적 정신의 유지가 가장 중요한 사안이었음을 증언했다.[35]

이런 점에서 향토에 대한 상상은 제국 일본과의 관계 속에서 로컬로서의 정체성에 저항하면서 조선 문화의 정체성을 사유하고 확립하고자 했던 민족적이며 탈식민적인 실천으로 평가할 수 있을 것이다.

4. 향토의 상상과 조선 문화의 정체성 탐구

1930년대 제국 일본의 로컬리티 담론은 조선의 문화를 로컬화시키기 위해 향토색, 지방색 등으로 조선 문화를 축소 이해하려 했다. 대중 문화 분야에서는 영화와 잡지 등에서 향토의 세계와 가난한 농촌의 현실, 조선의 여성과 미풍양속 등이 재현되었는데, 특히 대중 문화에서 호황을 누렸던 영화는 로컬 컬러를 재현하여 제국의 문화 논리를 충실히 반영함으로써 문화적 식민성을 보여 주었다. 당대 영화 산업의 향토색 추구는 제국의 자본이 식민지의 로컬을 상품화시켰던 대표적인 현상이라 할 수 있다.

그러나 한편으로 식민지 지식인들은 조선 문화 담론을 통해 고전과 전통을 연구하고, 향토 소설 창작을 통해 조선 문화의 원형과 농촌 현실을 재현함으로써 조선 문화의 정체성을 탐구하고자 했다. 특히 제국과 식민지 간의 중심과 주변이라는 공간적 위계성의 균열을 통해 작가들은 로컬로서의 주변성을 극복하고, 중심으로서의 일본에 저항하고자 했음을 알 수 있는데 소설가 이태준은 「패강랭」에서 조선을 로컬화하고자 일제가

35 임화, 「조선민족 문학 건설의 기본 과제에 대한 일반 보고」, 『건설기의 조선문학 문학가 동맹』, 1946; 서준섭, 「한국 근대시인과 탈식민주의적 글쓰기」, 『한국시학연구』 13호, 2005 재인용.

부여했던 지방 이름을 교묘하게 피해 간다. 그는 새로운 공간어의 재구성을 통해 조선의 로컬적 정체성에 저항한다. 시인 백석 역시 제국의 언어를 비껴가는 토속적 언어의 사용, 중심과 보편의 공간에 정주하지 않고 끊임없이 로컬을 만들며 유랑하는 삶과 이를 바탕으로 창작되는 다양한 공간과 그 경험들, 이런 일련의 작업을 통해 조선 문화의 정체성을 자유롭게 창안한다. 식민지 지식인들은 이런 상상을 통해 제국의 일방적인 로컬 담론에 포획되지 않고, 혹은 그 담론과 교차하며 독자성을 창출하는 문화 정체성을 사유하고자 했다.

이처럼 1930년대는 조선의 안팎으로 조선적인 것이 탐구되고 상상되고 소비되는 시기였다. 조선적인 것의 부상은 반대로 조선적인 것을 위협하는 존재를 짐작하게 한다. 젠더 관점은 로컬리티 담론에 개입해 제국주의 권력의 실체를 좀 더 예각화시켜 보여 준다. 향토 소재 작품에서 보이는 민족 공간은 주로 젠더 불평등에 기초한 공간으로 드러나며 여성(성)은 민족 공간 안에서 타자화됨으로써 구체적인 삶은 사장된다. 그러나 한편 젠더적 문제 의식의 유효성을 인식하면서도 '민족'이라는 문제 의식을 단일하게 비판할 수 없음에 대한 고민 역시 필요하다. 1930년대 조선적인 것, 향토의 논의는 식민지 문화의 정체성과 직접적으로 관련되어 있다. 향토를 상상한다는 것은 민족과 밀접한 것이었으며, 민족에 대한 상상은 기존의 젠더 질서를 계승, 공고화하는 과정 속에서 충족될 수 있었을 것이다. 이런 특성 때문에 에드워드 사이드Edward W. Said는 식민지 문화의 민족주의나 문화적 특수주의에 대해 긍정적인 입장을 취하지 않는다. 그럼에도 대부분의 식민지에서 문화적 저항의 일환으로 민족주의적 정체성을 탈식민의 전략으로 사용하고 있음을 인정한다.[36] 이런 이유로 한국 사

36 릴라 간디, 『포스트식민주의란 무엇인가』, 이영욱 옮김, 현실문화연구, 2000, 129-130면.

회에서는 식민지 후기를 통과하면서 공고화된 젠더 정치가 민족 담론의 자장 안에서 더욱 강력한 논리로 중앙과 지방을 균질화시키고 차별화시키면서 해방 이후 로컬리티 정치학을 작동시킬 수 있었을 것이다.

이처럼 제국의 권력과 위협이 사실 젠더 정치에 의해 식민지를 위계화 및 식민화, 주변화, 로컬화시키고 있었지만 조선의 지식인들은 그 위계의 논리를 정면으로 전복시키는, 정치적인 방법을 넘어 향토를 상상하고 민족을 소환함으로써 제국의 문화 정책에 균열을 내려 했음을 알 수 있다.

참고 문헌

간디, 릴라, 『포스트식민주의란 무엇인가』, 이영욱 옮김, 현실문화연구, 2000.

강성률, 「1930년대 로칼 칼라 담론 연구」, 『영화연구』, 33호, 2007.

권명아, 『역사적 파시즘: 제국의 판타지와 젠더 정치』, 책세상, 2005.

김려실, 「조선을 '조센화' 하기」, 『영화연구』 34호, 2007.

김용규, 「로컬리티의 문화정치학과 비판적 로컬리티 연구」, 『한국민족문화』, 32호, 2008.

박규택, 「로컬리티 연구의 동향과 주요 쟁점」, 『로컬리티 인문학』, 창간호, 2009.

박헌호, 『한국인의 애독 작품: 향토적 서정소설의 미학』, 책세상, 2001.

백문임, 「대동아공영권과 임화의 조선영화론」, 문학과 영상학회 학술대회 발표논문집, 2005년 가을 정기학술대회, 2005.

서준섭, 「한국 근대시인과 탈식민주의적 글쓰기」, 『한국시학연구』 13호, 2005.

에덴서, 팀, 『대중문화와 일상, 그리고 민족정체성』, 박성일 옮김, 이후, 2008.

오태영, 「'朝鮮' 로컬리티와 (탈)식민 상상력」, 『사이間SAI』, 제4호, 2008.

_____, 「'향토'의 창안과 조선문학의 탈지방성」, 『한국근대문학연구』 14호, 2006.
이지원, 「『삼천리』를 통해 본 친일의 논리와 정서」, 『역사와 현실』 69호, 2008.
이화진, 「식민지 영화의 내셔널리티와 향토색」, 『상허학보』 13집, 2004.
장희권, 「문화연구와 로컬리티: 실천과 소통의 지역인문학 모색」, 『비교문학』 47집, 2009.
정종현, 「한국 근대소설과 '평양'이라는 로컬리티」, 『사이間SAI』, 제4호, 2008.
_____, 「제국/민족 담론의 경계와 식민지적 주체」, 『상허학보』 13집, 2004.
차승기, 「'근대의 위기'와 시간·공간 정치학: 교토학파 역사철학자들과 서인식」, 『근대문학연구』 8호, 2003.
천정환, 「초기 『삼천리』의 지향과 1930년대 문화민족주의」, 『민족문학사 연구』, 36호, 2008.
초우, 레이, 『원시적 열정』, 정재서 옮김, 이산, 2004.
한만수, 「1930년대 '향토'의 발견과 검열 우회」, 『한국문학이론과 비평』, 30집, 2006.
_____, 「이태준의 「패강냉」에 나타난 검열 우회에 대하여」, 『상허학보』 19집, 2007.
Lefebvre, Henri, *The Production of Space*, translated by Donald Nicholson-Smith, USA, Blackwell, 1991,

초국가적 경계넘기:
호세 마르티와 폴리 마셜의 경계 영역 글쓰기의 역동성*

이경란

1. 메트로폴리스 뉴욕 안의 '제3세계'

카리브계 미국 소설가 미셸 클리프Michelle Cliff의 『천국으로의 전화는 없다*No Telephone to Heaven*』(1987)에서 자메이카 출신 여주인공은 영국 런던 캠퍼스에서 벌어지는 서인도 제도 흑인 이민자들에 대한 백인 민족주의자들의 반대 시위를 불편한 마음으로 목격한다. "검둥이들, 나가라!" "영국을 희게 유지하자!"라고 외치는 영국 백인들의 구호에 흑인 이민자들은 이렇게 답한다. "우리가 여기 있는 것은 너희들이 거기 있었기 때문이다WE ARE HERE BECAUSE YOU WERE THERE' (Cliff, 1987: 137). 영국 제국의 중심도시 런던에서 벌어지는 흑백 인종 간의 이 격렬한 '대화'는 영국과 같은 유럽 국가들이 구축하고 유지했던 제국주의적 · 식민주의적

* 이 글은 「미국 메트로폴리스 안의 '제3세계': 호세 마르티와 폴리 마셜의 경계 영역 글쓰기의 역동성」, 『미국소설』 16권 1호(2009년)에 게재된 논문을 수정 · 보완한 것이다.

세계 체제의 직접적인 결과다. 그렇다면 발생에서부터 스스로를 부패한 '구세계' 유럽과 구별되는 '예외적인 신세계'로 자신을 구축했던 아메리카 대륙의 미국은 영국 제국의 메트로폴리스metropolis 런던 안에서 벌어지는 이 격렬한 대화에서 혹은 그러한 대화를 야기하는 '여기'와 '거기' 사이의 제국주의적 역학에서 과연 자유로운 것인가. 남북 아메리카 대륙들이 유럽, 아프리카 등과 맺어온 긴밀한 역사적 고리들을 명시적으로 혹은 묵시적으로 상기시키는 카리브계 미국 문학은 미국 소수민족 문학을 읽는 새로운 관점을 요청할 뿐 아니라, 작가의 의도와 무관하게 미국의 '아메리칸 예외주의American exceptionalism'의 허구성과 미국의 제국주의적 속성을 드러내는 텍스트를 생산하고 있다는 점에서 주목할 만하다.

라틴 아메리카 문학이나 카리브계 흑인 여성 문학이 미국 문단에서 이론적으로 크게 주목받게 된 것은 1980년대 후반의 일이다. 미국 문학 안에 남아메리카/카리브해 지역의 문화와 언어와 관점을 들여온 이들 문학 텍스트들은 미국 문학의 영역을 넓혀 주었을 뿐 아니라 미국 문학 연구에 국가 경계선을 넘는 새로운 관점을 도입할 것을 꾸준하게 촉구한다. "아메리카 아퀴: 초반구적 비전과 공동체 연계America Aqui: Transhemispheric Visions and Community Connections"라는 제목으로 개최된 2007년 미국의 미국학 학술대회가 '초국가적transnational' 혹은 '초반구적transhemispheric' 개념을 사용해 이민과 이주를 기반으로 건설된 미국이 타국과 자국의 문학과 문화 전반에 어떠한 모습으로 재현되어 있는가에 대해 주목하고 있는 것도 이러한 요구들에 대한 대응의 일환이다. 하지만 카리브계 미국 작가들의 많은 글이 비평적 주목을 받기 이전에도 이미 존재해 왔으며, 이들의 글이 현재의 초국가주의 논의가 제기하는 국가와 인종, 문화와 언어 사이의 경계와 경계를 넘는 흐름들에 대한 예민한 의식과 미국의 예외주의에 대한 진지한 도전을 이미 담고 있었다는 사실은 아직 적절히 평가되지 않고 있다. 정치 망명가로서 19세기 말에 뉴욕에서 활동했던 스페인계 쿠바인 호세 마르티José Martí의 에세이들과 20세기 전반 양차 대전 사이에 뉴욕 브루클린에 견고한 카리브계 이민 공동체를 형성했던 바베이도스Barbados 공동체를 다룬 폴리 마셜Paule Marshall의 소설에 대한 이 연구는 바로 이 지점에서 출발한다. 즉 미국이 대륙 국가로서의 면모를 갖추고 해외로 눈을 돌리기 시작한 19세기 말부터 세계의 확고한 강대국으로 자리를 잡은 제2차 세계대전까지의 시기에 미국 메트로폴리스 뉴욕에서 '우리가 여기 있는 이유'를 말하는 라틴/서인도계 이주민들의 목소리는 미국 혹은 아메리카에 대해 어떤 이야기를 하고 있는지, 그들의 서사가 미국에 대한 기존의 정의들과 어떤 대화를 만들어 내고 있는지를 살펴보고자 하는 것이다. 미국에서 제3세계 출신 작가들의 텍스트들은 흔히 미국의 소수민족 문학으로 범주화되며, 이민자들의 정착과 동화 과정을 통해 인종주의나 계급 문제 등 미국 국내의 문제를 드러내는 문학 텍스트로 분석되곤 하지만, 마르티와 마셜의 텍스트는 동화를 거부하는 서사뿐 아니라 이민자들의 동화 과정에 초점을 맞춘 전통적인 형태의 이민 서사까지도 미국이 미국 밖의 국가와 맺고 있는 관계들을 드러낸다는 흥미로운 사실을 보여 준다.

뉴욕에서 활동하는 카리브계 작가들이나 뉴욕을 소설의 배경으로 하는 카리브계 문학은 미국의 제국주의적 속성을 잘 드러내는 경향이 있다. 그것은 뉴욕이 메트로폴리스로서 가지고 있는 독특한 역사적 특징 때문이다. 뉴욕의 성격을 가장 잘 드러내는 상징적인 건물의 하나는 2001년 9 · 11 사태로 붕괴된 세계무역센터다. 이 쌍둥이 건물은 뉴욕의 막강한 경제력과 미국 자본주의의 세계 제패를 구현하는 건물이었을 뿐 아니라 그 안에서 일하던 사람들의 인종, 민족, 국적의 다양함 때문에 메트로폴리스 뉴욕의 인종적 · 문화적 다양성을 상징하는 건물이기도 했다. 『뉴욕의 역사*Histoire de New York*』를 쓴 프랑수아 베유François Weil의 지적처럼, 이 건물은 뉴욕의 자본주의 성장이 뉴욕에 거주하는 사람들의 인종적·문화적 다양성과 뗄 수 없는 관계에 있음을 보여 주며, 뉴욕을 자유와 가능성의 상징으로 만들며 오랜 세월 미국 전역과 전 세계에서 몰려든 이주민들이 바로 뉴욕을 세계적인 대도시로 발전시킨 주인공들이라는 사실을 웅변적으로 시사한다(베유, 2003: 15). 그러므로 뉴욕이 5개의 독립구를 합병(1898)한 '대뉴욕Grand New York'으로 변신하고, 장중한 공공 건물, 하늘을 찌르는 고층 건물, 구획적인 도시 계획 등을 통해 현대적인 대도시 메트로폴리스로 발전하던 시기(Zlotnic, 1982: 48)가 바로 미국이 스페인·미국 전쟁(1899)을 통해 필리핀, 괌, 푸에르토리코, 쿠바 등을 해외 식민지로 획득하면서 고전적 의미의 제국적 면모를 갖추기 시작한 시기라는 사실은 결코 우연이 아니다. 이 시기 전후로 미국에 유입되었던 아시아, 라틴/카리브 이민자들은 미국이 그들 지역에 진출하면서 만들어낸 바로 그 통로를 따라 들어왔으며, 파나마 운하 건설, 쿠바 합병 시도처럼 라틴 아메리카/카리브해 지역을 장악하려는 미국의 다양한 제국주의적인 군사적·경제적 기획은 이 지역의 거주민들을 합법적·불법적 미국 이민자로 만드는 직접적인 원인을 제공했기 때문이다. '현대적 대도시'라는 뜻과 '제국의 중심 도시'라는 뜻을 동시에 가지고 있는 '메트로폴리스'라는 단어의 사전적 의미는 바로 이러한 역사적 맥락의 산물이다.

미합중국이 유럽과 다른 예외적인 국가가 아니라 유럽 여러 국가가 적극적으로 구축하고 참여한 식민주의적·제국주의적 세계 체제의 일원이었다는 사실은 뉴욕 자체의 발생과 발전의 역사에서도 잘 드러난다. 이 지역에 처음 도착한 네덜란드인들에 의해 '뉴암스테르담New Amsterdam'이라고 명명되었던 이 도시는 단순히 유럽 도시 암스테르담의 해외 지점이 아니었다. 처음부터 유럽의 무기와 유리 제품과 생필품이, 북미 영국

식민지들의 담배와 목재와 모피가, 서인도 제도의 설탕과 당밀과 럼주가, 그리고 아프리카의 흑인 노예들이 서로 교차하며 오가는 복잡한 대서양 교역로의 핵심적인 교차로였으며 거대한 창고였던 뉴암스테르담/뉴욕은 1664년 영국군의 점령으로 '뉴욕'으로 이름이 바뀐 후에도, 특별한 산물이 없는 입지 조건 때문에 대서양 무역 중심지로서의 역할을 유지한다(베유, 2003: 27). 18세기 뉴욕이 서인도 제도와 미국 남부를 제외하고 노예가 가장 많은 영국 식민지였던 것은 이러한 역사적 상황의 결과다.

1910년 뉴욕 인구 가운데 40.8%가 외국 태생이라는 통계 숫자는 (Homberger, 1998: 160) 단순히 뉴욕의 특징만을 나타내는 것이 아니라, 미국이 당대 남아메리카, 아프리카, 아시아 등과 맺고 있던 제국주의적 관계를 나타내는 지표이기도 하다. 사실 미국이 1890년대 말에 보여준 해외 확장주의적 실천들은 미국 "역사의 단절이 아니라 자연스러운 절정"(LaFeber, 1963: vii)이었다. 19세기 내내 미국은 대륙 전체로 국가를 확장하기 위해 인디언 부족들의 멸절, 텍사스 합병, 멕시코 전쟁, 루이지애나와 알래스카 매입 등 제국주의적 실천을 행했고, 대륙 밖에서는 노예 무역, 라틴 아메리카 혁명, 아시아 진출 등 다른 유럽 강대국들이 실천하던 해외 제국주의에 똑같이 참여하고 있었다. 하지만 미국인은 17세기 필그림Pilgrim들의 종교적 비전에서부터 18세기 공화주의자들의 민주주의 공화국 건설, 19세기 서부 개척/정복을 통한 대륙국가로의 확장을 정당화한 '명백한 운명Manifest Destiny'론에 이르기까지 그 내용을 바꾸어 가면서도 미국을 구대륙과 다른 예외적인 존재로 구축해 온 아메리칸 예외주의 이데올로기를 고수해 왔고, 해외 식민지 획득이라는 부인할 수 없는 제국주의적 사실조차도 미국 역사의 (단기간에 끝이 난) '예외적 사건'에 불과하다고 그 의미를 축소(Peace, 2005: 263)함으로써 아메리칸 예외주의 신화를 보존하고자 최선을 다한다.

19세기 말 호세 마르티의 에세이 「우리 아메리카Our America」(1891)와 「어머니 아메리카Mother America」(1889), 20세기 전반 뉴욕의 카리브 이민 공동체의 이야기를 다룬 폴리 마셜의 『갈색 소녀, 갈색벽돌집들 *Brown Girl, Brownstones*』(1959)은 미국이 19세기 말부터 해외, 특히 카리브해 지역에 제국주의적으로 개입한 그 통로를 따라 미국으로 들어온 라틴계/카리브계 이민자들의 목소리를 냄으로써 미국의 아메리칸 예외주의의 허구성을 드러내는 텍스트들이다. 이 글은 20세기 후반까지 거의 들리지도 보이지도 않았던 19세기 말과 20세기 전반기의 카리브계 망명/이민 집단의 경험이 생산한 마르티와 마셜의 글쓰기를 중심으로, 카리브계 작가들의 글쓰기가 어떻게 미국과 '아메리카'를 새롭게 정의함으로써 아메리칸 예외주의 신화의 허구성을 폭로하는지, 이들 작가들이 어떻게 그 과정에서 자신들이 놓여 있던 미국에서의 주변적 입지를, 미국 문화와 라틴/카리브 문화가 서로 접촉하고 충돌하는 경계 영역 혹은 사이 영역으로 변모시키고 구축하는지 살펴봄으로써, 그들의 경계 영역 글쓰기가 담고 있는 역동성을 드러내고자 한다.

2. 망명 작가 호세 마르티의 「우리 아메리카」

호세 마르티는 쿠바의 스페인 식민 통치에 반대하다 17세의 나이에 쿠바에서 추방된 스페인계 쿠바인이다. 스페인과 라틴 아메리카 여러 나라를 전전하다 1880년 26세의 젊은 나이로 뉴욕에 도착했을 때 그는 이미 인정받는 작가/저널리스트, 웅변가, 혁명가였다. 1895년 41세의 나이로 쿠바 전투에서 죽을 때까지 그는 망명자로서 뉴욕에 거주하면서 좁게는 쿠바 혁명을 위해 넓게는 라틴 아메리카의 미래를 위해 많은 에세이, 시,

저널, 정치적 연설, 편지, 번역들을 생산한다. 「우리 아메리카」 서두에서 강조하는 것처럼 "마음의 무기가 모든 다른 무기를 정복하며, 이념의 방어막이 돌로 된 방어막보다 더 가치 있다"(84)고 믿었던 마르티의 글들은, 라틴 아메리카 독자에게는 미국의 문화 · 사회 · 정치 등을 소개하는 문화 번역의 역할을, 미국의 스페인어 망명자/이민자에게는 라틴 아메리카인 혹은 쿠바인으로서의 공동체 의식을 공고히 하는 기능을, 미국인에게는 미국 안의 스페인어 사용 망명/이민 공등체의 존재를 가시화하는 역할을 수행했다.

하지만 마르티의 글쓰기가 보여 주는 주된 특징은 쿠바인으로서의 편협한 시각이 아니라 다중의 경계인으로서 가졌던 역동성과 균형 잡힌 시각이다. 그는 고국 쿠바에 돌아가는 것이 금지된 추방자이지만 거주국인 미국에는 결코 동화하려 하지 않았다. 그는 라틴 아메리카와 쿠바에서 스페인을 축출하기 위해 최선을 다해 싸웠다. 하지만 그는 라틴 아메리카 국가들이 유럽의 식민지 상태에서 벗어난다는 것과 라틴 아메리카 국가들이 진정한 독립을 획득하는 것이 반드시 같은 것은 아니라는 사실을 절실하게 깨닫고 있었다. 그는 쿠바 독립을 위해 미국을 활동 근거지로 삼았지만 쿠바 합병을 논의하는 미국 의회를 바라보면서 자신이 쿠바를 잡아먹으려는 "괴물의 내장"(440) 안에 있음을 결코 잊지 않았다. 그는 "안에 있으면서 동시에 밖에 있는"(Rotker, 1999 : 58) 다중의 경계인이었던 것이다. 제국주의 세계 질서 안에서 미국의 역할을 폭로하는 그의 글들은 바로 이러한 다중의 망명자로서 그가 존재했던 경계 영역에서 생산된 것이다. 그는 자신이 서 있는 경계 영역을 미국의 소수자들에게 할당된 가장자리 공간이 아닌 '사이 공간'으로 만듦으로써, 도널드 피스 Donald Peace의 날카로운 지적처럼, "망명 경험을 지우는 대신 이중의 상실자로서 자신의 입지를 변모시켜 미국의 식민주의적 제국 안에 자리잡기를 거절하는 적극적인 거점"(Peace, 2005: 213)으로 삼는다. 그래서 그의 글쓰기는 "자신이 망명해 들어간 미국 뉴욕의 히스패닉 게토들과 미국이 병합하고자 하는 라틴 아메리카의 영토들을 오고가며 거대한 내적 식민지의 윤곽을 그리고, 이 공간들을 세계 식민주의적 체제의 일부로 재현"(Peace, 2005: 213)하는 초국가적인 글쓰기가 된다.

『히스 아메리칸 문학 선집*Heath Anthology of American Literature*』에서 호세 마르티의 「우리 아메리카」에 대한 소개문을 쓴 사세리오-가리Enrique Sacerio-Gari가 마르티의 글이 미국 독자들의 눈을 열어 주기를 기대한다고 말한 것(Sacerio-Gari, 1994: 820)은 그의 글이 제공하는 아메리카 개념에 대해 새로운 통찰을 염두에 둔 지적일 것이다. 아메리카는 콜럼버스 이후 유럽이라는 구세계와 대비되는 신세계를 나타내는 말이었지만 미국을 예외적인 아메리카로 구축하고자 하는 미국 역사가나 미국 문화/문학 연구가들은 신세계에 대한 유럽인들의 비전을 영국 식민지 신세계에 대한 유럽인들의 비전으로 슬그머니 전환시키곤 했다. 19세기 대표적인 미국 역사 서사의 하나인 「아메리카 역사에서 프론티어의 의미The Significance of the Frontier in American History」(1893)에서 잭슨 터너Jackson Turner는 '프론티어frontier'를, 부족 혹은 국가들이 충돌하는 국경 지역이 아닌 정착지의 가장자리로, 다양한 이민자들이 새로운 인종으로 거듭나는 비어 있는 공간으로 정의함으로써 미국의 서부 개척/확장의 역사를 개인주의와 민주주의가 확대되는 진보 서사로, 미국을 예외적인 공간으로 정의한다(Thomas, 1999: 275-293 참조). 20세기 미국 문학 연구에 지대한 영향을 미쳤던 대표적인 미국 문학/문화 연구서들인 매티슨F. O. Matthiessen의 『아메리칸 르네상스*American Renaissance*』, 페리 밀러Perry Miller의 『황야로의 심부름*Errand into the Wilderness*』, 헨리 내시 스미스Henry Nash Smith의 『처녀지: 상징과 신화로서의 아메리칸 서부*Virgin Land: The American West* *as Symbol and Myth*』, 루이스R. W. B. Lewis의 『아메리칸 아담*The American Adam*』, 레오 막스Leo Marx의 『정원 속의 기계*The Machine in the Garden*』 등도 신세계 아메리카의 의미를 미국이라는 하나의 국가에 축소시키는 데 결정적인 역할을 했다. 아메리카를 경제적 자유과 개인의 정치적 자유라는 근대적 가치를 충족시킬 수 있는 진보된 공간으로 상상하는 이들의 상상적 지형 속에는 구대륙 유럽뿐 아니라 라틴 아메리카도 배제되어 있었고, 그들의 새로운 미국인 '아메리칸 아담'은 라틴 아메리카인뿐 아니라 미국 내의 토착 인디언, 흑인, 여성들도 보이지 않는 존재로 만들었다. 미합중국이라는 단일 국가와 아메리카를 동일시하는 미국의 이념적 헤게모니가 1960년대 이후 흑인민권운동, 여성운동, 비백인 이민의 압도적인 증가로 도전받은 것은 사실이지만, 「아메리카와 홀로 남겨지다: 미국 문화 연구에서 제국의 부재Left Alone with America: The Absence of Empire in the Study of American Culture」에서 에이미 캐플런Amy Kaplan이 지적하듯 미국 문화 연구에서 제국의 문제는 아직도 제대로 다루어지지 않는 부분으로 남아 있다(Kaplan, 1993: 11). 한국에서 사용되는 대표적인 미국 문학 선집들도 여전히 '아메리칸' 문학 선집으로 불린다. 이러한 상황들을 고려해 본다면, 19세기 말에 이미 뉴욕 한복판에서 「우리 아메리카」 같은 글을 통해 미합중국의 성격을 구대륙과 신대륙이라는 상투적 대립항이 아닌 북아메리카와 남아메리카라는 새로운 관계 속에서 재규정하고, 미국인의 아메리카 개념의 독점과 오용을 미국의 제국주의적 속성의 발현으로 규정하는 글이 존재했음을 발견하는 것은 신선한 충격이다.

뉴욕과 남미 양쪽에서 동시에 발표된 마르티의 에세이 「우리 아메리카」는 제목만으로도 도전적이다. 아메리카 앞에 '우리'라는 소유대명사를 강조함으로써 마르티는 한편으로는 아메리카를 너무나 당연히 '앵글로 아메리카-우리'의 것이라고 믿고 있던 미국인에게 충격을 가하고

'아메리카'라는 단어에 대한 그들의 독점적 사용에 도전한다. 더 나아가 마르티는 '우리 아메리카'의 가장 위험한 적으로 미국을, 즉 "우리 아메리카를 모르는" 미국으로(93) 규정함으로써 미국을 아메리카 개념에서 주변화시킨다. 마르티의 아메리카 서사에서 미국은 단지 '그들 아메리카' 혹은 '다른 아메리카'일 뿐이다.

아메리카 개념에서 미국의 중심성을 해체하는 마르티의 시도는 곧 미국의 '아메리칸 예외주의' 신화를 해체하는 시도이기도 하다. 아메리카를 '우리 아메리카' 라틴 아메리카와 '다른 아메리카' 앵글로 아메리카로 나누는 마르티의 시도 속에는 앵글로-프로테스탄트 영국인에 의해 점령된 지역과 라틴-가톨릭 이베리아인에 의해 점령된 지역 사이의 문화적 · 언어적 차이를 드러내는 것 이상의 의미, 즉 미국의 정치적 · 경제적 · 문화적 제국주의에 대한 강력한 비판이 들어 있다. 그의 에세이 「우리 아메리카」는 그 무엇보다도 "일곱 리그의 장화를 신은 거인"(84)으로 알레고리화된 미국이 바다 건너 해외로 확장하기 위해 자세를 취하고 있음을, 그래서 "지금은 잘 때가 아님"(84)을 '우리 아메리카' 주민들에게 경고하는 것을 주목적으로 하고 있기 때문이다. 그의 다른 에세이 「어머니 아메리카」에서도 그는 미국이 "세계 여러 나라의 눈에 공화국이라는 좋은 이름으로"(93) 비추어지고 있지만 "그 확장의 전통과 야심가들"을 가진 미국이 '우리 아메리카'를 위협할 수 있는 국가임을 엄중히 경고한다. 「친구에게 보낸 편지To Manuel Mercade」에서도 마르티는 쿠바의 독립이 "미국이 앤틸리즈를 통과해 확장하는 것을 막는 의무"(430)의 일부라고 강조한다. 마르티가 미국에 살고 있던 시기가 바로 미국 의회가 쿠바 합병을 진지하게 논의하고 하와이 합병을 시도했던 바로 그 시기였음을 고려한다면 마르티가 미국을 예외적인 신세계가 아니라 스페인처럼 제국주의적 야심을 가진 위험한 국가로 보았던 것은 당연하다.

마르티의 미국 비판 속에 미국이 자유와 민주주의를 위한 새로운 공간인 '아메리카'로서 가졌던 가능성에 대한 인정이 들어 있다는 것은 주목할 만한 사실이다. 그는 미국의 필그림들이 "자기 자신 위의 어떤 주인도, 자기 자신 아래의 어떤 하인도 받아들이지 않았고, 사람들의 마음에 사랑을, 땅에 씨를 뿌린 정복자 이외에 어떤 정복자도 받아들이지 않았던" 사람들임을 인정한다. 하지만 그는 곧 "독재자 없는 영혼을 위한 독재자 없는 땅"을 추구했던 필그림들이 "팔기 위한 니그로들"을 신세계에 데려왔고 "마녀들을 불태운 광신자"들이었으며, 서부를 개척한 용감한 '모험가'였던 북미의 '자유인'들이 "쓰러진 나무 등걸만큼이나 죽은 인디언을 베개로 삼은," "교활하고 탐욕스러운 모험가"였음을, 남부의 '신사'들이 노예들에게 왕 같은 대접을 받고자 했던 '노예 주인'들이었음을 지적한다(72-3). 미국 건국 서사의 중요 영웅들인 '자유인,' '필그림,' '모험가,' '남부 신사'들을 재정의하면서 남미에 대한 미국의 식민주의적 정책들이 미국 역사의 예외가 아니라 미국이 북미에 정착하고 건국하는 과정 내내 지속되었던 제국주의적 실천의 연속임을, 미국인들이 수호하고자 하는 자유가 실제로는 권력에의 의지임을 분명하게 지적한다. 그 연장선에서, 스페인계 이주민과 망명자들을 불가시적인 이류 시민으로 취급하는 이 '링컨의 아메리카'는 "아직도 자유롭지 않은 땅"(71)이며, 미국의 내부 식민지에 대한 미국의 제국주의적 태도는 곧 미국의 외부 식민지에 대한 제국주의적 실천의 다른 측면에 불과하다. 그래서 미국이 라틴 아메리카에 대해 가지고 있는 제국주의적 야심을 드러내려는 마르티의 글쓰기는 미국 내의 식민지들, 즉 뉴욕 안의 흑인 게토들, 스페인어 이민자 공동체들, 인디언 보호 구역 등에 거주하는 소수자들의 공간을 드러내고 가시화하는 작업과 같이 간다.

미합중국에 대한 마르티의 날카로운 비판과 라틴 아메리카에 대한 그의 헌신과 사랑은 그의 글에 분명하게 나타난다. 하지만 흥미롭게도 그의 텍스트에는 그의 '우리 아메리카'가 단순히 라틴 아메리카라는 지리적인 영역만을 지칭하는 것이 아니라 그 이상의 어떤 상태를 지칭하는 것이 아닌가 생각하게 하는 구절들이 있다. 즉 그의 글에는 "억압자들의 야심과 지배하는 습관에 대항하는 새로운 시스템을 확보하기 위한 억압받는 자들과의 공동 연대"(90)에 대한 강조나 "공화국 내 계속 살아 존재하는 식민지"(90)에 대한 경고가 만만치 않게 등장한다. "질투하는 형제들처럼"(84) 작은 땅을 두고 서로 싸우는 라틴 아메리카 국가들, "영국산 반바지, 파리산 조끼, 북미산 재킷, 스페인산 모자"를 쓰고, "인디언들을 침묵시키고, 흑인들을 한숨짓게 하고, 농민들을 분노하게 하는"(91) 라틴 아메리카 지도자들, 그런 지도자들을 기르는 아메리카 대륙의 유럽식 교육제도에 대한 마르티의 질타와 비판 역시 깊고 날카롭다. 그래서 브룩 토머스Brook Thomas는 마르티의 '우리 아메리카'에 대한 요청이 "아직 존재하지 않는 집단적 정체성"에 대한 요청이라고 말한다(Thomas, 1999 : 283). 피스는 더 나아가 '우리 아메리카'라는 말로 마르티가 상징했던 것이 쿠바나 미국이 아니라 "그가 벗어나고 싶은 식민지적 조건들과 이러한 욕망을 충족시키기 위해 투쟁했던 운동 자체"를 가리킨다고까지 말한다. 마르티가 '우리 아메리카'를 구축한 곳은 "정치 망명자, 이주자, 유목민, 국외 추방자, 쫓겨난 사람이 그들의 움직임을 규제하기 위해 구축된 이민 정책과 국제 무역과 상호 교차하는 터"이며, 마르티가 제국주의적 규범을 분석하고 대항하고 전복할 수 있었던 것은 "다른 문화적 공간의 제국주의적 규범 밖"의 공간에 자신의 정치적 연합을 위치시킴으로써 가능했다는 것이다(Pease, 2005 : 214). 마르티의 '우리 아메리카'에 대한 피스의 열린 해석에 전적으로 동의하지 않는다 하더라도, "새로운 아메리카인들이 국가와 국가의 경계선을 넘어 서로에게 인사하고, 노동자들의 눈이 기뿜에 빛나는"(92) '우리 아메리카'에 대한 마르티의 비전은, 분명 북아메리카와 남아메리카 양쪽의 유럽 중심적, 인종 차별적, 편협한 자국가 중심적, 확장주의적 경향 모두를 비판할 수 있는 역동적인 초국가적, 초반구적 시각을 담고 있다.

3. 카리브계 흑인 작가 폴리 마셜의 '갈색' 아메리카

쿠바 망명 작가 호세 마르티가 뉴욕의 스페인어 망명/이주민 공동체를 근거로 미국의 제국주의적 속성과 라틴 아메리카가 충돌하는 지점들을 드러내는 글쓰기를 했다면, 뉴욕 브루클린 태생의 바잔Brooklyn Bajans으로 자신을 정의하는 바베이도스 이민 2세 폴리 마셜의 첫 소설 『갈색 소녀, 갈색벽돌집들』은 제1차 세계대전 직후 뉴욕으로 유입된 카리브계 흑인 이민 공동체가 미국에서 정착하기 위해 겪는 경험과 갈등에 주로 초점을 맞추고 있다. 그래서 마셜의 소설은 마르티의 의도적인 경계적 글쓰기와 달리 동화 서사로 읽혀질 요소들을 많이 가지고 있다. 하지만 미국과 미국적 가치에 동화하기 위해 고투하는 이민자들의 삶을 치밀하게 담고자 하는 바로 그 노력이, 마르티의 의도적인 경계적 글쓰기와는 다른 방식으로, 마셜의 텍스트를 초국가적 역동성을 드러내는 경계 영역 글쓰기로 만들고 있다는 사실이 흥미롭다.

'브라운/갈색brown'을 강조하는 이 소설의 제목을 통해 마셜은 카리브계 흑인 이민자들과 그들을 다루는 자신의 소설이 놓여 있는 다양한 맥락을 시사한다. 카리브계 이민자들의 '갈색'의 강조는 일차적으로는 영국의 식민지인으로서 영국식 문화와 언어를 습득한 카리브계 흑인 이민자들이 미국의 가난하고 경멸받는 흑인들과 자신들을 구별하면서 '검은색'과 '흰

색'으로만 인종을 구별하려는 미국의 경직된 이분법적 사고에 대해 도전하려는 시도를 시사한다. 하지만 동시에 '갈색'의 강조는 아메리카 대륙의 다양한 국가와 지역에서 다양한 피부색과 문화와 전통을 발전시키고 있는 아프리카계 이산자들의 정체성과 유대의 문제를 제기하는 시도이기도 하다. 소설의 공간적 배경인 뉴욕 브루클린의 '갈색벽돌집들'은 특히 아프리카계 이산자들의 유사성과 차이, 그리고 그 차이들의 충돌과 조화의 가능성에 대한 훌륭한 메타포다. 마셜은 이 집들이 같은 높이와 같은 단조로운 갈색을 공유하는, 마치 "하나의 집이 일련의 거울에 비친 듯" 똑같이 보이는 집들이지만 면밀히 살펴보면 하나하나가 독특하게 개성 있는 스타일로 장식되어 있다고 애써 지적한다(3). 아프리카계 이산자들의 동질성과 차이에 대한 갈색벽돌집의 상징성은 이 집들이 과거 유럽계 백인 이주민들에 의해 지어졌지만 이제는 카리브계 흑인 이주민들의 거주지가 되고 있다는 사실로 인해 더 복잡해진다. "하얀 해변으로 밀려 들어와 모래를 오염시키는 검은 바다"(3)처럼 아프리카계 이산자들은 이제 백인의 영역으로 들어와 자리를 잡기 시작하고 있기 때문이다. 비록 소설의 시작에서는 그러한 '오염'이, 해변의 비유처럼, 미국이라는 국가의 주변부에서 일어나는 일로 시사되고 있지만, 소설의 끝에 가서 이 미국의 주변부 공간은 "신세계 전반에 흑인들이 흩어지는 디아스포라 공간"의 일부로, 흑인 이산자의 의식이 복합적으로 변용되는 "문화적 상호 섞임의 영역"(Jones, 1998: 588)으로 변모된다.

카리브 흑인 이산자들의 복합적 의식과 문화적 상호 섞임을 가장 잘 드러내는 인물은 백인의 역사가 담긴 갈색벽돌집에 세 들어 살고 있는 보이스Boyce 가족의 열 살짜리 막내딸 설리나Selina다. '백인들의 집에 사는 검은 소녀'라는 모순된 자의식을 가진 설리나는 자신의 집에 살았었던 백인들의 영혼을 상상 속에서 불러내어 그들의 역사를 재창조할 뿐 아니라 자신이 그들 중 하나가 되기를, 그들의 "아름다움과 귀족성"의 일부(5)가 되기를 간절히 열망한다. 하지만 그러한 열망은 화려하고 고풍스러운 가구와 대비되는 그녀의 가난하고 허름한 옷차림, 커다란 거울 속에 비친 초라한 검은 얼굴에 의해 번번이 깨질 뿐이다. 백인들의 문화와 역사가 담긴 공간에 거주하면서 자신을 그 "성스러운 곳의 속된 존재"(6)로 느끼는 설리나의 상실감은 '검은 미국인'으로서 자신의 정체성을 백인들의 전통에서 찾고자 하는 그녀의 모순된 시도가 야기하는 불가피한 결과다.

마셜은 이 소설이 제기하는 중심 문제, 즉 백인 중심의 미국에서 카리브계 아프리칸 미국인 혹은 아프리카계 미국인들이 '미국인'이라는 한 국가의 시민으로서 정체성과 아프리카계라는 인종적 정체성의 충돌을 어떻게 해결할 것인가 하는 문제를 갈색 소녀 설리나가 성장하며 대면해야 하는 개인적인 문제로 제시함으로써 이 소설을 설리나의 성장 서사로 만든다. '갈색 소녀' 설리나에게 정체성의 혼란과 갈등을 야기하는 가장 직접적인 요인은 백인 주류 사회와 카리브계 이민의 집단적 충돌 그 자체가 아니라 그러한 충돌이 바베이도스 이민 공동체에 야기하는 내적 갈등이다. 마셜은 이민 공동체 내의 갈등을 가족 간의 갈등, 특히 여주인공의 어머니와 아버지의 타협할 수 없는 갈등으로 재현함으로써 공동체적 갈등이 개인의 삶에 미치는 치명적인 영향을 섬세하게 탐색한다.

바베이도스 이민 공동체는 근면한 노동과 절약을 통해 '집' 즉 사유재산을 소유함으로써 미국에서의 경제적 지위와 정치적 입지를 높이고자 하는 확고한 목적 의식을 공유한 공동체다. 백인 가정의 가사일, 백인 아이들 돌보기, 공장 노동 등 뉴욕이 제공하는 가장 저급한 일로 번 푼돈을 모아 집을 사고, 그 집을 다가구 셋집으로 만들어 가난한 세입자들에게 과도한 집세를 부과하면서 돈을 모으는 것, 이민 공동체 일원에게 서로 사업 자금을 융자해 주고, 자녀들을 대학에 보내어 부모들이 얻지 못했던 전문인으로서의 기회를 가지게 해 주는 것, 이것이 바베이도스 이민 공동체가 미국 사회에서 성공하기 위해 선택한 방법이다. 그러므로 이들에게 '갈색벽돌집'은 그냥 건물이나 집이 아니라, "모든 장애를 극복하고 자신의 사회와 적대적 사회 사이에 방어적 울타리를 만들고자 하는 그들 사회의 의지의 구현"(Christian, 1980 : 7)이며, 갈색 이주민들이 미국 흑인과 자신을 차별화하면서 경제적 · 사회적 향상을 꾀하고자 하는 디딤돌이다. 하지만, 유럽 제국의 식민주의와 백인 중심주의를 피해 미국으로 이주한 이들이 그들을 고향에서 축출한 바로 그 자본주의적 축적 방식과 약육강식에 헌신함으로써 백인의 인종 차별 의식에 도전하기는커녕 역으로 공고히 하고 있다는 사실은 아이러니가 아닐 수 없다. 그래서 그들이 미국에서 성공하기 위해 선택한 방식은 미국 내의 흑백 서열을 뒤집지 못할 뿐 아니라, 다른 비백인 민족/인종과 자신들의 전통적 삶 양쪽 모두에서 자신들을 소외시키는 모순된 상황을 초래한다. 바베이도스 이민 공동체의 미국화 시도를 대변하는 설리나의 어머니 실라Silla와 카리브 고향의 가치와 개인성을 보존하려는 아버지 데이튼Deighton의 갈등은 바베이도스 이민 공동체의 미국화 시도가 스스로에게 어떤 대가를 요구하는 것인지 잘 드러낸다.

실라는 고향 카리브 지역에서 아주 어린 시절부터 고된 노동에 시달린 흑인 여성이다. 그녀와 같은 제3세계 흑인 여성들을 값싼 노동자로 불러들인 인종 차별적인 미국이 그녀에게 그래도 기회의 나라로 간주될 수 있었던 것은 영국의 식민지였던 고향에서 그녀가 흑인 여성으로서 겪어야 했던 가혹한 차별과 노동의 경험 때문이다. 청소 도구를 갖춰 들고 "마루를 문지르는" 하루의 일감을 얻기 위해 백인들의 거주 지역에 아침마다 서 있는 수모를 겪으면서도, 미국의 산업화된 공간을 대변하는 군수 공장의 잔혹한 기계 소리에 적응해야 하는 어려운 상황에서도 실라는 갈색벽돌집을 사서 경제적 기반을 마련하는 그날만을 위해 살아간다. 하지만 딸 설리나의 날카로운 깨달음처럼, 공장 기계의 강한 힘에 대적하고 적응하려는 실라의 노력은 스스로를 기계와 같은 상태로 만드는 위험을 담고 있다. 군수 공장에서의 "그녀의 움직임은 기계 덩이의 기계적인 리듬에 맞추어져 있었다…… 단지 어머니의 강력한 힘만이 기계의 힘에 대적할 수 있었고, 단지 어머니만이 그 잔혹한 소리에 무심할 수 있었다"(99). 그래서 실라의 강력한 힘은 한여름에도 겨울을 불러내고 '흥겨움gaiety'을 삶에서 추방하는 '검은 힘'(16)으로 상징된다.

> 실라 보이스는 여름의 녹음과 공원 벤치에 느긋이 앉아 있는 여인들의 밝은 실내복 사이에서 그녀의 검은 옷으로 겨울의 테마를 공원으로 들여왔다. 그뿐만이 아니다. 그녀의 단단한 몸의 모든 선은 여성들에게는 게으르다고, 공원에는 분별없이 여름을 표현하고 있다고 꾸짖는 듯했다. 삶에 대해 영원히 항변하듯 굳게 다문 그녀의 입술은 흥겨움을 위한 시간 따윈 없다고 시사한다. 공원, 여인들, 태양은 그녀의 어두운 힘에 굴복했고, 싱싱했던 여름 색채들은 그녀가 지나갈 때, 광택을 잃고 모두 사라졌다.

> Silla Boyce brought the theme of winter into the park with her dark dress amid the summer green and the bright-figured house-dresses of the women lounging on the benches there. Not only that, every line of her strong-made body seemed to reprimand the women for their idleness and the park for its senseless summer display. Her lips, set in a permanent protest against life, implied that there was no time for gaiety. And the park, the women, the sun even gave way to her dark force; the flushed summer colors ran together and faded as she

passed.(16)

고향에서 흑인 여성으로서의 차별과 고된 노동에 시달렸던 실라가 미국을 새로운 삶을 위한 기회로 보고 백인 사회에 적응하기 위해 최선을 다하는 것과 달리, 고향에서 대학까지 나온 흑인 남성 데이튼은 돈을 모아 집을 사는 것에 삶의 모든 에너지를 투자해야 한다는 이민 공동체와 실라의 요구에 따르기를 거부한다. 그는 카리브 남성으로서 자신이 소중히 여기는 따뜻한 인간 관계, 여성들과의 즐거운 시간, 농담과 쾌락과 예술 등을 포기하지 않을 뿐 아니라, 미국이 흑인 이주민 남성들에게 허용하는 유일한 기회인 단조로운 육체 노동에 저항 없이 굴복하기도 거부한다. 그는 백인 남성이 권력의 중심에 있는 백인 중심 사회에서 자신이 원하는 남성다움/인간다움을 발휘할 수 없는 흑인/외국인/불법 이민자라는 다중의 취약함을 가지고 있음에도 불구하고, 회계 공부를 해서 자격증을 얻고 백인들이 독점하는 사무직에 도전하는 등 자신의 능력을 제대로 발휘할 수 있는 사회적 장을 찾기 위해 부단히 애를 쓴다. 하지만 백인 식민지였던 고향에서처럼, 자유로운 공화국이라는 미국에서도, 데이튼은 결코 백인들이 독점하고 있는 사무직이나 전문직을 얻어내지 못한다. 이러한 인종 차별의 경험들을 그는 자신의 남성다움이 거부되는 경험으로 겪어낸다. 그가 생각하는 남자다움은 '큰 일'을 하는 것, 이름을 명예롭게 빛내는 것인데 그러한 일은 백인에게만 허용되고 있기 때문이다. 술집 앞 흑인들처럼 폭력적인 남성성을 실천할 수도 없고, 백인 남성들처럼 '큰 일'을 할 수도 없는 그는 결국 카리브에서처럼 여자들에게 매력적인 남자가 되기 위해 많은 노력을 한다. 하지만 미국 바베이도스 이민 공동체가 높이 평가하는 '진짜 바잔 남성'은 더 이상 매력적인 남자가 아니라 악착같이 돈을 버는 남성이다.

미국 불법 이민자이면서 언젠가는 성공해서 고향으로 돌아가기를 바라는 흑인 남성 데이튼이 놓여 있는 위태로운 입지는 '하얀 빛'으로 가득한 실라의 부엌과 미국의 기계화된 산업 사회를 대변하는 공장에서 특히 잘 드러난다. 카리브 해 지역을 상기시키는 위층의 따스한 거실에서 내려와 하얀색으로 가득한 아내 실라의 부엌 앞에 설 때마다 데이튼은 그 하얀 부엌의 하얀색이 제시하는 도전으로 마음이 불편하다.

> [그는] 언제나처럼 이곳의 그 황량한 불빛, 그 지나치게 청결한 하얀 가구와 에나멜로 칠해진 하얀 벽 때문에 동요되었다. 그 방은, 그에게 끈질기게 그 세계를 다루어 보라고, 그 세계의 백색에 그 자신을 어떻게든 편승해 보라고 도전하는, 기이하게 감정 없는 세계처럼 보였다.

> [He is] shaken as always by the stark light here, the antiseptic white furniture and enameled white walls. The room seemed a strange unfeeling world which continually challenged him to deal with it, to impose himself somehow on its whiteness. (22)

군수 공장에서 실라는 기계와 하나가 되어 일을 할 수 있었지만, 데이튼은 결국 "배고픈 듯 입을 벌린 기계"(155)에 의해 팔이 눌려 노동이 불가능한 불구가 된다. 불구가 된 데이튼의 몸은 미국 사회와 그에 동조하는 바베이도스 이민 공동체가 카리브계 이민자인 그에게 가한 정신적 상처를 나타내는 표상이다.

미국의 삶과 고향에 대해 서로 다른 태도를 보이는 어머니와 아버지는 미국에서 이민자의 자녀로 태어난 '미국인' 설리나가 타협해야 할 상충하는 가치를 표상한다. 설리나는 고향의 희망 없는 고된 노동의 삶이나 미국에서 백인들의 "마루를 문지르는" 삶보다는 나은 삶을 원하는 어머니를 이해한다. 동시에 그녀는 아버지 데이튼과 그녀의 집에 세 들어 살고 있는 카리브 여성 서기Suggie처럼 카리브 식 삶의 방식을 고수하며 다양한 방식으로 삶의 '흥겨움'을 포기하지 않으려는 사람들의 시도도 인정한다. 데이튼과 서기의 삶이 담고 있는 유흥적 요소가 단지 고향에 대한 향수나 집착, 게으름이나 무책임의 결과가 아니라 돈 모으기에만 헌신하는 자본주의 사회의 기계 부속품 같은 존재가 되기를 거부하는 몸부림임을 이해한다. "비록 음탕한 여자로 사는 방법을 통해서라도, 모두 같은 헝겊에서 잘라낸 조각"(81) 같은 존재가 되지 않겠다는 서기의 주장을 개인성에 대한 주장으로 받아들인다. 그러므로 바베이도스 공동체가 데이튼과 서기 같은 사람과 그들의 삶의 방식을 비난하고 축출하는 것은, 단지 몇몇 개인을 축출하는 데 그치지 않고 자신들의 전통 문화와 가치를 부인하고 공동체 구성원의 개체성을 부정하는 자기 분열적이고 자기 파괴적인 행위가 된다.

아가사 스티드Gatha Steed의 딸 결혼식 장면은 백인 사회의 물질 중심적인 가치를 배타적으로 따르는 바베이도스 이민 공동체가 어떻게 "삶의 연속성을 상징하는 공동체 의식이며 이 집단의 아프리카적 유산을 반향하는 결혼식"(Pettis, 1995: 89)까지도 배제와 추방의 의식으로 변질시키고 있는지를 잘 보여 준다. 결혼식 모임에서 설리나는 강철 같은 의지로 돈과 집에 집착하는 어머니 실라가 과거에는 "고향 들판에서 기절할 때까지 춤을 추었던 어린 소녀"(145)였음을 알게 되고, 실라 자신도 남편 데이튼에 대한 과거의 열망과 욕망을 새롭게 느낀다. 이러한 일화들은 결혼식이라는 집단적 제의식이 삶의 긍정적인 모습을 되살려 낼 수 있는 기회임을 드러낸다. 하지만 이미 미국의 물질 중심적 가치를 과시하는 화려한 의식이 된 이 결혼식에서 신부는 사랑하는 남부 흑인 남자 대신 부모가 골라 준 바잔 남자와 억지로 결혼하는 "슬픈 신부"(138)이며, 하객들은 "두 개의 전투하는 진영처럼"(136) 분리되어 앉아 있다. 바베이도스 악센트로 칼립소 노래를 부르며 생명과 공동체를 찬양하는 춤을 추는 결혼식 하객들은 이민 공동체가 집단적으로 몰두하는 경제적 목적에 정면으로 도전한 데이튼을 처벌하기 위해 결혼식 춤이라는 포용의 의식을 그를 집단에서 추방하고 그에게서 가족까지 앗아가는 가혹한 배제의 의식으로 변질시켜 버린다. 실라가 데이튼 몰래 그의 고향 땅을 팔아 만든 돈을 그가 집을 사는 데 사용하지 않고 가족의 욕망을 충족시키는 물건들을 사는 데 써버렸기 때문이다. "그들은 차가운 고갯짓으로 등을 돌리고 그[데이튼]에 대항하는 담을 만들었다. 그들은 실라와 이나를 보호하듯 감싸안고, 설리나를 안으로 끌어당겼다…… 춤추는 사람들은 하나의 몸이 되어 그에게 등을 돌리고 춤을 추었다"(150). 결국 아내 실라와 바베이도스 이민 공동체는 자신들의 가치에 따르지 않는 데이튼을 미국 정부의 힘을 빌려 고향으로 추방하고, 그의 딸 설리나는 그렇게 고향을 그리워했으면서도 아무것도 이루지 못한 채 고향으로 돌아가기보다는 차라리 고향 앞바다에 빠져 죽는 것을 선택한 아버지를 통해 미국 이민자들이 카리브 고향에 대해 가지는 복합적이고 모순적인 관계에 눈을 뜬다.

하지만 카리브계 이민 공동체의 모순과 복합성과 가능성을 가장 잘 드러내는 집단은 마셜 스스로 백인 사회의 '검은 힘'을 대변한다고 인정한 실라와 같은 바잔 여성이다. 그들은 모든 에너지를 돈을 모아 집을 사는 데 헌신하고, 자녀들이 춤이나 그림이 아닌 실용적이고 전문적인 일을 하도록 강요하며, 노동과 돈의 축적에 헌신하지 않는 바잔인들을 공동체에서 서슴없이 추방함으로써 바잔 이민 공동체를 미국화시키는 주된 세력이다. 그럼에도 불구하고, 마셜은 바로 이 여성들이 서로의 부엌에 모여 이야기를 나누는 바로 그 일상적인 행위를 통해 카리브 문화를 보존하고

전승하는 핵심적인 역할을 수행하고 있음을 풍부한 일화를 통해 재현한다. 토요일마다 실라의 부엌에 모여 거리에서 팔 카리브 전통 음식을 만드는 실라와 그 친구들은 자유롭고 활기차게 과거 고향 이야기들을 나누고, 현재의 이민 생활에서 겪는 어려움과 미국의 정치, 경제, 문화, 전쟁 등 온갖 문제를 자유롭게 논한다. 이들이 쏟아내는 이야기와 서사는 그 내용에서뿐 아니라, '아름다운-추한', '달콤한-불쌍한' 같은 모순적 어휘들, 그리고 마치 한 편의 연극을 상연하는 것처럼 극적으로 이야기를 전달하는 구전 서사 방식들을 통해 카리브 문화를 보존하고 전달한다. 마셜은 일상적 구어로 바베이도스의 문화와 역사, 신세계에서의 아프리카적 경험을 보존하며 "저항의 언어로 서로서로를 지지하는"(Gadsby, 2006 : 6) 이 여성들, 부엌 주변을 어슬렁거리는 어린 소녀들에게 바베이도스의 전통 문화를 전달하는 이 바잔 여성들을 '부엌의 시인들Poets in the Kitchen'이라고 부른다(Marshall, 1983 : 23).

갈색 미국인으로 태어나 성장한 설리나가 바베이도스 이민 공동체의 문제를 아프리카인 이산이라는 더 넓은 맥락에서 볼 수 있게 되는 것은 갈색 바베이도스인이, 한쪽으로는 미국 흑인과 다른 한쪽으로는 미국 백인과 맺고 있는 혹은 맺어야 하는 관계에 눈을 뜨면서다. 바베이도스인들은 미국 흑인, 특히 가난한 남부 흑인과 자신을 구별하기 위해 자신들이 결성한 '주택소유주와 상인협회'에도 바베이도스인 외의 어떤 흑인 민족도 참여시키지 않는다. 설리나는 미국 흑인들을 배제하는 바베이도스 이민 공동체를 경멸적인 양육강식의 원칙을 따르는 편협하고 이기적인 집단이라고 공공연하게 비난한다. 서인도 제도 출신 '갈색' 흑인들이 미국의 '검은' 흑인들을 내려다보는 태도는 서인도 제도 갈색 흑인을 대하는 백인의 식민주의적 태도를 그대로 본받은 것이고, 검은 미국 흑인과 갈색 카리브인의 "거리를 강조함으로써 백인들 쪽으로 가까이 가고자 하는 욕망"(Johnson, 1998: 461)을 나타내기 때문이다. 하지만 그녀는 미국 사회의 인종 차별을 직접적으로 경험하면서 바베이도스 이민 공동체에 대한 부정적이기만 했던 자신의 평가를 교정한다.

설리나가 미국의 인종 차별을 직접적으로 겪는 순간은 그녀가 대학의 백인 친구들과 댄스 공연을 성공적으로 마치고, 마침내 그들의 인정을 받았다고, 마침내 그들과 친구가 되었다고 느꼈던 바로 그 순간이다. 백인들 사이에서 무엇인가를 성취했다고 느꼈던 바로 그 순간 설리나는 그녀를 백인의 공간에 불러들여 백인 사회 속에서 '검은' 사람인 그녀가 놓여 있어야 할 제자리를 정확하고 끈질기게 알려 주는 백인 친구 어머니와 대면하도록 강요된다. 그 백인 여성은 자신의 '충실한' 카리브계 흑인 하녀와 댄스 공연을 성공적으로 성취한 대학생 설리나를 동일시하면서 설리나를 보편적 검둥이로 격하시켜 버린다. 그러한 백인 여성 앞에서 무기력하게 마비되어 있던 자신을 보면서 설리나가 깨달은 것은 백인 여성뿐 아니라 갈색 여성인 자기 자신도 자신의 '흑인성'을 혐오하고 있었다는 충격적인 사실이다. 갈색벽돌집에 살던 백인들의 영혼을 불러내어 그들과 하나가 되고자 열망하던 어린 갈색 소녀 설리나가 의식하지 못했던 흑인성에 대한 흑인들의 자기 혐오, 바로 그것에 대한 피할 수 없는 깨달음이 설리나로 하여금 백인과 흑인과 갈색인 사이의 관계를 재정립하도록 그녀를 변화시킨다.

마셜은 설리나로 하여금 한편으로는 흑인성을 부정적인 보편적 상징으로 만드는 백인들의 행위에 도전하게 하고, 다른 한편으로는 백인 사회에서 살아가는 '갈색' 바베이도스 흑인 이민자들과 '검은' 아프리카계 미국인들이 공유하는 고통과 갈등을 이해하게 함으로써, 그녀의 의식을 흑인과 갈색인, 미국과 카리브 두 세계를 연결하는 고리로 만든다. 그녀는 미국의 인종 차별을 극복하기 위해 백인들의 미국적 가치를 받아들이려는 바베이도스 이민 공동체의 미국화 시도를 이해하면서도 부모들의 가치를 자신의 가치로 받아들이기를 거부한다. 그리고 자신의 정체성을 모색하기 위해 부모들이 버리고 떠나온 고향으로, 아프리카인들의 아메리카 이산과 노예화의 중심지인 카리브해 지역으로, '되돌아가는' 결정을 한다. 자신의 정체성을 모색하기 위해 국가의 경계선을 넘고 인종의 경계선을 문제시하는 소설 끝의 '갈색 소녀' 셀리나는 이제 더 이상 미국 흑인을 배타적으로 차별하는 서인도 제도 출신의 '갈색 바베이도스'인이 아니다. 그녀는 유럽과 아프리카와 아메리카가 오랜 역사를 통해 만들어 낸 아프리카 이산의 역사를 이해하고, 미국이 인위적으로 만들어 낸 흑과 백의 이분법적 경계를 무화無化시키며, 현실 속에 존재하는 백색과 흑색과 황색의 다양한 섞임을 담고 있는 '갈색 아메리카'인이 되기 위한 출발점에 서 있다. 이러한 셀리나의 성장과 발전은 '제3세계' 출신의 이민 문학을 미국 소수민족 문학, 미국의 주변부 문학, 미국 동화 서사라는 범주를 넘어서서 아메리카 대륙의 아프리카 이산자의 초국가적 서사로 변모시키는 효과를 가진다.

4. 나오는 말

호세 마르티와 폴리 마셜은 각각 19세기 말과 20세기 중반에 뉴욕 메트로폴리스 안에 존재하는 카리브계 이민/망명 공동체를 거점으로 글쓰기를 한 작가들이다. 이들의 글쓰기는 당대 미국에서 사회적으로나 문학적으로 거의 보이지 않던 카리브계 이민/망명 공동체의 존재를 가시화하고, 이들 공동체가 단순히 대도시 빈민들의 게토적 삶이나 미국적 가치에 무조건 동화하고자 열망하는 변두리 영역이 아니라, 남북 아메리카의 서로 다른 문화와 가치들이 접촉하고 충돌하고 타협하며 만들어 내는 풍부한 문화와 독특한 시각을 담고 있는 경계 영역임을 드러낸다.

미국의 카리브계 이민/망명 공동체가 역동적인 경계 영역일 수 있는 것은 북아메리카와 남아메리카와 카리브해 지역이 북아메리카 미국의 '아메리칸 예외주의' 신화에도 불구하고 실제로는 오랫동안 긴밀한 관계를 유지해 왔기 때문이다. 더 구체적으로 말하자면, 북아메리카와 남아메리카 모두 유럽 제국의 '신세계'로서 존재했던 경험, 카리브해 지역을 중심으로 이루어졌던 아프리카 노예 매매와 노예제의 역사를 공유하고 있을 뿐 아니라, 19세기 후반부터 해외 영토를 확장하려는 북아메리카의 미국과 라틴 아메리카/카리브해 지역 사이의 군사적 · 경제적 · 문화적 접촉과 충돌이 현재까지도 자본과 문화와 사람들의 초국가적 이주와 이동을 야기하고 있기 때문이다.

호세 마르티와 폴리 마셜의 글쓰기는 각각 다른 방식으로 이렇게 긴밀한 남북 아메리카의 오랜 역사와 복합적인 관계의 다양한 양상을 드러낸다. 뉴욕 한복판에서 쓰인 마르티의 에세이 「우리 아메리카」는 위험한 적이 될 잠재력이 높은 미국이 쿠바와 라틴 아메리카에 대해 제국주의적인 야심을 가지고 있음을 경고하고 '아메리카' 개념을 독점하려는 미국의 자기중심성을 해체한다. 반면 마셜의 소설은 뉴욕으로 이주한 바베이도스 흑인 이민 공동체가 미국의 주류 가치에 동화하고자 열망하는 과정에서 겪는 인종적 · 민족적 · 문화적 갈등들을 담아내면서 미국의 흑인 문제를 미국의 국경 넘어 존재하는 다양한 피부색의 아프리카 이산자들의 문제로 확대시킨다. 젠더와 국적과 시대의 차이에도 불구하고 두 작가 모두 국가적 · 문화적 · 인종적 경계 영역에서의 글쓰기를 통해 경계 영역에 대한 역동적인 시각을 담은 글쓰기를 수행할 수 있었던 것은 그들이 미국의 메트로폴리스 뉴욕 안의 '제3세계'인으로서 자신의 변두리적 입지를 미국의 안과 밖을 모두 볼 수 있는 초국가적인 입지로 적극적으로 변모시켰기 때문이다.

참고 문헌

베유, 프랑수아. 『뉴욕의 역사』, 문신원 옮김, 서울: 궁리, 2003.

Christian, Barbara, *Black Women Novelists: The Development of a Tradition 1892-1976*, Westport: Greenwood, 1980.

Cliff, Michelle, *No Telephone to Heaven*(1987), New York: Plume, 1996.

Gadsby, Meredit M., *Sucking Salt: Caribbean Women Writers, Migration, and Survival*, Columbia: University of Missouri Press, 2006.

Homberger, Eric, *The Historical Atlas of New York City*, New York: Henry Holt and Company, 1998.

Johnson, Beverly A., " Revolutionary Solutions: Challenging Colonialist Attitudes in the Works of Paule Marshall," *CLA Journal* 45.4: 460-476, 2002.

Jones, Gavin, " 'The Sea Ain' Got No Back Door' : The Problem of Black Consciousness in Paule Marshall's *Brown Girl, Brownstones*," *African American Review* 32.4: 597-607, 1998.

Kaplan, Amy, "Left Alone with America": The Absence of Empire in the Study of American Culture," *Cultures of United States Imperialism*. Ed. Amy Kaplan & Donald E. Peace, Durham: Duke University Press, 1993.

LaFeber, Walter, *The New Empire*, Ithaca: Cornell University Press, 1963.

Marshall, Paule, *Brown Girl, Brownstones*, New York: The Feminist Press, 1981.

_____, "From the Poets in the kitchen." *Callaloo* 18: 22-30, 1983.

Martí, José, *Our America: Writings on Latin America and The Struggle for Cuban Independence*. New York: Monthly Review, 1977.

Peace, Donald, "US Imperialism: Global Dominance without Colonies," *A Companion to Postcolonial Studies*, Ed. Henry Schwarz & Sangeeta Ray. Blackwell Publishing, 2005.

Pettis, Joyce Owens, *Toward Wholeness in Paule Marshall's Fiction*, Charlottesville: University Press of Virginia, 1995.

Rotker, Susana, "The (Political) Exile Gaze in Martí's Writing on the United Sates," *José Martí's "Our America": From National to Hemispheric Cultural Studies*. Ed. Jeffrey Belnap and Raul Fernandez. Durham: Duke University Press, 1999.

Sacerio-Garí, Enrique, " José Martí," *The Heath Anthology of American Literature*, Ed. Paul Lauter, 1994.

Thomas, Brook, " Frederick Jackson Turner, José Martí, and Finding a Home on the Range," *José Martí's "Our America": From National to Hemispheric Cultural Studies*, Ed. Jeffrey Belnap and Raul Fernandez. Durham: Duke University Press, 1999.

Zlotnic, John, *Portrait of an American City*, N.Y.: Kennikat Press, 1982.

제2부

젠더 정체성의 형성과 문화 정치

여성다움을 나타내는 어휘의 의미 구조*

강소영

1. 들어가는 말

우리 현 사회에서 여자가 된다는 것은 무엇을 의미하는가? 서로 말을 하지는 않았지만 '여성'이라는 어휘를 규정내리는 본질적인 요소들에 대해 잠정적으로나마 약속이 되어 있는 것은 아닌가 하는 생각을 한다.

> 님의 침묵에서 여성의 모성이 이상화된 여성성으로 찬양되고 신비화되는 동시에 감성이 지배적인 여성 화자를 통해 부정적으로 재현된다. 지성/감성의 분리가 각각 남성성/여성성의 개념과 결부되면서 여성성은 남성성에 대한 보충적인 것으로 파악된다. 이 경우 여성성은 수동성, 즉 남성에 의존하는 미성숙함으로 뜻하게 된다(이민호, 2006).

* 이 글은 『한국어의미학』 30집(2009년 12월)에 게재된 논문을 수정 · 보완한 것이다.

> 남성은 여자의 말을 가로채기, 화제의 주도, 침묵 따위로 대화를 지배하면서 경쟁적 대화를 추구하지만, 여성은 맞장구치기로서의 반응, 상대방 대화에의 지원 반응을 보여 주며, 경험 공유적 · 상호 치료적인 협동적 대화를 추구한다(민현식, 1995).
>
> 결과적으로 물리적인 편리함과 효율적인 발전을 가져온 건축 환경이지만 시간을 두고 생활을 거듭하다 보면 우리의 감성 깊은 곳이 왠지 불편함을 느끼게 된다. 이는 우리의 도시가 너무 차고 건조하기 때문이 아닐까 생각한다. 발전이라는 대의명분으로 효율성만을 고려한 건축 환경이기 때문이다. 간단히 말해 너무 남성적인 환경이다. 바꾸어 말해 여성성의 결핍으로 균형이 깨져 있기 때문일 것이다(김혜정, 1997).

문학, 어학, 건축 등 다양한 분야의 연구에서 남성성은 지성(효율), 지배 등의 용어로, 여성성은 감성(감정), 의존(협동) 등의 용어로 설명되었다. 이는 남성들은 법칙과 권리가 강조되는 정의의 윤리에 따르는 경향이 있는 반면에 여성들은 관계와 책임이 강조되는 보살핌의 윤리에 따르는 경향이 있다는 길리건Carol Gilligan의 지적[1]과 별반 다를 바가 없다.

연구 영역이 다른 사람들이 이처럼 비슷한 결과를 도출했다는 것은 여성에게 기대되는 특성들이 특정 영역으로 한정되어 있기 때문이라고 생각된다. 이러한 성역할 정형화는 여성을 때로는 수동적이고 복종적이라고 부르기도 하고 때로는 희생적이고 따뜻하다라고 부르기도 한다. 본고는 이처럼 선행 연구에서 다양하게 바라본 여성다움, 즉 여성이 지니고 있다고 여겨지는 특성들이 어떻게 구조화되어 있는지 어휘를 통해 알아보려고 한다.

1 길리건(Gilligan, 1982, 1988)에서 논의한 내용으로 『여성주의 철학 2』(2005: 63)을 참조.

2. 선행 연구 정리 및 연구의 대상

선행 연구 검토 및 정리

지금까지 여성이 여성다운 이유를 정리한 것은 여성학 논문을 통해서였다. 이들을 크게 나누면 여성의 특성을 연구한 것과 대중 매체에 담긴 여성의 이미지를 연구한 것으로 분별되는데, 먼저 여성의 특성에 관한 연구로는 허라금(1999)이 대표적이다. 여기서는 정신적으로 고상하지 못함, 예민한 감수성, 유순한 태도를 여성의 특징으로 들었다.

두 번째 여성의 이미지를 연구한 분야에서는 여성의 지위와 역할이 변화하면서 남에게 비치는 여성의 이미지와 여성 스스로 인식하는 자아의 이미지에도 변화가 나타났음을 보고하는 논문들이 줄을 잇고 있다 즉, 여성에게 주어졌던 전통적인 이미지인 가정주부, 현모양처에 스며든 남성 의존적이며 전통적인 고정 관념에서 탈피한 새로운 여성상을 사람들이 원하고 있음을 지적하는 연구 결과(최윤주, 2007 : 107)들이 잇따르고 있다. 이는 허라금(1999)으로 대표되는 여성의 특성에 관한 연구들 역시 새롭게 정리되어야 할 필요성이 있음을 알려 주는 결과다.

국어학에서는 언어 기호에 의해 지칭되거나 표현되는 대상의 차원에서 여성이 어떻게 다루어져 왔는지를 연구하는 것에 초점을 두어 왔다.[2] 그 결과 유창돈(1966)은 조선 초기에 평어로 쓰이던 여성 지칭어가 점차 비어 내지 욕으로 차등어화되는 현상을 지적했다. 그리고 김진우(1985) 역시 한국어에서 나쁜 귀신은 거의 모두 여성이고 이에는 경멸하거나 모욕

2 여성이 여성다운 이유, 즉 여성다움을 여성 대상 묘사어를 중심으로 구조화해 보려는 이 글의 목적상, 여성 대상의 지칭어와 여성 대상 표현 전반을 둘러싼 연구사 정리로만 한정했다.

적으로 여자를 지칭하는 어휘가 꽤 많음을 들어 남존여비의 어휘와 용법이 남아 있음을 지적했다. 이를 종합해 민현식(1995)에서는 여성 지칭어를 일반 지칭어, 품행성 지칭어, 직업성 지칭어, 외모성 지칭어, 성명 지칭어 등 다섯 가지로 나누고 각각의 지칭어가 나타내는 여성에 대한 가치관을 설명했다. 특히 남성과 달리 여성은 성품 묘사어, 행동 묘사어에 부정적 묘사어가 많아 여성에 대한 부정적 인식과 편견이 많았음을 설명했다.

그러나 시대의 변화와 함께 여성 지칭어 역시 변화를 거듭했음을 김창섭(1999)의 논의에서 확인할 수 있다. 이 논문에서는 1930년대에 간행된 『큰사전』부터 80년대 간행된 『우리말 큰사전』까지의 인성명사를 중심으로 어휘의 변화를 추적한 결과 남, 여성항 균형형이 늘어나고 새로운 여성항이 출현해 일반항으로 존재하는 것을 밝히고, 이는 여성의 사회적 진출로 여성에 대한 평가에도 변화가 있음을 보여 주는 것이라 의의를 밝혔다.

이와 같은 인식의 변화는 차현실(1999)에서도 밝힌 바가 있다. 이 연구는 여성을 요사스럽고 재수없고 불길한 것(김종택, 1978)이나 남성의 소유물이나 길들어져야 하는 동물로 보는 등 수동적이고 비주체적인 존재(전혜영, 1999)로 보고 있었던 것과는 다소 다르게 접근하고 있다. 차현실(1999)은 일에 몰두해서 아름다운 여자, 날마다 새롭게 변화해 내적 아름다움을 가꾸는 여자 등으로 형상화된 광고 카피에 주목했다. 그 결과, 여성의 아름다움에 대한 사회적 시각이 외모에서 내적 아름다움으로 변화되고 있어 현대 사회에서 요구하는 새로운 여성상이 존재하는 것은 아닌가 하는 의견을 제시했다.

각기 여성을 어떤 식으로 바라보고 있었는지는 그들의 속한 위치에 따라 달리 바라보였을 것이라는 판단 아래, 본고는 현재를 살아가는 20대 남녀가 생각하는 여성의 특징에는 어떤 것이 있는지를 정리하고, 이들의 의미를 구체적인 예문을 중심으로 파악해 그들 사이의 관계를 체계화해 보려고 한다. 이러한 작업은 우리가 현재 여성성의 상징 체계로 이해하고 있는 것들의 내부 구조를 알려 주게 될 것이다.

연구 대상

이 연구는 여성이 가진 성질, 특징을 나타내는 어휘들을 조사해 그들의 의미를 분석해 보려는 데 초점을 맞추고 우선 '여성답다' 하면 떠오르는 단어들을 조사했다.[3] 자유롭게 연상되는 단어장은 그들의 숨겨진 의식을 드러내는 단초가 될 것이기 때문이다. 국어사전의 표제어를 기준으로 하면, '보기에 여자의 성질을 가진 데가 있다'의 '여성스럽다'를 연구 대상으로 삼아야 마땅하다. '여성답다'는 표제어로 등재되어 있지 않기 때문이다. 그러나 본고는 여성이 가진 성질, 특징을 표상하는 어휘로 '여성스럽다' 보다는 '여성답다'가 더 적절하다고 보았다. 다음은 '(여성)답다'와 '(여성)스럽다'의 의미차를 보이는 예다.

(1) 가. 대설 "절기답게/*절기스럽게) 이른 아침부터 함박눈이 내렸습니다
　나. 어버이로 된다는 것은 쉽지만 (어버이답게/*어버이스럽게) 된다는 것은 매우 어렵다
　다. 나는 고개를 갸우뚱하면서 사람 사는 거란 무엇일까 하는 황당한 생각이 생각답지 않게 손끝을 저리게 하는 (어른스러운/*어른다운)

3 물론 남성답다/여성답다는 말을 들었을 때 어떤 반응을 보였는지 조사, 연구한 민현식(1995)의 논의도 있지만, 연구의 방향이 다소 다르다. 민현식(1995)에서는 여성 대상어의 범위를 여성 지칭어와 여성 묘사어, 여성 관련어 셋으로 나누어 각 어휘들을 분류하는 것이 대부분을 차지했으며, 본고와 연구 대상이 중첩되는 여성 묘사어 역시 긍정적/부정적 묘사어인지에 초점을 맞추고 있어 그들의 의미 자질을 세분화해 의미 체계화를 시도하려는 본고의 연구 목적과는 차이가 있다.

기분을 느끼곤 했다

라. 철원네를 둘러싼 기층 민중어 그러니까 (속담스러운/*속담다운) 언어군에 관한 것

[그러한 성질이 있음]의 의미를 더하는 접미사 '-스럽다'와 [성질이나 특성이 있음]의 의미를 더하는 접미사 '-답다', 둘은 사전상의 정의로는 구별이 쉽지 않다. 그러나 (1-가, 나)에서는 '-스럽다'가 (1-다, 라)에서는 '-답다'가 사용 제약을 받는 데 주목해 의미를 구별할 수 있다. 가, 나는 대설은 눈이 많이 내려야 하는 날이며, 어버이라면 이러저러한 것을 갖추어야만 한다로 해석되어 '-답다'는 그러한 성질이나 특성을 '반드시 가지고 있어야 함'을 의미하는 접미사라 할 수 있다. 즉 '-답다'는 어떤 성질이나 특성이 '있다'는 것이 아니라 성질이나 특성이 '있어야 함'을 이르기 때문에 사회에서 살아나가기 위해 여성이 가져야 할 성질이나 특성을 표상하는 어휘로 '여성답다'를 내세우는 것이 적합해 보인다.

이에 반해 '-스럽다'는 아이가 어른이 가질 수 있는 고민을 해본다든가 기층 민중어가 속담처럼 느껴지는 등 원래 가지고 있지 않았던 것을 가졌을 때 접미하는 것이 자연스러워 보인다.[4] 따라서 본래 여성이 가지고 있다고 여겨지는 것을 찾아보려는 본고의 목적에는 '여성답다'가 더 적절해 보인다.

더군다나 사회학에서 거론되는 젠더로서의 여성에 초점을 맞추어 보아도 '여성답다'를 선택하는 것이 더 타당해 보인다. 젠더는 사회적으로 구성되는 남녀의 정체성, 즉 사회적으로 혹은 문화적으로 길들여진 성性이

4 송철의(1977)에서도 'X스럽다'의 X가 [Human]의 체언일 때는 [그와 같이 못났다]의 뜻으로 쓰이며, X가 높은 신분이나 지위의 [+Human] 체언일 경우는 [그만한 자격이 없는데 있는 것처럼 행동한다]는 뜻으로 쓰인다고 지적했다.

라 정의되며, 흔히 여성다움, 남성다움을 통칭하고 있으므로 '여성다움'을 키워드로 삼아 사회문화적으로 규정된 여성성이 어떠한지를 살피려고 했다.

2007년 8월 신촌 일대에서 20대 148명(남성 60명, 여성 88명)을 설문 조사한 결과와 2008년 11월 인터넷 상에서 110명(남성 50, 여성 60명)을 설문 조사한 결과를 합한 것으로 '여성다움' 하면 연상되는 형용사 목록은 다음과 같다.

> 청순하다, 상냥하다, 부드럽다, 순수하다, 아름답다, 단아하다, 예쁘다, 참하다, 따뜻하다, 얌전하다, 우아하다, 착하다

2007년 조사에서는 따로 품사를 지정하지 않았기 때문에 형용사 목록은 상대적으로 빈도 수가 높지 않았다. 심지어 여성과 남성을 합쳐 1번 나온 항목(현명하다, 해맑다, 온화하다, 섹시하다, 단정하다, 청결하다, 조심스럽다, 아기자기하다 등)도 있었다. 그러나 본고는 형용사가 대체로 '-하다', '-답다'를 접미하고 있었음에 주목했는데, '-하다, -답다'의 [성질이나 특성이 있음]은 여성다움 즉 '사회에서 여성으로서 살아가기 위해 있어야 할 특성'이라는 의미와 통했기 때문이다. 따라서 2008년 인터넷 상에서[5] 형용사만으로 한정해 '여성다움' 하면 연상되는 단어를 조사, 함께 반영했다. 그리고 빈도 수가 높은 12개의 단어를 골라 이들의 의미를 카이스트KAIST, 세종 말뭉치 자료를 토대르 분석하고, 이들 어휘들에 체계를 부여해 보려고 한다.

5 설문 조사는 사이월드 개인 홈페이지에서 이루어졌으며, 2007년 길거리 설문 조사와 동일하게 '여성다움'이란 단어를 들었을 때 연상되는 단어 3개씩 적더 두는 방식을 택했다.

3. 미감의 향유

날마다 우리가 보는 개개인의 얼굴은 눈, 코, 입 등 개별 요소 하나하나가 독특한 인상을 가져다 준다. 그러나 이들은 하나로 결합해 우리의 전체적인 인상을 결정짓기도 하고, 때로는 우리의 성격이라 불리는 불확정적인 대상들과 어울려 한 사람의 이미지를 만들어 내기도 한다. 앞서 '여성다움'을 나타내는 형용사 목록에 해당하는 어휘들은 이와같이 한 사람의 성품, 행동, 그의 문제들이 신체의 개별 요소들과 어우러져 대상을 평가하는 상황에서 나타나며, 특히 이를 수용하는 자가 그의 정서적인 자극 상태에 유쾌하게 응하는 것을 의미한다.

(2) 가. 예쁘고 똑똑해서 선생님에게 귀여움을 받고
나. 참한 색싯감이 있어요. 집안도 좋고 인물도 좋아요
다. 높은 분다운 우아한 몸가짐은 다른 나라 왕과 귀족들의 부러움의 대상
라. 웃는 얼굴은 봄바람처럼 부드러웠다

위 예문의 밑줄 그은 어휘들은 선생님에게 귀여움을 받을 수 있으며(가), 일등 신붓감으로 추천받을 만큼(나) 그리고 다른 이가 부러워하고(다) 환영할(라) 대상을 묘사하고 있다. 이들은 모두 자극을 받은 사람들이 유쾌하게 응할 수 있는 상황이며, 따라서 예쁘다, 참하다, 우아하다, 부드럽다는 정서적인 자극이나 때로는 놀람의 상태에 유쾌하게 응하는 미감적 향유(하선규, 2006 : 303)[6]를 공통 의미로 하고 있다고 할 수 있겠다. 따라서 이들은 자신에게 불쾌하게 다가오는 느낌들과 대조되며, 부

6 좀 더 자세한 사항은 하선규(2006), 「미감적 경험의 현상학적 재정의」를 참조.

정적인 데서 긍정적인 것으로 변화함을 묘사한다.

(3) 가. 상냥하고 깔끔했던 평소의 명희가 그럴 수 없이 우둔하게 느껴졌다
　　나. 돌같이 굳은 마음을 없애고 살갗처럼 부드러운 마음을 주며

현재의 부정적인 느낌과는 다른, 예전의 모습을 '상냥하다'로 묘사하거나(가), 굳은 마음을 없애고 나타나는 긍정적인 변화에 '부드럽다'가 사용되어(나) 이들이 유쾌한 감정을 불러일으키는 어휘임을 알 수 있다.

그러나 미감적 향유가 유쾌한 감정의 지속이라고 해서 향유의 대상이 반드시 보편적으로 즐거운 것일 필요는 없다. 때로는 슬프고 고통스러운 신체 느낌에 대한 미감적 향유도 가능하며, 때로는 개인적인 것으로서 시대의 변화에 맞지 않은 자신만의 미감을 향유하는 것도 가능하다.

(4) 가. 갑자기 죽음의 추억이 아름다운 것처럼 느껴질 때가 있다
　　나. 오히려 바락바락 대드는 그 아이가 더 예뻐 보이기까지 했다
　　다. 시원시원하기보다는 간결한 눈썹과 조그만 입술생김은 단아한 정서에 맞아
　　라. 단순히 비싼 옷을 골라 입는다고 해서 우아하게 보이는 것은 아니다

죽음이라는 고통스러운 기억이 미적인 것으로 승화될 수도 있고(가), 다른 이들과 달리 경박스럽게 보일 수 있는 모습이 즐거움을 줄 수도 있으며(나), 현대의 미의 개념에서 비껴나 있는 것일 수도 있다(다). 따라서 비싼 옷으로 치장한다고 해서 긍정적인 느낌을 주지 않을 수도 있다(라). 미감적 향유는 느낌을 향유하는 주체마다 미감을 느끼는 장면이 다를 수 있기 때문이다.

지금까지 본 것처럼 대상은 바라보는 주체의 시선에 따라 즐겁게 향유할 수도 있고 불쾌하게 받아들일 수도 있지만, 본고의 연구 대상인 여성다움의 관련 어휘들은 대상이 가진 특징을 유쾌하게 받아들이는 것이 공통적임을 알 수 있다. 따라서 이들 어휘의 공통 의미로 [미감의 향유]를 내세운다.

[-내면과 외면의 포괄적 묘사]

본고에서 논의의 대상으로 삼은 것은 여성다움 관련 어휘들이다. 그렇다면 '여성다움'과 관련한 어휘들에 담긴 미감은 여성의 어떠한 자질로 귀결되는가? 사전에 실린 '여성'의 의미 기술에는 별다른 정보가 들어 있지 않다. 단지 성년이 된 여자를 이르는 말이란 첨언이 현재 '여성다움'의 대상이 누구인지를 명시해 주고 있을 뿐이다.

> 여성
>
> 1. 성性의 측면에서 여자를 이르는 말. 특히, 성년成年이 된 여자를 이른다.
>
> 2. 『언어』 서구어西歐語의 문법에서, 단어를 성性에 따라 구별할 때에 사용하는 말의 하나.

따라서 본고에서는 여성학자, 국문학자들이 기준으로 제시했던 외양, 성품, 태도를 기준에 반영하려 한다. 소설을 쓸 때 작가가 만들어 낸 인물이 생생하게 살아 숨쉬게 하기 위해서는 외양 묘사에 신경을 써야 하며 이것이 흡족치 않을 때는 내면 묘사에 치중하는 것처럼, 인물의 평가는 외면과 내면으로 이루어져 있다. 따라서 여성의 평가 역시 외면과 내면으로 나뉠 것으로 판단한다.[7]

외면과 내면 묘사 중에서 미감의 확인이 가장 손쉽게 이루어지는 것은 외적인 미다. 이는 외형상으로 분명히 드러나기 때문인데, 아래에서 보듯 외적인 미감만을 나타내는 어휘도 있지만 내면과 외면 모두를 묘사하는 것이 가능한 어휘도 존재한다.

(5) 가. 나이 스물이 될락말락하고 용모도 단아하며

나. 외모가 예쁜 여성보다는 마음이 예쁜 여성이 더 매력적인 경우

(5)는 사람의 외모가 가진 미감을 형상화한 '단아하다'(가)와 외모와 성품이 모두 대상으로 나타난 '예쁘다'(나)의 예다. 이들은 대상이 주는 미감을 표현했음은 동일하나 '단아하다'는 용모만이, '예쁘다'는 외모와

7 사전의 정의에 기초해 보아도 외면(외모, 태도, 행위 등)과 내면(성질, 성품 등)을 축으로 삼는 것이 타당해 보인다.

1. 청순하다: 깨끗하고 순수하다.
2. 상냥하다: 성질이 싹싹하고 부드럽다.
3. 부드럽다: 성질이나 태도가 억세지 아니하고 매우 따뜻하다.
4. 순수하다: ① 전혀 다른 것이 섞이지 아니하다.
   ② 사사로운 욕심이나 못된 생각이 없다.
5. 아름답다: ① (보이는 대상이나 음향, 목소리 따위) 즐거움과 만족을 줄 만하다.
   ② 하는 일이나 마음씨 따위가 훌륭하고 갸륵한 데가 있다.
6. 단아하다: 단정(옷차림이나 몸가짐이)하고 아담(고상하고 담백)하다.
7. 예쁘다: ① 생긴 모양이 아름다워 눈으로 보기에 좋다.
   ② 행동이나 동작이 보기에 사랑스럽거나 귀엽다.
   ③ 아이가 말을 잘 듣거나 행동이 발라서 흐뭇하다.
8. 참하다: ① 생김새 따위가 나무랄 데 없이 말쑥하고 곱다.
   ② 성질이 찬찬하고 얌전하다.
9. 따뜻하다: ① 덥지 않을 정도로 온도가 알맞게 높다.
   ② 감정, 태도, 분위기 따위가 정답고 포근하다.
10. 얌전하다: ① 성품이나 태도가 침착하고 단정하다.
    ② 모양이 단정하고 점잖다.
    ③ 일하는 모양이 꼼꼼하고 정성을 들인 데가 있다.
11. 착하다: 언행이나 마음씨가 곱고 바르며 어질다.
12. 우아하다: 고상하고 기품이 있으며 아름답다.

성품이 모두 대상으로 나타나 둘은 내면과 외면의 포괄적인 묘사가 가능한지 아닌지의 여부로 나눌 수 있음을 알 수 있다.

따라서 미감을 향유하는 것이 특징인 어휘들은 다시 내면과 외면을 포괄적으로 묘사할 수 있는지 아니면 제약을 받는지를 따져 나누어 보는데, 대다수의 어휘와 달리 '우아하다/단아하다/청순하다/순수하다/착하다'는 제약을 받고 있어 변별적이다.

(6) 가. 옆에서 차를 끓이는 여자가 기품 있고 우아해 보였다
나. 이 단아하고 깔끔한 무대 구조물은 주요 장면들이 처리되는 연기 공간으로서
다. 청순한 외모의 탤런트 ○○○가 각광을 받고 있다
라. "우아한, 단아한, 청순한" "*성격, *감정, *성품, *마음씨"
마. 때묻지 않은 순수하고 착한 마음씨를 가진 것을 늘 자랑스러워했다
바. "순수한, 착한" "*용모, *외모, *맵시, *손짓"

(6-가, 나, 다)는 여자의 행위, 외모나 무대 구조물의 풍경을 대상으로 하고 있어 이들이 [+외면]의 의미 자질을 가지고 있음을 알 수 있다. 따라서 (6-라)처럼 내면을 수식하는 것은 어색하다. (6-마)의 '순수하다, 착하다'는 마음씨를 수식하는 데서 알 수 있듯이 내면이 주요 표현 대상이다. 따라서 (6-바)처럼 외면을 나타내는 다양한 어휘와 함께 하지 못한다. 이처럼 외면과 내면의 포괄적 묘사에 제약을 받고 있는 어휘들은 [-외면과 내면의 포괄적 묘사]로 구분하고, 다시 '우아하다, 단아하다, 청순하다'는 외면만을 표현 대상으로 하며 '착하다, 순수하다'는 내면만을 표현 대상으로 하고 있음을 근거로 이들 두 부류를 [±내면 묘사에 제약]의 여부로 분류한다.

[±내면 묘사에 제약]

의미상 밀접하게 연관된 어휘들 중에서 '착하다' '순수하다'는 외모나 몸가짐과는 상관없이 내면에서 우러나는 미감만을 표현([-내면 묘사에 제약])하는 것이 특징적임을 살펴보았었다. 그러나 둘 사이에도 차이는 있어, '순수하다'에는 '착하다'와 달리 아무것도 섞이지 않는 백지 상태를 의미하는 예문이 다수 존재한다.

(7) 가. 지난날의 그 풋풋하고 때 묻지 않고 순수했던 시절

나. 달리 말하면 티 한 점 얼룩져 있지 않은 순수 그것입니다

다. 수녀원 학생 같은 수줍은 젊음—속세를 모르는 타고난 순수성—에서 오는

라. 언제까지 당신이 물처럼 깨끗하고 순수하게 남아 있을 수 있겠습니까?

(8) 가. 불쌍한 사람을 도와 주고 억울한 사람도 도와 주는 착한 사람이야

나. 어릴 적부터 마음이 착해서 남 어려울 때 잘 도와 주더니

(7-가, 나, 라)의 '때 묻지 않고, 티 한 점 얼룩져 있지 않다' 그리고 '물처럼 깨끗하다'에서 알 수 있듯이 '순수하다'는 '淸'의 이미지를 가지고 있다. 따라서 속세 즉 욕심과 거짓을 배우게 되는 세상에서는 태어났을 때의 순수한 마음을 잃어버릴 수 있다(7-다). 그런데 이러한 아이의 백지 같은 마음 상태는 '착하다'에는 나타나지 않는다. '착하다'는 마음이 선한 사람, 마음씨가 바른 사람을 묘사하고 있을 뿐이다. (8-가, 나)를 보면, 개개인의 마음가짐이 올바른 행동으로 이어질 수 있는 바탕이 됨에 기뻐하고 즐거워하는 상태이다. 따라서 '착하다'는 '순수하다'의 백지 같은 심성까지 의미하지 않음을 알 수 있다. 따라서 이들 둘은 [+백지(같은) 심성]을 가지는지로 나뉜다고 할 수 있다.

다음으로 [+내면 묘사에 제약], 즉 용모, 몸가짐, 맵시, 태도 등에서 다른 이에게 유쾌함을 선사하는 어휘인 '우아하다, 단아하다, 청순하다'를 살펴보려 하는데, '청순하다'의 용례를 검토하면 여성 즉 '성년이 된 여자'를 발견할 수 없음이 특징적이다. 연구의 대상이 되는 어휘들은 모두 여성다움을 나타내는 것이며, 따라서 여성다움의 정의에서 보듯 일정 연령 이상에 도달한 여성들이 그 대상일 것으로 기대되는데, '청순하다'는 예외적이다.

(9) 가. 덜 익은 풋과일 같은 청순미

나. 여고생 같은 청순함이 몸 전체에서 풍겼다

다. 앳되고 청순해 보였다

라. 그녀의 물방울 같은 청순한 아름다움에

(9)에서 보듯 '청순하다'에서 풍기는 미감은 덜 익은 풋과일 같은 것이다. 즉 맑고 깨끗한 물방울(라)같이 아직 세파에 시달리지 않은 앳된(다) 모습을 묘사하고 있어, 애티를 지닌 여자 아이, 여고생(다) 등 성년이 되지 못한 사람들로 비유된다.

이에 반해 '우아하다, 단아하다'는 자신의 행동에 책임을 질 수 있는 성년에 도달한 여성들이 표현 대상에 들어 있다.

(10) 가. 귀부인들에게 우아한 품위를 지니게 했던

나. 뒷모습만으로 기대하던 이상의 우아하고도 원숙한 여인이었다

다. 얌전하고 단아한 가정부인이 매만져 나가는 살림집이요

라. (색시가) 나이 스물이 될락말락하고 용모도 단아하며

(10-가, 나)는 부인, 이미 성숙(원숙)한 여인을 대상으로 하고 있는 '우아하다'의 예이며, (10-다, 라)는 가정부인, 결혼 적령기의 여자를 대상으로 하고 있는 '단아하다'의 예다. 따라서 청순하다, 우아하다, 단아하다, 이들 세 어휘는 [+앳됨]을 기준으로 나누어 본다.

그렇다면 성숙한 사람의 겉모습에서 느껴지는 미감을 표현하는 '우아하다'와 '단아하다'는 어떤 의미로 구별이 될까? 이들에게서 성별 사용의 제약은 나타나지 않는다.

(11) 가. 세련되고 우아하고 섬세한 신사죠

나. 우아하고 귀공자 같은 그이의 모습

다. 라빈의 인상은 박정희와 흡사했다. 단아하고 소탈한 모습이

라. 선비로서 단아하거나 경험 많고 나이 많은 자

(11)은 신사, 귀공자, 라빈, 선비처럼 일정 이상의 연령에 도달한 남성을 대상으로 한 '우아하다/단아하다'의 사용 예로, 둘 모두 성차에는 구애받지 않고 사용되었음을 알 수 있다.

이 밖에도 '우아하다, 단아하다'는 몸짓, 말투, 행동 등에 배어난 품위를 나타냄이 공통적이다. 이는 '雅'를 공통으로 가지고 있음에서 유추할 수 있는데, 우선 '雅'의 사전적 의미와 이의 사용 예를 제시하면 다음과 같다.

(12) 가. 『한한대사전』

雅　　'正' 곧 '법도에 맞다' '바르다'

　　　'不俗' 곧 高雅하여 속되지 않다(高雅不俗)

나. 雅語　　바르고 우아한 말, 표준어

雅言覺非　조선 정조 때에 정약용이 지은 어원 연구서

당시 한자의 사용에 착오가 많아 이를 바로잡기 위해 저술

雅言　화서선생문집(1899)의 부록 이름.

19세기 후반 서양에 맞서기 위해 필요한 바른 사상을 저술

(12-가)는 아雅는 바른 것, 속되지 않은 것을 이르는 말로, 인간의 인품/도덕성과 결부되어 쓰였음을 말하고 있다. 따라서 (12-나)를 보면, 인간의 사상이든 인간이 사용하는 언어이든 그것이 바른 것, 법도에 맞는 것임을 의미하는 용어로 '雅'가 활용되었음을 알 수 있다. 이처럼 도덕적 우월함에 기반해 사용되던 '雅'가 심미적인 판단을 위해 이용되어 '우아하다, 단아하다'는 인간이나 사물이 지닌 격이 높은 인상 즉 품위를 묘사하고 있다.[8]

아래는 두 어휘의 사용 예로 다른 이들과 다른, 따라서 품위, 품격 등과 함께 나타나는 것이 자연스러움을 보이고 있다.

(13) 가. 한순간의 불협화음도 없는 우아한 경지를 표현하고 싶었다

나. 별로 크지 않으나 단아하게 꾸며진 2층집이다

다. 고상하고 우아한 어휘를 골라서 말을 하면 품위가 있는 사람이라 하고

라. 동양란의 단아한 품격을 잃게 된다

8 과거에는 도덕적 우월함은 양반이나 귀족 등 식자층을 중심으로 형성되었으며, 따라서 '우아하다, 단아하다'의 용례에 귀부인, 신사, 선비 등의 어휘가 등장하는 것은 이러한 배경에 기인한 듯하다.

사람이나 사물이 지닌 고상하고 격이 높은 인상을 '우아하다/단아하다'로 묘사하고 있는 예다. 선율, 멜로디, 리듬, 하모니가 대등하도록 면밀히 구성해 남다른 무대를 꾸미려 하거나(13-가) 인도 봄베이에 가서 만날 수 있는 간디 선생이 18년간 살았다는 집(13-나)에 대한 묘사로, 이들에게서 평범한 보통의 것과는 구별되는, 격이 다른 인상을 받게 된다. 따라서 '우아하다/단아하다'는 문장 내에서 '품위'와 '품격'과 함께 나타난다(13-다, 라).

대상이 지닌 남다른 인상, 격이 느껴지는 인상을 이들에게서 공통으로 취할 수 있었다면, '우아하다', '단아하다'는 결국 남다른 격을 느끼는 양상이 서로 다른 데서 차이를 발견할 수 있을 듯하다. 이는 '우아하다'가 신사, 귀공자, 귀부인, 목사 등을 묘사하고 (14-다, 라)처럼 '(근육이) 잘 발달되다, (호텔처럼) 수준이 높다' 등 근접하기 어려운 것을 대상으로 하고 있음에 비해, '단아하다'는 선비, 가정부인 등을 수식하고 (15-다, 라) '소탈하다', '크지 않다'와 같이 꾸밈이 없고 필요한 것만 배열해 놓아 수수한 것이 대상인 것과 대조적인 데서 알 수 있다.

(14) 가. 세련되고 우아하고 섬세한 신사죠
나. 마치 귀부인이라도 된 표정으로 우아하게 돌아보았다
다. 잘 발달된 원색의 男體를 보면 무어라 할 것인가, 우아하다고 할 것이다
라. 호텔 수준의 엄선된 메뉴와 시설, 세련되고 우아한 분위기

(15) 가. 선비로서 단아하거나 경험 많고 나이 많은 자는
나. 제비집은 얌전하고 단아한 가정부인이 매만져 나가는 살림집이
다. 라빈의 인상은 박정희와 흡사했다. 단아하고 소탈한 모습이
라. 별로 크지 않으나 단아하게 꾸며진 2층집이다

이러한 모습은 아래에서도 동일하게 나타난다.

(16) 가. 우아하고 정중한 아름다움을 지닌 궁중 음악에 대한 평가
나. 여기저기 높고 우아한 궁궐이 즐비했다
다. 초창기의 한글 글꼴에는 단아한 아름다움이 있다
라. 정연하고 단아하게 석대를 쌓고 추녀와 현판에 금물을 입힌 금불각

남들과 다른 능력이나 지위를 가진 자를 묘사하던 '우아하다'는 (16-가, 나)에서도 대중, 서민의 문화와는 다른 궁중 음악, 궁궐을 묘사하는 데에 쓰였다. 그에 비해 '단아하다'는 네모반듯한 틀에 나란히 놓인 한글의 글꼴이 가져다 주는 미감, 요란하게 장식을 더하지 않고 돌만 가지런히 올린 석대가 가져다 주는 미감을 표현하고 있다. 더하지도 않고 덜하지도 않은 깔끔한 매력, 그래서 단정함[9]까지 가질 수 있는 미감이 '단아하다'에 반영되어 있는 것이다.

따라서 '우아하다'의 정도를 넘어서는 대단함과 '단아하다'의 정도를 넘어가지 않는 수수함을 살릴 수 있도록 두 어휘는 [소박함]을 변별 자질로 삼아 구별하고자 한다.

지금까지 논의한 [-외면과 내면의 포괄적 묘사]에 해당하는 어휘들이 가진 변별적인 의미를 표로 제시하면 다음과 같다.

9 말뭉치가 아니라 카페에 실린 글에는 사람을 상대로 '단정하다'와 비슷한 의미를 가진 '단아하다'의 예시도 있었다.

(1) 각진 형: 단아한 앞머리는 어울리지 않는다. 단정하게 라인을 정리하면 얼굴의 각이 더욱 두드러져 보이기 때문

말뭉치에는 '단아하다'를 사람에게 적용시킨 경우가 너무 적어 적합한 예문을 고를 수가 없어 본문에 더 이상의 예문을 넣지 못했다.

<table>
<tr><td colspan="6">미감 향유</td></tr>
<tr><td rowspan="2">+외양과 내면 포괄적 묘사</td><td colspan="5">−외면과 내면 포괄적 묘사</td></tr>
<tr><td colspan="3">+내면 묘사에 제약</td><td colspan="2">−내면 묘사에 제약</td></tr>
<tr><td rowspan="3">아름답다, 예쁘다, 참하다, 얌전하다, 상냥하다, 따뜻하다, 부드럽다</td><td>+앳됨</td><td colspan="2">−앳됨</td><td>+백지</td><td>−백지</td></tr>
<tr><td rowspan="2">청순하다</td><td>+소박함</td><td>−소박함</td><td rowspan="2">순수하다</td><td rowspan="2">착하다</td></tr>
<tr><td>단아하다</td><td>우아하다</td></tr>
</table>

[+외면과 내면의 포괄적 묘사]

인간의 모습은 우리의 감각을, 특히 시각을 자극함으로써 보는 이에게 미치는 영향력이 대단하다. 따라서 시각에 포착된 대상이 묘사의 대상이 되는 것은 당연하다. 그러나 고통받는 이웃의 아픔을 보살펴 준 따뜻한 손길에서, 사회의 모순과 아픔을 덜어내기 위해 부르짖는 목소리에서 자극받고 그런 이들이 발산하는 미감을 형상화하기도 한다. 이처럼 인체 외부에서 느껴지는 물리적 자극은 시각 이외에도 청각, 촉각, 후각, 미각 그리고 통각까지 다양하다.

외면과 내면을 포괄해 묘사하는 어휘들 중 오로지 상대방에게서 느낄 수 있는 미감을 시각에 의존해 향유함이 특징적인 어휘가 있다. '얌전하다, 참하다'가 그 대상인데, 외모, 자태 등을 보고 그의 내면까지 판단하는 정신 작용에서 미감이 발생해 이를 향유함을 나타낸다.

(17) 가. 한복을 얌전히 차려 입은 아가씨도 있었고

나. 이 계집애가 얌전한 줄 알았더니, 속이 영 시커멓잖아

다. 한 처녀가 물동이에 물을 길어 이고 참하게 지나가고 있었다

라. 얼굴이 복스럽게 부덕해 보이는 참한 인상이었다

(17)은 옷맵시(가), 몸가짐(다) 등 외형적인 모습이나 사심 없는 마음(나), 덕이 많은 성품(라) 등 내면에서 느껴지는 유쾌한 감정을 '얌전하다/참하다'로 표현한 예문이다. 이들은 옷을 차려 입은 맵시나 걸어가는 자세, 태도, 용모 등 '눈으로 보고' 느끼는 것이 표현 대상이다.

그러나 '따뜻하다/부드럽다/상냥하다'는 청각, 촉각, 통각에서 번져오는 느낌이 정신 작용으로 이어진 경우여서 앞선 어휘들과 구별된다.

(18) 가. 힘들 때마다 따뜻하게 잡아줬던 그녀의 손을 떠올린다
　　나. 국민의 따뜻한 애정이 절실한 상황이다
　　다. 그녀의 목소리는 언제나 부드럽고 상냥했으며, 최고의 목소리였다
　　라. 그녀의 열정과 일편단심과 부드러운 마음씨가 얼마나 깊은 것인지
　　마. 우리가 친해질 수 있었던 것은 영화의 상냥한 마음 때문이었다

(18-가)는 '따뜻하다'가 마주잡은 손길에서 마음을 전달받고 위안을 가지게 됨을 보이고 있으며, (18-다)는 '부드럽다, 상냥하다'가 귀로 전해지는 자극에 즐거움 감정을 가지게 됨을 보이고 있다. 그리고 그렇게 전해지는 신체 느낌은 (18-나, 라, 마)처럼 애정, 마음, 마음씨 등 심적 느낌까지 나타낸다.

감각 기관을 통해 얻은 이러한 신체 느낌이 감정으로 의미 영역을 넓혀 가는 것은 '눈부시다, 손꼽다, 귀담다' 등의 예에서도 알 수 있듯이 자연스럽다.

따라서 본고는 상대방의 외면과 내면에서 느껴지는 미감을 묘사하는 어휘들은 우선 바라보는 것인지([-반응 감각의 다양함]) 우리의 여타 감각 기관을 통해 들어오는지([+반응 감각의 다양함])로 나누어 본다.

[-반응 감각의 다양함]

앞선 절에서 '얌전하다, 참하다'는 눈으로 보고 느끼는 것이 표현 대상임을 말했다. 특히 이들은 아래의 예처럼 행실이 바른 사람 즉 행위, 태도 등 시각을 자극하는 모습이 예의에 맞는, 그라서 유쾌한 감정을 가지게 하는 경우에 나타난다.

(19) 가. 얌전한 개가 먼저 부뚜막에 오른데여

나. 얌전한 색시가 있어. 말도 고분고분 잘 듣고

다. 참하게 빗어 넘긴 머리가 인상적이었던

라. 여기서 참한 곳이 있으면 시집이나 가지

행실이 바른 사람(19-가)이나 외양이 흐트러짐 없이 말끔해(19-다) 보는 이로 하여금 유쾌한 감정을 안겨줄 때 사용되는 '얌전하다, 참하다'의 예다. 또한 말을 거스르지 않는 유순함이 주는 미감(나)을 '얌전하다'로 표현하거나, 호평을 자아내는 좋은 성격(라)을 '참하다'로 교사했다. 따라서 이들 어휘는 상대의 성품이나 외양이 예의에 어긋나지 않는 바른 것임이 공통되는 의미라 하겠다.[10] 그런데 '얌전하다'는 공통 의미에 더해 [+순종]의 의미를 가지고 있다.

(20) 가. 전통적으로 얌전하다는 것은 웃어른 말씀을 잘 듣고 어른들이 시키는 대로 하는 것을 말한다

10 올바른 마음가짐만을 대상으로 한다는 점은 '착하다'의 의미와 겹친다. 이는 이들이 '보는 것'으로 미감을 느끼고 있으며 따라서 '올바르다'는 의미는 시각을 통해 판단되는 기본 의미인 것으로 보인다. 사물을 관찰하고 파악하는 기본 자세를 뜻하는 시각은 물리적으로 물체에서 눈에 이르는 두 직선이 이루는 각을 뜻한다. 따라서 '눈'을 통한 관찰은 '합당하다, 올바르다'는 기본적인 의미를 전달할 수 있는 것으로 보인다.

나. 다른 소수민족들처럼 문제를 안 일으키고 얌전하게 살고 있었다

다. 교구민들은 항의하지 않고 얌전히 순응했다

라. 각서 쓰고 얌전히 있겠어? 아니면 공사를 다시 시작할까?

(20)은 소수민족, 교구민(종교의 전파, 신자의 지도 따위를 위해 편의상 나누어 놓은 일정 구역 내의 사람들), 채무자처럼 다른 이들에게 지배를 받을 수밖에 없는 사람들이 묘사 대상이다. 따라서 이들 속에 사용된 '얌전하다'는 (20-가)처럼 시키는 대로 한다는 순종적인 의미를 가지고 있다고 하겠다. 따라서 순종 여부에 따라 '얌전하다'와 '참하다'가 나뉘는 것으로 정리한다.

[+반응 감각의 다양함]

앞에서 촉각(손길), 시각(미소), 청각(목소리) 등 다양한 감각 기관을 통해 상대방에게 기쁨을 주었을 때 '따뜻하다, 부드럽다, 상냥하다'를 사용함을 보았다. 이들은 의미의 공유뿐만 아니라 아래에서처럼 성별이나 연령의 제한 없이 두루 사용되고 있다.

(21) 가. 남편이 옆에서 따뜻하게 손을 잡아 주었다

나. 중요한 것은 수진양의 가슴이 따뜻하다는 점이다

다. 청소년의 마음을 맑고 부드럽게 하고 의기를 북돋아 주었습니다

라. 여심을 울리는 부드럽고 상냥한 목소리

마. 이후보가 부드럽게 웃는 얼굴이 신문에 실렸다

이들 세 어휘는 성별의 제약이 없이(남자(21-가, 라) 여자(21-나)) 그리고 연령에 상관없이 두루 사용된다. 손동작, 목소리, 웃음 등이 후행하

는 데서 알 수 있듯이, 이들은 감각 기관(시각, 촉각, 청각)을 자극해 타인에게 즐거운 감정을 불러일으키는 것들이다.

그러나 서로 간의 의미 영역에 차이가 있어 아래에서 보듯 사용 환경에 제약을 가지는 어휘도 있다.[11]

(22) 가. 누구보다도 "따뜻하게/부드럽게/상냥하게" 미소지을 줄 아는 사람이야.

나. 내민 손을 "따뜻하게/부드럽게/상냥하게" 잡아 주니

다. 옆에 앉더니 어깨를 "따뜻하게/부드럽게/*상냥하게" 감싸안으며

라. 대지는 어머니의 품처럼 "따뜻하다/*부드럽다/*상냥하다"

마. "따뜻한/*부드러운/*상냥한" "애정, 호의, 동정"

세 어휘 모두 '(미소)를 짓다' '(손으로) 잡다'와는 제약을 보이지 않으나, '(어깨를) 감싸다'는 '상냥하다'가 제약을 보인다(다). 의미의 차이는 '따뜻하다/부드럽다' 역시 마찬가지여서 몸 전체에서 전하는 온기가 대상인 경우 '부드럽다'는 제약을 받는다(라). 그러나 몸의 일부분에서 전해지는 감각을 상대방에게 전달해 즐거움을 줄 수 있는 것은 (22-가, 나, 다)처럼 제약이 없다.[12]

따라서 이들 세 어휘는 감각이 몸의 일부분으로 오는지(상냥하다, 부드럽다), 몸 전체인지(따뜻하다)의 차이를 가지고 있다고 하겠다. 그리고 몸

11 이들 세 단어는 원래의 의미에서 새로운 의미로 변화한 어들이다. '따뜻하다'는 온몸에서 전해지는 자극을, '부드럽다'는 살갗을 통해 바깥의 자극을 알아차리는 기본 의미에서 파생되었고, '상냥하다' 역시 성녕ᄒᆞ다(手工하다)에서 의미가 변화(민현식, 1995: 29)했다. 출발에서부터 의미의 영역에 차이가 있었던 단어들이다.

12 이는 '따뜻하다'가 온도 어휘들 중에서 몸 전체로 온기를 느끼는 생리적 온도에 해당하는 어휘라 밝힌 천시권(1980)의 연구 결과와도 합치된다.

전체로 온기를 전달하는 '따뜻하다'는 자연스럽게 '온정, 애정, 동정, 헌신' 등 내면을 나타내는 다양한 어휘를 수식하는 것이 가능하다(22-마).

감각이 몸의 일부분으로 전달되는 '상냥하다, 부드럽다'는 '손' 관련 신체어의 의미 전이의 과정상 상대와의 접촉으로 의미가 변화하게 된다. 따라서 (22-다)의 제약만큼 '상냥하다'는 '부드럽다'와 상대방과의 관계 맺기에서 차이를 가지게 될 것으로 보이는데, 먼저 '부드럽다'는 상대방의 체면을 보호하기 위해 기지를 발휘할 때 사용된다.

(23) 가. 지각한다고 윽박지르는 것보다 이렇게 부드럽게 주의를 주면 더 좋겠지?
나. 힐책보다는 한 마디의 찬사가 상대를 훨씬 부드럽게 해 주는 것이다
다. 상대의 감정을 알아차렸는지 갑자기 타이르듯이 부드럽게 말했다
라. 상대방의 입장을 존중하면서도 부드럽게 거절의 뜻을 밝힐 수 있다

동일한 메시지를 전달하기 위해 어떤 태도를 취하느냐에 따라 말의 효과가 다를 수 있는데, (23)처럼 '부드럽다'는 긍정적인 결과를 낳을 수 있는, 일종의 의사 소통상의 묘미를 전달하는 어휘로 사용되었다. 특히 레이코프(Lakoff, 1973)가 말한 '부담을 주지 마라don't be imposed'의 의미와 합치되고 있어 '부드럽다'는 몸과 마음의 파동이 상대방의 체면을 덜 깎이게 하려는 섬세한 배려로 이어지고 있을 때 사용되는 어휘라 할 수 있다.

이와 달리 '상냥하다'는 상대방에게 자신의 의사를 전달하는 과정에서 '기분을 좋게 만들라'에 호소하고 있다.

(24) 가. 아양을 떨면서 상냥하게 대답했다

나. 궁금한 듯 부드러운 목소리로 바꾸며 상냥하게 물었습니다

다. 전혀 개의치 않는 듯 상냥하게 웃어 보이기까지 했다

라. 상냥하지도 않고 무례한 여성들과 마주치게 된다

상대방에게 동일한 메시지를 전달해도 웃음이나 목소리, 어조 등의 변화를 통해 이를 효과적으로 전달하려는 화자의 전략에 따라 그 결과는 천차만별이다. 레이코프(Lakoff, 1973)가 지적한 대로 상대방을 기분좋게 만들면make a hearer feel good 직설적인 어투보다는 훨씬 공손하게 받아들여 그 효과가 긍정적으로 나타날 것이다. 결국 [부담을 주지 말라]의 '부드럽다'와 [기분좋게 만들라]의 '상냥하다'는 대화 과정에서 상대방에게 어떤 태도를 취하는지로 구별되는 어휘로 정리한다.[13]

여성의 미감을 총칭적으로 표현하는 어휘

우리는 사람으로서의 도리를 지켜 나가는 성숙한 인간이 되기 위해서 몸과 마음을 닦고, 행하고, 기르고, 베푸는 모든 행위를 포괄적으로 수행하고 있다. 이와같이 내적으로 성숙해진 마음, 그 마음이 배어난 외모, 행위들이 가져다 주는 미감을 총칭적으로 표현하는 어휘로 '아름답다, 예쁘다'를 들 수 있다.

우선 '아름답다'가 다른 어휘들의 의미를 총칭적으로 표현할 수 있을

13 앞서 보았지만 상대를 보면서 느끼는 즐거움은 주로 시각에 의존한다. 하지만 미적 향유는 인간의 오감이 모두 반응을 보이는 것이며, 따라서 현대에 들어오면서 어휘의 확장이 필요해졌고, 여성다움의 관련 어휘들에 청각, 통각, 촉각 등 여타 감각들이 동원된 것으로 보인다. 신체에서 감정으로 전이되는 것은 자연스럽기 때문이다. 이들 중 생리적 온도를 표현했던 '따뜻하다'는 몸 전체를 대상으로 하여 결국 온정으로 변화했으며, 몸의 일부분을 대상으로 하던 '부드럽다'와 '상냥하다'는 상대방과의 관계에서 어떤 태도를 취할지로 의미 분화한 것으로 보인다. 이러한 추측은 시대의 변화 속에서 관련 어휘들의 사용 양상을 종합적으로 검토해 밝혀내야 할 것으로 보인다.

만큼 제약이 없음을 보이면 다음과 같다.

(25) 가. 머리끝부터 발끝까지 아름답지 않은 부분이 없다고 할 만큼
나. 팔당호를 끼고 있는 마을 중 풍경이 가장 아름답다는 마현마을이다.
다. 약한 자에게 내미는 손, 남을 사랑하는 마음이 얼마나 아름답지 않은가?
라. 사람을 위해서나 일을 위해서나 말없이 자기를 아름답게 바치는 소유자

인간(가), 자연(나) 등 표현 대상에 제약이 없으며 외모(가), 태도, 성품(다), 행위(라) 등 모든 것을 포괄적으로 묘사할 수 있는 어휘다. 그런데 이 때의 아름다움이란 신체의 각 요소가 그리고 마을의 집집이 보기 좋게 균형을 이루고 있었음을 의미한다. 따라서 불합리한 계층 구조를 이루고 있는 사회에서 모든 이와 '조화롭게 살아가려는 마음'이 주는 미감을 '아름답다'가 표현하게 되고, 이러한 자기 희생(라)은 궁극적으로 자기 완성의 길로 이끄는, 가장 상위의 미감으로 발현하게 된다.

'예쁘다' 역시 다른 어휘들의 의미를 포괄하고 있기는 마찬가지다. '예쁘다'는 외모가 탁월하거나 외관이 빼어나서 즐거움을 주거나(가, 나), 다른 이를 대하는 자세(다), 마음씨(라)가 다른 이에게 쾌감을 주는 상황에서 쓰인다.

(26) 가. 처음 시집 올 때의 아내는 예쁘고 젊었었다
나. 이은혜의 작업실이 예쁘다는 얘기는 예전부터 떠돌던 공공연한 사실
다. 따지고 들고 비난하는 사람을 예쁘다고 할 사람은 아무도 없다
라. 마음이 예쁜 사람은 좋아하는 사람이 많으니까요

더군다나 다른 어휘들이 옷맵시, 손과 발의 자세, 언행 등 용모를 제외한 인간의 외면에서 풍기는 미감을 강조했다면, '예쁘다'는 얼굴과 몸매의 세부적인 요소들 하나하나를 수식 대상으로 하여 사용 범위가 가장 넓은 어휘다. 아래는 외면 묘사가 가능한 '우아하다, 단아하다, 얌전하다, 참하다, 따뜻하다, 부드럽다, 상냥하다'가 일정 부분 제약을 받음을 보이는 예다.

(27) 가. 왜 "예쁜/*우아한/*참한/*부드러운" 머리칼을 잘랐어?"

나. 그녀같이 "예쁜/*우아한/*참한/*부드러운" 귀를 가진 사람들은 귀를 뚫거나

다. 소라의 "예쁜/우아한/*참한/*부드러운" 다리를 보면서라. "예쁜/우아한/*얌전한/*부드러운" 코, "예쁜/*우아한/*참한/따뜻한" 눈, "예쁜/*우아한/*얌전한/*따뜻한" 이마, "예쁜/*우아한/*얌전한/부드러운" 입술 따위의 예쁜 부분들을 잔뜩 모아 놓고

(27)은 나머지 어휘들과 달리 '예쁘다'가 용모의 묘사에 활발하게 이용될 수 있음을 보이는 것으로 의미 영역이 다른 어휘들보다 넓음을 알 수 있다. 따라서 '예쁘다' 역시 다른 어휘들의 의미 영역을 총칭적으로 표현할 수 있는 것이 '아름답다'와 동일하다.

이는 '아름답다'와 '예쁘다'가 아래에서처럼 다른 어휘들로 묘사된 상황이 어떠어떠하다고 평가하는 의미로 사용되는 데서도 드러난다.

(28) 가. 이런 나까지도 따뜻하게 잡아 주는 손길이 아름다웠다.

나. 참한 색시만이 할 수 있는 아름다운 덕행이었다.

다. 한복을 단아하게 차려 입은 예쁜 소녀로만 남아

라. 여느 처녀답지 않은 얌전한 손맵시가 무척이나 예뻤다.

따뜻한 손길, 참하고 단아한 여성 그리고 얌전한 손맵시가 아름답고 예쁘다고 평가받는 상황으로 이들 두 어휘가 다른 어휘들의 의미를 종합적으로 나타낼 수 있음을 보인다.

그러나 사전에서 [훌륭하고 갸륵한 데가 있다](아름답다)와 [사랑스럽거나 귀엽다](예쁘다)로 정의내린 데서 알 수 있듯 두 어휘의 의미는 완전히 동일하지 않다.

(29) 가. 짧은 바지가 꼭 끼는 바지는 다리가 예쁠 경우 잘 어울린다.

나. 고무장갑을 끼고 음식 만드는 요즘 새댁이 덜 예뻐 보이고

다. 어려서부터 들어 왔던 "예쁘다는/*아름답다는" 칭찬은 커서도 지속된다

라. 바보스럽고 어리숙한 것이 얼마나 "예쁜가?/아름다운가"?

(30) 가. 슈베르트의 교향곡은 곡 자체가 아름답기 때문에

나. 한 사람 한 사람의 개별적인 봉사도 아름답고 큰 의미가 있을 것이다

다. 인류를 "아름답게/*예쁘게" 사회를 "아름답게/*예쁘게"라는 슬로건

라. "아름다운/*예쁜" 희생의 의미를 남긴 먼저 간 이들을 위해

(29-가, 나)는 바지가 잘 어울리는 체형이나 음식을 만드는 새댁의 모습이 유쾌함을 가져다 주는 경우 '예쁘다'로 표현한 예이며, (30-가, 나)는 교향곡이나 사회봉사 활동이 자신의 예술적 · 도덕적 정서에 부합해 쾌감을 가져다 주는 경우 '아름답다'로 표현한 예다. 둘 모두 쾌감을 가져다 주는 것은 동일하나 (29-다, 라)처럼 '예쁘다'만 되거나 (30-다, 라)처럼 '아름답다'만이 가능한 경우가 있다. 이들의 예를 살펴보면, '예쁘

다'만이 가능한 (29)는 '어려서부터' '바보스럽다'와 같이 천진하기만 한 대상, 아직은 다듬어져야 할 대상이 특징적이나, '아름답다'가 가능한 (30)은 음악, 건축 등 예술적 조예가 있거나 남을 위해 희생하는 인격의 완성을 보이는 것(30-라)이 특징적이다. 즉 '예쁘다'는 단순히 마음이 선해 즐거움을 주거나 보기에 즐거움을 주는 심미적 경험을 일으키는 미감이라면 '아름답다'는 칭찬할 만한 것, 인정을 받을 만해 '완전한 것'과 동일한 의미를 가진 가장 상위의 심미적 경험을 일으키는 미감인 것이다.[14] 따라서 본고는 외양, 성품, 행동, 태도 등 인간의 다양한 모습에서 유쾌한 감정이 들 때 이를 총칭적으로 표현하는 어휘로 '예쁘다, 아름답다'를 설정하고 그들의 의미를 [심미적인 미], [완전한 미]로 구별했다.

지금까지 논의한 것을 정리하면 다음과 같다.

청순하다 : [+미감 향유], [-외면과 내면 포괄], [+내면 묘사 제약], [+앳됨]

단아하다 : [+미감 향유], [-외면과 내면 포괄], [+내면 묘사 제약], [-앳됨], [+소박함]

우아하다 : [+미감 향유], [-외면과 내면 포괄], [+내면 묘사 제약], [-앳됨], [-소박함]

착하다 : [+미감 향유], [-외면과 내면 포괄], [-내면 묘사 제약]

순수하다 : [+미감 향유], [-외면과 내면 포괄], [-내면 묘사 제약], [+백지]

참하다 : [+미감 향유], [+외면과 내면 포괄], [-다양한 감각]

얌전하다 : [+미감 향유], [+외면과 내면 포괄], [-다양한 감각], [+순종적]

14 이는 조정옥(2006: 153)에서 역사적으로 미 개념을 세 가지로 나눈 것에 따른 것이다. 이 논문에서는 '미'는 1) 심미적이지만 시각적 사물에 한정되는 미, 즉 형태와 색이 아름다울 수 있는 것, 2) 순수한 심미적인 의미의 미, 즉 선해 즐거움을 주는 것, 보기에 즐거운 것처럼 심미적 경험을 일으키는 것, 3) 가장 넓은 의미의 미, 칭찬할 만한 것, 인정을 받을 만해 아름다은 것과 완전한 것이 동일한 상태, 세 가지로 나눌 수 있다고 했다.

따뜻하다 : [+미감 향유], [+외면과 내면 포괄], [+다양한 감각], [+전체]

부드럽다 : [+미감 향유], [+외면과 내면 포괄], [+다양한 감각], [-전체], [+부담 제거]

상냥하다 : [+미감 향유], [+외면과 내면 포괄], [+다양한 감각], [-전체], [-부담 제거](기분 좋음)

예쁘다 : [+미감 향유], [+심미적인 미]

아름답다 : [+미감 향유], [+완전한 미]

4. '여성다움' 연상 어휘들의 조사 결과가 갖는 문화적 함의

이 연구는 20대 남녀를 대상으로 이루어진 설문 조사 결과를 토대로 연구 대상을 선정했다. 이들의 설문 결과, 여성다움으로 연상되는 어휘들의 출현 빈도에 차이가 있었는데, 그 결과를 보면 다음과 같다.

이 표에서 첫 번째로 두드러지는 특징은 남녀 분포 모두에서 '청순하다'가 1위에 오른 것이다. 또한 '상냥하다, 부드럽다'가 상위에 분포한 것도 눈에 띈다. 그리고 마지막으로 전체 분포와 다르게 여성은 '아름답다'를 상위에 위치시키고 있음에 비해 남성은 '예쁘다'를 상위에 위치시키고 있음이 특징적이다.

남녀 모두 '상냥하다'와 '부드럽다'를 우선순위에 놓고 있음은, 이들이 [+미감 향유], [+외면과 내면 포괄], [+다양한 감각], [-전체]에 해당하는 어휘들로 신체의 일부분에서의 접촉이 타인과의 관계 맺기로 의미 변이한 어휘들임에 주목할 만하다. 이는 남성의 자기 중심적 경향과 대조적인 여성의 타자 지향적 인성과 관련을 맺고 있는 것으로, 사회에서 여성에게 타인과 접촉하는 훌륭한 대인 기술과 타인을 배려하는 따뜻한 마음을 소

〈표 1〉 여성다움의 연상 어휘 조사 결과[15]

여성	전체	남성
청순하다(32)	청순하다(62)	청순하다(30)
상냥하다(22)	상냥하다(34)	순수하다(20)
아름답다(22)	부드럽다(30)	예쁘다(19)
부드럽다(18)	순수하다(26)	상냥하다(12)
참하다(14)	아름답다(23)	부드럽다(12)
얌전하다(11)	단아하다(20)	단아하다(10)
단아하다(10)	예쁘다(19)	착하다(8)
따뜻하다(8)	참하다(16)	따뜻하다(6)
도도하다(7)	따뜻하다(14)	연약하다(5)
순수하다(6)	얌전하다(12)	우아하다(4)
우아하다(6)	착하다(12)	조신하다(4)
착하다(4)	우아하다(10)	섬세하다(3)

유한 사람일 것으로 기대하는 바를 반영한 것으로 보인다.[16]

그러나 성숙한 여자를 이르는 '여성(다움)'을 제시어로 내놓고 조사했음에도 불구하고, 남녀 모두 '청순하다'를 여성다움의 첫 번째로 연상했다는 사실은 바람직하지 않아 보인다. 청순하다는 외양에서 앳됨이 풍기는 사람([+미감 향유], [-외면과 내면 포괄], [+내면 묘사 제약], [+앳됨])을 대상으로 하고 있는 어휘로, 이러한 결과는 여성은 여전히 사회적으로 성숙하지 않아도 되는 대상으로 여기고 있음을 은연중에 드러내기 때문이다.

15 괄호 안의 숫자는 빈도 수이며, 남성과 여성 모두 12위까지 제시했다. 따라서 남성의 대답 중에 참하다(2회), 아름답다, 얌전하다(1회)는 표 안에 제시되지 않았다.

16 앤더슨, 『성의 사회학』, 이동원 · 김미숙 공역(1987: 110).

그러나 여성이 여성에게 바라는 이상적인 모습으로 '아름다운' 여성을 꼽았음은 긍정적인 현상으로 보인다. 남성이 생각하는 여성에게 필요한 특질, 자질로 '예쁘다'가 우선순위에 놓였음과 비교하면 더욱 바람직한 결과로 보인다. '아름답다'와 '예쁘다'는 다른 어휘들의 의미를 총칭적으로 표현할 수 있었지만, 둘은 미감의 수준차를 반영하고 있는 어휘였다. 그런데 이 중에서 여성이 단순한 심미적 의미의 '예쁘다'와 달리 완전한 것과 동일하다는 의미의 '아름답다'를 선택했다는 것은, 여성이 생각하는 여성은 좀 더 고차원적인 미감을 전달해 줄 수 있는 자질을 가져야 한다고 생각하고 있음을 보인다.[17]

5. 나오는 말

지금까지 여성 담론을 다루는 여성학자들은 전통 고수자로서의 여성, 가정을 지키는 여성 등의 여성상이 여전함을 지적하면서, 전통적인 어머니상 즉 순종적이며 가정을 지키도록 규범화된 질서를 여성에게 강요하는 사회의 움직임을 지적했다. 그러나 근대 이후 새로운 가치 질서의 유입에 따라 사회에서 제시하는 여성상에도 변화가 일어났고 육체적 단점을 극복할 수 있는 정보통신 기술의 발달에 힘입어 성별 분업을 뛰어넘은 이상적인 여성상마저 등장하고 있다. 이와같이 사람들이 가지는 여성에 대한 인식의 변화는 언어에 그대로 투영되어 여성이 남성과 구별되는 특

17 앞선 어휘들의 의미를 분석할 때도 마찬가지이지만, 이 연구는 설문에 응한 '남성/여성'이 '아름답다, 예쁘다' 등등의 의미를 어떻게 인식하고 있는지를 대상으로 하지 않았다. 우선은 20대 남녀의 머릿속에 들어 있는 여성다움의 자질들에 어떤 어휘가 있으며, 이들의 개념적인 의미를 파악해 그들의 체계화를 시도했기 때문이다. 각 어휘별로 설문 대상자들이 생각하는 의미를 조사하는 작업은 차후의 과제로 남겨둔다.

징, 즉 여성다움을 나타내는 어휘들 역시 전통과 현재가 공존하는 모습을 보였다. 물론 전통적 가족 이데올로기 아래에 놓였던 때와 동일한 가치들이 아직도 여성다움을 형상화하는 어휘 안에 존재하긴 하지만(청순하다), 최상위의 미감을 향유하게 해 주는 대상이 들어가기도 하여(아름답다), 여성에 대한 인식의 변화, 사회의 변화 가능성에 힘이 실리고 있음을 예측해 볼 수 있었다. 물론 남성다움을 둘러싼 어휘의 의미 구조가 어떻게 짜여 있는지 알아보고 이를 토대로 여성다움을 나타내는 어휘들의 의미 구조를 재평가해 보는 작업이 함께 이루어져야 이러한 예측은 검증을 받을 수 있을 것이다.

참고 문헌

구현정, 「남성형-여성형 어휘의 형태와 의미 연구」, 『국어학』 25 : 99-135, 1995.

금교영, 「인격 개념의 변천과 인격 개별성」, 『철학연구』 80 : 92-114, 2001.

김종택, 「한국인의 전통적인 여성관」, 『여성문제연구』 7 : 187-203, 1978.

김진우, 『언어 그 이론과 응용』, 탑출판사, 1985.

김창섭, 「국어 어휘 체계에서의 남성항과 여성항」, 『언어와 여성의 사회적 위치』, 태학사, 1999.

김혜정, 「현대 건축환경과 여성성의 결핍」, 『건축97』 12 : 6-7, 1987.

민현식, 「국어의 여성어 연구」, 『아세아여성연구』 34 : 7-64, 1995.

____, 「국어 남녀 언어의 사회언어학적 특성 연구」, 『사회언어학』 5-2 : 529-587, 1997.

서정범, 「여성에 관한 명칭고」, 『아세아여성연구』 8 : 79-108, 1969.

송철의, 「파생어 형성과 음운 현상」, 『국어연구』 38 : 10-18, 1977.

신정숙, 「한국 전통사회 부녀의 호칭어와 존칭어」, 『국어국문학』 65/66 : 199-213, 1974.
안옥선, 「보살핌에 있어서 도덕의식의 타자화와 자기희생에 대한 불교윤리적 제안」, 『한국여성철학』 1 : 1-30, 2001.
앤더슨, 마가렛 L., 『성의 사회학』, 이동원 · 김미숙 옮김, 이대출판부, 1989.
앨리슨, M 제거, 『여성주의 철학 2』, 한국여성철학회 옮김, 서광사, 2006.
연효숙, 「한국 여성의 근대성과 근대 다시 쓰기」, 『철학과 현실』 56 : 112-123, 2003.
유선영, 「잡지 광고에 표현된 남성 이미지 변호에 대한 연구」, 이화여대 석사논문, 1997.
유창돈, 「여성어의 역사적 고찰」, 『아세아여성연구』 5 : 37-72, 1996.
이민호, 「만해 한용운 시의 탈식민주의 여성성 연구」, 『한국문학이론과 비평』 31 : 57-79, 2006.
임지룡, 『국어의미론』, 탑출판사, 2003.
임태섭, 「체면의 구조와 체면 욕구의 결정 요인에 대한 연구」, 『한국언론학보』 32 : 205-247, 1994.
전혜영, 「여성 대상 표현에 나타난 여성의 사회적 위치」, 『언어와 여성의 사회적 위치』, 태학사, 1999.
정기현, 「텔레비전 광고 속의 여성성과 남성성」, 『한국방송학보』 9 : 215-250, 1997.
조정옥, 「현대 미술문화에서 미적 기준의 문제」, 『철학과 현상학 연구』 3 : 149-179, 2006.
차현실, 「담화 방식에 나타난 여성상과 여성의 사회적 위상」, 『언어와 여성의 사회적 위치』, 태학사, 1999.
천시권, 「온도 어휘의 상관 관계」, 『국어교육연구』 12 : 1-12, 1980.

최윤주, 「여성의 자아 이미지 인식을 통한 브랜드 이미지의 전략적 접근」, 『주관성연구』 15 : 93-121, 2007.

하선규, 「미감적 경험의 현상학적 재정의」, 『미학, 예술학 연구』 23 : 275-315, 2006.

허라금, 「남성성에 관하여」, 『여성이론』 2 : 1-25, 1999.

현택수, 「현대의 성정체성」, 『경제와 사회』 35 : 89-105, 1997.

Lakoff, R., *The Logic of Politeness, or Minding your P's and Q's*, Proceeding of ninth regional of Chicago Linguistic Society, Chicago Linguistic Society, 1973.

남성 우울증과 타자적 정체성:

김승옥의 「서울의 달빛 0장」을 중심으로*

오윤호

1. 「서울의 달빛 0장」과 남성 우울증

그 동안 김승옥 소설에 대한 연구는 '1960년대 문학'의 기수[1]라는 문학사적 의미에 부합하듯 60년대에 창작된 「무진기행」이나 「서울 1964년 겨울」과 같은 대표작에 집중되었다. 그러다 보니 작가가 영화 시나리오 작업을 주로 했던 70년대 작품이나 그 시기의 작품 경향에 대해서는 60년대 소설의 대중성과 통속성의 연장으로 평가되었다.[2] 「서울의 달빛 0장」[3]도 「서울 1964년 겨울」에서부터 이어지는 도시 소설의 한 양상[4]으로

* 이 글은 『현대소설연구』 41호(2009)에 실린 논문을 수정 · 보완한 것이다.

1 유종호(「감수성의 혁명」, 『다산성』, 한겨레, 1987), 한상규(「환멸의 낭만주의: 김승옥론」, 『1960년대 문학연구』, 문학사와문학비평회, 예하, 1993), 류보선(「김승옥론: 개인과 사회의 대립적 인식과 그 의미」, 『문학사상』, 1990) 등.

2 공종구, 「김승옥 소설의 근대성」, 『현대소설연구』, 1998, 327면.

3 김승옥, 『무진기행: 세계문학전집 149』, 민음사, 2008.

연구되거나, "한갓 여기餘技이거나 에피소드에 지나지 못할 터"[5]라는 평가를 받는다. 「서울의 달빛 0장」이 '연예인'과 대학 강사의 결혼과 이혼이라는 통속극적 요소를 활용하면서 70년대 산업화 사회가 품고 있는 '성'과 '결혼'에 대한 대중 의식을 표면화하고 있어서 더욱 이러한 평가를 받는 것인지도 모른다. 그러나 「서울의 달빛 0장」은 김승옥 소설에 나타난 남성 우울증의 양상을 정확하게 형상화하고 있고, 김승옥 소설의 초기 소설부터 내면화되어 있던 '남성 주체'의 타자적 정체성을 그 담론화(왜곡된 자본주의 및 가부장적 남성중심주의) 양상을 통해 가장 구체적으로 제시하고 있다.

「서울의 달빛 0장」에는 '이혼'한 남성 주체가 과도한 심리적 스트레스를 경험하며 감각하는 '우울증적 감수성'이 잘 나타나 있다. 김승옥 소설에 나타난 감수성 논의는 '도회적 감성과 언어 감각이 김승옥 문학의 본질'이라고 지적한 유종호의 논의[6] 이후 후학들에 의해 반복 재생산되어 왔다.[7] 그러나 "이러한 논의는 '감수성'의 개념이 인상주의적이거나 상투적으로 1960년대 소설적 특징이라 명명되는 것과 별반 다르지 않아 보인다."[8] 이에 감수성을 문체적 효과로 보아야 할 것인지, 서술 주체의 특수한 경험과 그에 따르는 심리적 대응으로 보아야 할 것인지의 논점이 남는다. 「서울의 달빛 0장」에서 '나'는 연예인인 아내와의 이혼 때문에 강한 스트레스를 경험한다. 가부장제적인 자본주의 사회에서 이혼은 사회 제도로의 편입에 실패한 것을 의미하며, 전통적인 가족 중심 사회로부터 소외

4 김평전(「김승옥의 '도시' 인식과 '공간'의 정치학」, 『비교문학』 42집, 2007), 김병익(「시대와 삶」, 『상황과 상상력』, 문학과지성사, 1979).

5 한형구, 「김승옥론: 김승옥 문학의 문학사적 성격」, 『한국현대작가연구』, 민음사, 1989, 226면.

6 유종호, 「감수성의 혁명」, 『유종호전집 1: 비순수의 선언』, 민음사, 1995.

7 김명석(「김승옥 소설과 감수성의 글쓰기」, 『우리문학연구』 제14집, 2004, 246면)은 김윤식, 정현기, 홍정선, 장영우, 최인자, 이혜원의 논의를 중심으로 김승옥 소설의 감수성 논의를 정리하고 있다.

8 김명석, 위의 글, 246면.

되는 결과를 낳는다. 이러한 현실 부적응 상태에서 '나'는 심리적으로 강박증적 행동과 우울증적 태도를 드러낸다. 이러한 심리와 행동은 이혼으로 인한 사랑의 상실을 애도하는 반응이면서도, 한편으로는 담론화된 사회로부터 소외된 주체가 자신의 정체성 혼돈을 경험하는 과정이기도 하다.

'나'의 애도는 우울증에 빠지면서 문제점을 내포하게 된다. '나'는 석 달 동안 60여 명의 여자와 잤다. 그리고 하루에도 여러 명의 여자와 자기도 했다. 이러한 우울증적 강박은 아내와 술집 여자를 동일시하는 심리적 태도를 반영한 것이며, 반복되는 성적 쾌락으로 자신의 비극적 상황을 극복하려는 것이다. 그러나 술집 여자는 결코 이혼한 아내가 될 수 없고, 성적 쾌락은 일시적인 유희에 지나지 않기 때문에, 상실된 정체성을 회복할 수 없다. '나'는 집을 팔아 분에도 맞지 않는 최고급 자동차를 사고, 대학 강의마저도 그만두면서 사회 부적응 상태에 빠지게 된다. 이러한 행동들이 '나'의 자율적인 선택처럼 보이지만, 사회가 금기시하는 '이혼'을 한 것에 대한 제도적 '처벌'이기도 하다.

이 때 '나'는 냄새에 예민해지고, 아내의 '몸'을 '썩은 음부'라고 상상하면서 아내에 대한 환멸을 반복적으로 드러낸다. 또한 결혼과 성에 대해 통속적인 환멸을 느끼며 '멜랑콜리하게' 독백한다. 이러한 정서는 우울증적 태도로부터 파생된 것으로 단순히 예민한 감각으로만 볼 수 없다. 따라서 「서울의 달빛 0장」에 나타난 우울증적 감수성을 분석하고 그 작동의 기제를 밝힘으로써, 그 동안 논의되었던 '김승옥 소설의 감수성'[9]이라는 범주를 확장할 필요가 있다.

9 김명석은 김승옥 소설에 대한 기존 논의에서 다루는 "'감수성'의 개념은 인상주의적인 것이거나 1960년대적 특징을 감수성이라는 말로 바꾸었을 뿐 '감수성'을 하나의 문학적 개념으로 다루고 있지 않다"고 지적하며, "감수성이라는 개념이 김승옥 문학에서 내용과 형식을 연결하는 고리이므로, '문체와 서사 구조를 아우르며 김승옥 소설의 감수성을 다루어야 한다고 주장한다(김명석, 「김승옥 소설과 감수성의 글쓰기」, 『우리문학연구』 14집, 2004, 246면).

「서울의 달빛 0장」은 이혼을 경험한 도시 남성의 우울증 치료기다. 그러나 그 치료는 그리 간단하지 않다. 우선 현실 세계에서 금기시되는 이혼은 담론화되고 이데올로기화된 '결혼'이라는 제도를 균열시키고, 그 내면에서 작동하는 다양한 지배 담론과 이데올로기를 현현시키는 '금기 사건'이다. 그래서 이혼은 당사자로 하여금 자신이 욕망했지만 소유하지 못한 '결혼'과 '가족' 등에 내면화되어 있던 지배 이데올로기를 그 순수한 형상으로 드러내 보여 준다. 그러면서 그(녀)의 젠더 정체성을 재맥락화하거나 재구성하도록 만든다. 「서울의 달빛 0장」에서 '나' 역시도 사회적 지위(강사), 가족 내의 지위(남편), 연인 사이의 지위(독점권을 주장할 수 있는 남자 친구)를 모두 상실하고, 그것을 다시 찾기 위해 노력한다. 관건은 그 찾는 과정에서 어떠한 이데올로기적 수단과 방법을 통해 젠더 정체성을 획득할 것이냐에 따라 그 정체성의 성격이 달라진다는 것이다.

「서울의 달빛 0장」에서는 타자를 규정하는 형상화 논리와 자본주의적 거래의 논리가 '나'의 정체성을 재맥락화하는 데 매우 중요한 역할을 한다. 「서울의 달빛 0장」에 나타난 우울증과 환멸 의식은 '타자'를 정확히 인식하게 만든다. 가장 주목되는 타자는 '아내'이며, 그로부터 파생된 '아이'와 '도깨비' 역시 크리스테바Julia Kristeva가 말하는 '아브젝트abject'로서의 타자성을 가지고 있다. 앞서 서술했듯 우울증적 태도를 갖고 있는 '나'에게 아내는 "본능적으로 거부감을 느끼게 되는 무의식적인 두려움"[10]이 투사된 대상이다. 그러한 타자에 대한 명확한 인식과 담론화 과정은 애도 기간을 보내면서 주인공 '나'가 자신의 정체성을 구체화해 나가는

10 리차드 커니, 이지영 옮김, 『이방인, 신, 괴물: 타자성 개념에 대한 도전적 고찰』, 개마고원, 2004, 16면.

서사적 과정과 병행한다. 또한 「서울의 달빛 0장」에서의 '돈'[11]은 자본주의 사회에서의 남성적 욕망을 단적으로 형상화하며, 남자와 여자, 남편과 아내를 연결시키는 기능을 하며 다양한 사회문화적 가치를 훼손하는 자본주의적 논리를 반영하고 있다. 김승옥은 60년대 초기작부터 사람과 사람 사이의 관계를 설정하면서 '돈'이 갖고 있는 소통적 역학에 주목했다. '돈 거래'에 대한 강박은 「서울 1964년 겨울」에서도 서로 이질적인 사람들이 서로 관계 맺는 단초가 된다. "「서울 1964년 겨울」에서 돈은 아내의 시체값이라는 의미에도 불구하고 충동적이고 무의미하게 소비되는데, 서로 얽히고 싶지 않은 세 남자를 '돈을 쓴다'라는 행위로 수렴시킨다. '돈'은 서울이라는 공간만큼이나 욕망의 대상이며 근대적 가치의 다양한 함의를 내포한다."[12] 이런 논점에서 '돈'은 산업화된 사회의 자본주의적 현상일 뿐만 아니라, 주체의 정체성을 구성하는 근본적인 윤리 의식이 될 수 있음을 「서울의 달빛 0장」에서 찾을 수 있다.

이러한 문제 의식을 통해, 「서울의 달빛 0장」에 나타난 이혼을 내면화하는 남자 주인공의 우울증적 태도와 환멸 의식를 분석하고, 이혼 후 우울증을 극복해 나가는 '나'가 아내의 신체를 상상하며 타자를 담론화하고 스스로의 정체성을 재구성해 나가는 양상을 밝히려고 한다. '나'가 남성이기는 하지만 제도화된 타자로서 어떻게 젠더 정체성을 구성하게 되는가를 살펴볼 것이다. 그런 점에서 버틀러Judith Butler의 젠더 이론과 수행성 논의는 유효하다. 버틀러는 '젠더'는 무대 위에서 배우가 행하는 퍼포먼스처럼 언제나 행위로 나타난다고 말한다. 젠더 특성이란 재현적인 것이 아니라 수행적이라는 것이다. 젠더 특성, 행위, 그리고 몸이 그 문화적

11 유명한 여배우라 하더라도, '돈' 때문에 술집에서 몸을 팔아야 하고, 이혼마저도 금전적 거래로 마무리되어야 한다.

12 오윤호, 「서정인 〈강〉의 서사적 은유」, 『시학과언어학회』 제15호, 2008, 127면.

의미를 보여 주고 생산하는 다양한 방식들이 수행적이라면 행위나 속성을 가늠할 수 있는 선재하는 정체성이란 존재하지 않게 된다. 따라서 주체란 가변적으로 구성되는 것이 된다. 버틀러의 수행성 개념은 정체성의 성격과 그 정체성이 어떻게 산출되는가의 문제, 사회적인 규범의 기능, 개인과 사회 변화 사이의 관계 등에 질문을 제기한다.[13] 이러한 이론적 시각을 통해 「서울의 달빛 0장」의 '나'를 보게 되면, '나'가 생물학적 남자이기 때문에 '남성'이 되는 것이 아니라, 역사적 담론적 맥락 안에서 '선택'하고 '행동'하기 때문에 '남성'이 되고 있으며, 자기 자신에게 낯선 것을 추방/거부함으로써 모호한 '나'의 젠더 정체성을 창조하고 있다는 점을 발견하게 된다.

2. 남성의 불안 의식과 '썩은 음부'에 대한 환멸

「서울의 달빛 0장」에서 가장 주목할 만한 감각은 '썩은 냄새'에 대한 것이다. 이 감각은 작품 전체의 분위기를 대표하고 있으며, '나'와 아내의 갈등을 잘 드러낸다. 또한 주인공 남녀의 성적이며 정치적인 역학 관계를 반영하고 있다는 점에서 여성의 몸, 특히 자궁에 대한 감각적 폭력성을 반영하고 있다.

> 사내의 손은 탁자 밑에서 아가씨의 사타구니를 더듬고, 아이, 남들이 보잖아요, 빼내는 손끝에 묻어오는 것은 냉증 특유의 썩은 냄새일 게 틀림없다.

13 주디스 버틀러, 조현준 옮김, 『젠더 트러블: 페미니즘과 정체성의 전복』, 문학동네, 2008, 7면 및 25-26면 참조.

> 썩은 냄새. 썩은 음부. 아내의 사타구니에서 풍겨오던 부패 그 자체. 허연 거품을 떠올리는 노랗게 썩은 술. 가슴 복판에서 시작하여 독사처럼 외줄기로 목구멍까지 치달려오는 통증마저도 상투적이다. 썩은 술이 빠르게 침투하며 상투적으로 모든 신경세포를 들쑤시고 머리, 가슴, 불알, 무릎 관절의 모든 조직을 썩힌다. 썩은 술에 의해 썩어가는 사고, 썩은 사고에 의한 썩은 감정. 상투적으로 끓어오르는 상투적인 증오. 혈관 속의 피는 검은색으로 변하고 있으리라. 인간은 행복할 자격이 있는가(358면).

'나'의 '우울'한 독백이 실제 상황을 거쳐 관념으로 전개된다. '아가씨'의 '냉증 특유의 썩은 냄새'가 아내를 떠올리게 하는 것은 아내가 돈을 벌기 위해 술집에 나갔던 일 때문이기도 하고, 신혼 첫날밤 아내와의 관계 후 요도염에 걸렸기 때문이기도 하다. 그 '썩은 냄새'는 그 냄새가 묻어났을 '썩은 음부'를 떠올리게 만들고, 다시 그 이미지는 부패의 다른 말인 발육 숙성으로 만들어진 '썩은 술'로 이어진다. 다시 그 썩은 술은 '나'의 육체를 썩게 하고 '사고'와 '감정'까지 썩게 한다. 이러한 사유의 연쇄는 현실 적응에 실패한 인문학자의 자위처럼 '인간의 행복할 자격'에 대한 의문으로 끝나며, 자학과 자멸의 감각으로 치닫는다. 이러한 일련의 연상을 통해 '썩은 냄새'로부터 인류 보편의 '행복'에 이르는 '나'의 강박증적 집착을 엿볼 수 있다. 아내와의 이혼 후 '나'는 술과 여자로 하루하루를 보냈다. 그래서 '썩은'이라는 단어는 타자(아내 혹은 아가씨)의 상태를 설명하는 표현이기도 하지만 여자와 술로 망가져 가는 자신에 대한 '비난'이기도 하다. 버틀러는 '합체incorporation'라는 말을 사용하면서, 우울증 환자가 상실한 대상을 자신의 에고와 동일시하는 과정에서 대상에 품었던 애정을 자기에 대한 증오와 박해로 변질시키며 자기 파괴적, 심지어 자살 충동에도 이르게 된다고 말한다.[14] 아내로 상징되는 술집 아가씨를 반복적으로 사는 행위나, 그 대상(썩은 음부로 환유된)에 대해 공격적 비난을 감행하고 자학하는 행위는 '나'가 겪고 있는 우울증적 병증을 잘 나타낸다.

석 달 동안 60여 명의 여자를 샀다라고 말하는 '나'의 표현 속에는 왜곡된 성과 자기 정체성에 대한 강박적 집착을 확인할 수 있다. 이 여자들은 사랑하는 대상인 아내가 떠났을 때 애도를 거쳐 새롭게 찾은 사랑의 대상이 아니다. 단지 아내에 대한 대리인이며, 아내를 돈으로 주고 샀던 사내들과 마찬가지로 경제적 우위로 성적 선택권을 갖게 된 남자로서의 자기 정체성을 확인하기 위한 대상일 뿐이다. 그래서 석 달 동안 60여 명의 여자와 잠을 잤지만, '여성'이 아니라 '음부'만을 경험하게 된 것이다.

> 그러나 그 때마다 만나는 것은 자기의 소중한 음부를 더러운 노예처럼 학대하며 사타구니에 차고 다니는 잔인한 만큼 이기적인 타인들뿐이었다. 음부를 제거하고 나면 여자란 정말 경멸할 만큼 하잘것 없는 것이다. 아아! 저 훌륭한 생명체가 왜 여자들의 노예로서 끌려다녀야 하는 것인가!(377면)

"가부장제의 담론은 여성의 육체를 상처입고, 불결하며, 자연 · 동물 세계의 일부분인 것처럼 재현하기 위해 자궁을 이용해 왔다."[15] 「서울의 달빛 0장」의 '나'는 많은 여자와 관계를 맺으며, '알맞은 볼륨을 가진 생명체, 음부'를 경험한다. 특히 새로운 사랑의 대상으로서 여자들을 대하기보다는 극단적으로 음부만이 새로운 생명체로 존재할 수 있다는 상상력이 더 '나'의 관심을 끈다. 이 음부는 '선정적이고 타락한 자궁'이며 '기

14 주디스 버틀러, 조현준 옮김, 『젠더 트러블: 페미니즘과 정체성의 전복』, 문학동네, 2008, 29면.
15 Barbara Creed, 손희정 옮김, 『여성 괴물: 억압과 위반 사이』, 여이연, 2008, 102면.

괴하다.'[16] 여성의 육체(음부)가 남성 주체의 주관적 경험에 의해 파악되면서, 추상화된 타자가 될 뿐만 아니라 그 물질적 특성 때문에 여성의 몸으로부터 분리 훼손되었다.

'썩은 음부'에 대한 '나'의 상상력 혹은 신경증은 기호화된 육체가 보여 줄 수 있는 자기 분열의 한 양상을 반영한 것일 뿐만 아니라, 당대 사회가 품고 있는 여성의 몸에 대한 상상력을 확인할 수 있다.[17] 아내는 '나'의 아내로서 나하고만 성관계를 가져야 함에도 불구하고, 돈을 지불하는 다른 남자들과도 성관계를 한다. 아내는 '나'의 아내임에도 불구하고, 대중의 연인이며 '시대의 비밀을 간직한 존재'여야 한다. 익숙하면서도 기괴한 대상인 것이다. '나'의 의식 속에서 끊임없이 썩고 절단되며 왜곡되는 아내의 '몸'은 요부이면서, 정숙한 모습을 이중적으로 갖고 있다. 낮에는 화려한 연예인으로, 밤에는 돈을 가진 남자라면 쉽게 경험할 수 있는 술집의 창녀로 변모하는 아내는 결혼한 여성이 지켜야 할 '가족' 제도를 교란하고 위험에 빠뜨리면서도, 남성적인 욕망에서 봤을 때는 '매력적이며 자유로우며 유혹하는 여성'으로서 '소비의 대상'이 되는 존재다. 이러한 부조화는 가부장제 사회의 일부일처 결혼 제도의 윤리 의식과 자본주의 사회의 윤리적 타락이라는 근본적인 문제를 내포하고 있다. '나'는 자신의 불행으로부터 자신이 살고 있는 사회의 내밀한 비밀을 발견하고, 저주와 비난을 쏟아내며 저항하지만 이 또한 '내적 독백'으로 이루어진다는 점에서 일정한 한계를 갖게 된다.

여자를 '썩은 음부'로 상상하며, '나'는 그것의 환유적 대상인 '도깨

16 "신경증의 남자가 여성의 성기에 무언가 기괴함을 느낀다고 말하는 것은 종종 있는 일이다. 그러나 그 기괴한 장소는 모든 인간의 예전의 집, 즉 우리 모두가 옛날에 그리고 처음에 살았던 그 공간으로 들어가는 입구이다"(Barbara Creed, 앞의 책, 111면).

17 "기호로서의 몸은 결코 백지 상태가 아니다. 오히려 구체적인 사회성이나 역사성, 문화적 차이가 드러나는 공간이 바로 몸이라고 할 수 있다"(김미현, 『젠더 프리즘』, 민음사, 2008, 31면).

비'를 만들어 내고 비난한다. 아내를 거쳐 간 확인할 수 없는 과거의 남자들과 앞으로도 아내의 육체를 탐하게 될 남자들을 '도깨비'로 비유하며 적개심을 드러내는 것은 자신의 소유물을 뺏으려는 자들에 대한 경계심이기도 하지만, 한편으로는 처음부터 아내를 소유하지 못했다는 두려움 때문이기도 하다.

> 하지만 지금도 여전히 그 여자가 내 곁에 있지 않았었다는 믿음이 씻어지지 않는 것은 무엇 때문인가? 왜 나는 첫날밤부터 그 여자가 내 곁에 있지 않다고 믿어 버렸던가? 내가 그 여자에게 바랐던 것은 무엇이었는가? 그것은 아무래도 가장 단순하고 가장 불가능한 것, 내가 그 여자의 최초의 남자가 아니라는 것뿐이다(378면).

'여자에게 최초의 남자'라는 관념은 여성의 순결을 '소유'하려는 남성중심 사회의 환상이다. '나'는 아내가 첫날밤부터 자신과 같이 있지 않았다고 상정하고, 아내와의 결혼 자체를 부정하게 된다. '나'의 우울한 독백을 따라가다 보면 여성의 순결성이라고 하는 것이 육체에만 속하는 문제인가, 아니면 정신 혹은 영혼과 관련된 문제인가, 아니면 은폐된 사회적 가치와 관련된 문제인가라는 질문들과 마주하게 된다. '나'는 이 세 가지 질문이 만들어 내는 존재론적인 가치와 담론적인 성격을 구체화하지 못함으로써, 마지막 장면에서 아내와 '연대'하지 못한다.

처음부터 자신과 '같이 있지 않았다'는 불안감 속에는 그녀와의 결혼을 통해 그녀를 제도적으로 소유했지만, 그녀의 영혼 혹은 과거, 미래는 소유하지 못한다는 자책감이 '나'의 무의식적 적대감을 반영한 것이다. 이러한 인식 속에서 김승옥 소설 특유의 우울증적 징후가 발견된다. 신형철은 "우울증자가 가져본 적이 없는, 애초부터 잃어버린 것인 대상을 소유하는 유일한 방법은 아직 충분히 소유하고 있는 것을 마치 잃어버린 것처럼 다루는 것이다"라고 한 지젝Slavoj Žižek의 말을 빌려, 「무진기행」의 마지막 부분에서 윤희중이 느끼는 '부끄러움'을 '죄의식'이라기보다는 멜랑콜리한 우울의 변형으로 분석하고 있다.[18] 「서울의 달빛 0장」에서도 아내에 대한 소유권 논쟁과 이에 대한 부정은 잠재되어 있어 있는 가부장제적 욕망이 남성적 우울의 한 형태로 나타난 것이라고 할 수 있다.

'나'가 표현하는 타자에 대한 증오와 환멸은 아내를 소유하고자 하는 욕망이며, 수치심을 은폐하고자 하는 우울한 수사적 행위가 된다. '썩은 냄새'에서 시작된 환멸의 수사는 아내와의 대화에서 극단화된다.

"평화가 만든 여유. 여유가 만든 가수요. 가수요가 만든 부패. 부패가 만드는 증오. 부패는 이미 시작되었으며 남은 일은 증오의 누적, 그리하여 전쟁. 전쟁은 필연적이다."라고 진술하며 '나'는 한국 전쟁 이후 산업성장을 해 오는 과정에서 자본주의적 폐해가 만들어지며 '전쟁'이 일어날 것이라고 말하고 있다. '나'라는 존재는 어머니 가게에서 들어오는 돈으로 먹고 살며, 집을 맘대로 처분하기도 하는 등 자본주의 사회에서 '돈'으로부터 자유롭다. 그래서 돈으로 성적 욕망을 사는 다른 사내들처럼, 자본주의적 소비 과정에서 욕망의 이미지를 산다. 이것은 '나'가 내면화된 자본주의적 남성의 시선으로 현실을 보고 있다는 것을 반증한다.

> 우리를 지배하고 있는 것은 자본주의도 정치 권력도 아녜요. 종말에 대한 불안이에요. 적개심을 돋운다고 하지만 그건 전쟁 이후에도 살아남을 수 있는 사람들을 위해서죠. ……(중략)…… 그래요, 모두를 지배하고 있는 것은 슬픔예요. 그 슬픔은 특히 남자들을 사로잡고 있어요. 그 슬픔이 남자들의

18 신형철, 「여성을 여행하(지 않)는 문학: 「무진기행」의 정신분석학적 읽기」, 『한국근대문학연구』 제5권 제2호, 2004, 228면.

윤리를 허물어뜨려요. 윤리란 미래적인 거죠. 우리에겐 미래가 없는 거예요. 그리고 허물어진 남자들이 여자를 지배하고 있구요(362면).

'나'의 말에 대해 아내는 '우리를 지배하는 것'은 자본주의도 정치 권력도 아닌 '종말에 대한 불안'이라고 답하고 있다. 전쟁이 임박했다고 주장하며 공안 정치를 행하는 1970년대 사회에서 '불안'이란 내면화된 정치적 억압의 논리가 가장 잘 반영된 사적 감각[19]이며, 아내는 그것을 타자의 시선으로 통찰해 내고 있다. 즉 대화가 실제로 있었던 일인지, 그렇지 않으면 술과 여자에 취한 '나'가 대화를 가장해 독백을 하고 있는 것인지는 확인하기 어렵다. 장석원은 서술자 '나'에 의해 제시되고 있는 '나'와 아내의 대화는 주인공 '나'의 주관에 의해 윤색된 말들이라고 말하며, 세상에 비난과 저주를 퍼붓고 있는 '나'의 폭력적 발화에 대한 '나' 자신의 반성적 · 비판적 언술이 아내의 말이다. 결국 내가 묻고 내가 질문하고 있다고 주장한다.[20] 이런 점에서 '나'와 아내의 대화는 비극적이다. '나'가 처한 불행한 현실이 단순히 개인적 차원의 비극적 사건일 뿐만 아니라, 당대 정치적 현실을 내면화한 결과라는 것을 확인할 수 있다. 그런 점에서 '불안'과 '슬픔'은 정서적 표현일 뿐만 아니라, 일종의 정치적 감수성의 한 양상이 되고 있다. 그리고 이 감수성은 남녀 사이의 성적 역학 관계를 구성하는 데 결정적 역할을 한다. 아내의 말은 여자에 대한 남자의 성적 욕망을 '종말에 대한 슬픔'으로 규정하고, 그 슬픔을 잊기 위해 남자가 여자를 지배하고 있다고 인식하고 있다. 문제는 그 남자 역시 '미래를 위한 윤리'를 갖고 있지 못하기 때문에 불안할 수밖에 없고, 그럼에도

19 우찬제는 「불안의 상상력과 정치적 무의식: 70년대 소설의 경우」(『텍스트의 수사학』, 2005, 90-98면)에서 정치적 불안과 자유의 문제를 연결시키며 그 무의식적인 관련성을 분석하고 있다.

20 장석원, 「김승옥 소설의 문체 연구」, 『어문논집』 52집, 2005, 285-286면.

불구하고 여자를 '지배'하려고 한다는 점이다. 그러한 한계를 지적하는 아내에게 '나'는 격렬한 흥분과 분노의 말[21]을 하게 된다. 이러한 '나'의 폭력적 대응은 기득권의 '허위 윤리'와 '왜곡된 정체성'을 은폐하기 위한 수사적 방어다.

3. 아브젝트로서의 '아이'와 '도깨비', 그리고 가족이라는 욕망

「서울의 달빛 0장」에서는 '나'와 아내 사이에 존재하는 또 다른 잉여적 타자들이 존재한다. 그것은 '나'와 아내의 관계를 근본적으로 훼손하는 '도깨비'와 둘 사이의 성적 관계를 가부장제적 욕망으로 현현하는 '아이'다. 무엇보다도 이 존재들은 아내의 '몸'에 대한 환유적 상상을 통해 추상된 '아브젝트'들이다. 여성과 자궁, 괴물성을 연결시키는 상상력은 남성 중심적이다. 이 타자적 존재들은 '인간은 행복할 자격이 있는가'라는 반복되는 질문에 대한 답으로, 이혼 후 좌절에 빠져 있는 '나'를 '정상화'할 수 있는 역설적 논리를 제공한다.

> 태아의 자연유산임과 의사의 입에서 아내의 인공유산의 경험이 많음을 알고 났을 때 이제부터 아내는 나에게 도깨비들이 실컷 뜯어먹다 싫증이 나서 던져 준 썩은 고깃덩이에 지나지 않았다. 그렇다고는 하지만 늦지는 않았었

21 "옳아, 이제 보니 그 동안 쭈욱 날 우습게 보고 있었군요?", "여자의 자물쇠는 그따위 말로 열린단 말이지? 열리자마자 문 안으로 정액을 쏟아 넣어 그 말을 네 자궁 속에 단단히 풀칠해 놓았단 말이지?", "아직도 네 자궁 속에 살아서 까불어대고 있는 놈. 개 같은 욕망에 시대의 구실을 붙여 널 유혹한 놈. 이름을 대. 모두 이름을 대. 몇 놈이야? 모두 이름을 대." 등.

다. 그 여자가 입으로 그 도깨비들을 토해 줬더라면. 그러나 아내는 드라큘라에게 목덜미를 물린 여자였다(370-371면).

아내의 몸에 대한 지식은 그녀를 '익숙하면서도 기괴한 존재'로 인식하게 만든다. 아내의 영혼에 대한 불쾌한 의심은 '도깨비'라는 악마적이고 괴기적인 상상력으로 이어진다. 고야Francisco José de Goya y Lucientes의 에칭 판화에 나오는 악마의 손아귀에서 뜯어 먹히는 사람들을 떠올리게 하는 이러한 표현은 인간의 이성이 도달할 수 없는 도덕의 극한, 악마적 영역에 대한 공포를 형상화한 것이다. 이 때 도깨비는 아내의 육체를 뜯어 먹었지만, 다른 한편으로는 아내의 몸 속에 기생하면서 아내의 부정을 조장하는 존재다. 그래서 '나'는 "네 주둥아리를 통해서 말하고 있는 그놈. 아직도 네 자궁 속에 살아서 까불어대고 있는 놈. 개 같은 욕망에 시대의 구실을 붙여 널 유혹한 놈. 이름을 대. 모두 이름을 대. 몇 놈이야 모두 이름을 대."(360면)라고 요구한다.

크리스테바는 아브젝시옹abjection의 심리적 현상을 설명하며, "'자기 자신'에게 '다른' 것으로 판단되는 것을 추방하는 하나의 과정으로, 주체성의 경계를 한정하는 하나의 수단"이며 "주체성에 출몰하여 이미 구성된 것을 해체하도록 위협"한다고 말한다.[22] '나'는 아내의 신체로부터 파생된 도깨비를 사유하며, 그녀의 정체성을 해체하고 있다. 도깨비(아브젝트)는 '이질적이고 혐오스러운 것의 배설이자 정화'라는 측면에서 신경증을 앓고 있는 '나'의 아브젝시옹의 대상이 된다. 사실 '나'는 아내와 이혼을 통해 행정 절차상 타인이 되었지만, 여전히 정서적으로는 동일시의 환상에 갇혀 있다. 앞서 논했던 아내에 대한 환멸과 분노는 여전히 아내에

22 노엘 맥아피, 이부순 옮김, 『경계에 선 줄리아 크리스테바』, 갤피, 2007, 111면.

게 고착되어 자유롭지 못한 '나'의 불안한 정체성을 잘 보여 준다. 그래서 '나'와 동일시된 아내의 몸에서 낯설면서도 익숙한 '그것'을 배설하고, 토해내고, 떼어내고 싶은 아브젝시옹은 '나'의 정체성을 불완전하게 구성해 나간다.[23]

철저하게 아내의 육체를 소유한 도깨비의 존재는 실재하는 대상은 아니지만, 아내의 육체를 소유하지 못한 '나'의 심리적인 경쟁자이면서 적대자다. 그들은 낯설고 먼 곳에 있는 존재들이 아니다. 남녀 관계를 근본적으로 경제적 관계라고 말하며, 돈으로 여자를 사고, 여자의 처녀성에 환상을 품고 있는, 자본주의적인 논리에 갇혀버린 '나'의 친구들이기도 하다. 그래서 그들을 향해 "개새끼들. 너희들이다, 아내의 자궁 속에 달라붙어 있는 슬픈 얼굴의 도깨비"라고 외치지만, 결국 '도깨비'는 자기 자신의 또 다른 얼굴이기도 하다.

'나'는 한 개인의 힘으로는 어쩔 수 없는 거대한 사회적 관념들과의 대립 속에서 아내의 육체를 소유하지 못했으니 영혼이라도 소유하고 싶어 한다. 그러나 몸을 뜯어 먹힌 영혼을 쉽게 '나'의 시선으로 초점화할 수 없다. '나'의 너그러운 사랑이나 인간애만으로는 이 모순적이고 불합리한 윤리적 상황을 극복할 수 없다. 그래서 아내가 스스로 도깨비를 토해 주기를 바란다. '나'는 간절히 "토해 버려라, 도깨비를 토해 버려, 네 자궁 속의 도깨비를 입으로 토해 버려. 널 사랑하고 싶어서야."라고 말한다. 사회의 억압적인 조건 속에서 수동적인 태도만을 취하는 아내에 대해 '나'는 좀 더 긍정적 가치를 획득하기 위한 적극적 투쟁을 권고한다. 아니 바

23 "추방한 것들은 주체의 의식에 끊임없이 출몰하고 의식 주변에 남아 있다. 주체는 이 추방된 것에서 혐오와 매혹을 동시에 느끼고, 그래서 그/그녀의 자아 경계들은 역설적이게도 지속적으로 위협받는 동시에 유지된다. 자아 경계는 추방된 것이 그 경계를 부수기에 충분할 정도로 매혹적이기 때문에 위협받으며, 그러한 붕괴의 두려움이 주체로 하여금 방심하지 않도록 하기 때문에 유지된다"(노엘 맥아피, 위의 책, 98-99면).

라고 있다. 남녀 간의 성적 결합을 생각한다면 도깨비는 아내의 자궁으로부터 배설되어야 한다. '나'가 입을 통해 아내가 도깨비를 토해내기를 바라는 것은 아래로의 배설이 자연스럽고 생물학적인 행위인데 반해 입으로 토하는 것은 전형적인 '아브젝시옹'의 행위이기 때문이다. 그 행위를 통해 아내는 구원받을 것이라 믿는다. 그러나 '구원'은 일어나지 않는다.

도깨비가 이처럼 '나'와 아내 사이의 갈등을 일으키는 존재라면, 아이는 근대 가족 관계 안에서 정당한 방법으로 남녀가 같이 살아가면서 발생하는 근본적 문제를 해결하는 존재로 나온다. 아이는 근대 가족주의 안에서 가족이 존립할 수 있는 상징적 기준이다.

> 아이를 빨리 만들지 그랬니? 아이란 우리들의 신이야. 인간적인 사랑이란 삼각형의 관계 형식 속에서만 가능하다구 생각해. 한 꼭지점에는 남자 또 한 꼭지점엔 여자 그리고 또 한 꼭지점엔 신이 있어야 하는 거야. 남자와 여자가 함께 바라보는 신이 있을 때 추잡한 거래 관계를 벗어날 수 있는 거야. 신이 없는 두 꼭지점만의 남자와 여자의 사랑이란 이기적으로 무한히 탐욕적인 동물적인 사랑에 지나지 않아(373면).

인용에서도 알 수 있듯 통념적으로 남녀 관계(부부)는 아이를 '정점'으로 했을 때 완성된다. 아이가 없는 부부란 언제든 사회적 위험으로부터 쉽게 무너질 수 있으며 행복할 수 없다. 아이는 신이 없는 시대에 신과 같은 존재로 남녀 간의 '삶의 윤리'가 된다. 이러한 담론화는 근대적 가족이 꿈꾸는 '아이'와 같은 의미로 맥락화된다. 즉 대화에서 드러나듯 '아이'의 존재 유무에 따라서 가족이 완성되기도 하고 쉽게 해체되기도 한다. 그러나 아내는 여러 번의 인공유산 경험으로 아이를 갖기가 어려우며, '나'의 아이를 유산하기도 했다. "아이를 빨리 낳았더라면 네 부부가 파경을 당하진 않았을 거야."라는 식의 낙관적인 관심은 영원히 불가능한 욕망이 되어 버린다. 또한 도깨비들에게 유린당한 '썩은 음부'로는 순결한 영혼의 아이를 낳을 수 없다. 아내의 자궁을 통한 배설(출산)은 악마의 자식을 탄생시키는 결과를 낳을 것이기 때문에, '나'는 악마적 상황의 반복 재생을 거부한다.[24]

> 내 것이어야 할 아내의 처녀를 도둑질한 놈은 이십대 미혼 청년이었고 아내를 돈으로 유혹한 놈들은 장성해 버려 이젠 자식이라고 하기 어려운 자식을 가진 오십대 사내들이었다. 부모에겐 신이 되고 스스로는 악마인 두 가지 얼굴의 신은 신이 아니다(374면).

이 장면에서 '나'는 아내의 몸에 대해 강한 소유욕을 보여 준다. 아내를 거쳐 간 남자들과 동일시되지 않기 위해, 어렸을 때는 신과 같은 자질을 가지고 가정의 평화를 일구어 내지만 나이 들어감에 따라 신의 얼굴에서 악마의 얼굴로 바뀌어 가는 '아이'를 경멸한다. 사회적 질서 속에 편입된 어른들의 삶의 모습을 '나'는 부정하고 싶은 것이며, 궁극적으로 사회에 길들여져 간다는 것은 악마의 얼굴을 닮아 가는 것으로 본 것이다. 가족 구성원인 '아내'와 '아이' 둘 다 소유하지 못하게 되었을 때, '나'는 이혼을 결심한다. 결국 '나'에게 이혼은 사랑의 상실로부터 비롯된 것이 아니라, 근대적 가족주의 담론이 만들어 낸 '환상'과 '욕망'의 상실로부터 비롯되었다.

24 "여성의 자궁이, 그녀의 재생산 기능을 지닌 다른 기관들과 함께, 성차를 의미하며 그렇기 때문에 여성의 성적 타자를 공포에 몰아넣을 힘을 가졌기 때문이라는 것이다. (중략) 여성의 출산할 수 있는 능력이 남성들에게 경외와 질투, 그리고 공포라는 다양한 모순된 반응들을 불러일으키는 핵심적인 차이를 구성한다는 것은 너무 분명하다"(Barbara Creed, 위의 책, 116면).

서로 다른 성격으로 서술되고 있지만, 도깨비나 아이 모두 아내의 몸을 통해 기생하는 타자들(아브젝트)이다. '자궁 속에 들러붙어 아내를 뜯어 먹고 자라는 존재'인 것이다. 아내의 '몸'은 이들을 품고 기르지만, 결국 그 자체의 특성을 상실한 텅 빈 부재하는 기표가 될 뿐이다. '나'의 이들에 대한 강한 혐오감은 여성의 몸을 중심으로 논리화되어 있는 가부장제 논리를 밝혀 보여 주는 것이면서, 한편으로는 여성의 생식력에 대한 공포를 이중적으로 내면화하고 있다.

4. 상징적 공간과 훼손된 거래 윤리

결국에 '나'의 우울증은 치료될 수 있는가? 아내와의 관계 속에서, 그리고 사회와의 관계 속에서 '나'의 남성성 혹은 성적 정체성은 그 저열한 가부장제적 담론화를 벗어나 주체적 존재로 정립될 수 있을 것인가? 어쨌든 스트레스 요인인 '아내와의 이혼'을 합리화하는 방식으로 '나'의 정체성 구성의 노력은 전개된다. '나'는 결혼 이전의 상태로 돌아가기 위해, 아내를 잊기 위해 집을 팔고, 강사를 그만두고 방탕한 생활을 한다. 아내에 대한 기억을 자연스러운 망각을 통해 지우는 것이 아니라, 의도적인 회피를 통해 잊고자 한다. '이혼의 충격'을 극복하는 이러한 과정을 통해 "이건 내가 아니라고 하는 바로 내가 나임을 나는 안다."[25]라고 인식하게 된다. 결국 타자에 대한 탐색은 자신의 정체성 탐색인 것이다.

25 "나라고 내가 생각하고 있던 이전의 나로부터 점점 멀어져 갔다. 물론 이건 내가 아니라고 생각했지만 그전에도 항상 이건 내가 아니라고 생각하며 살았었다. 이건 내가 아니고 이전의 내가 나라고 한다면 이전의 나는 그 이전의 나를, 그이전의 나는 그 그 이전의 나를 ……. 그리하여 나는 무無이어야 할 것이다"(374-375면).

이혼은 단순히 한 여자와 이별한 것이 아니다. 이혼으로 인해 '나'가 구축해 놓은 삶의 터전이 전반적으로 흔들리고, 믿어 왔던 근대적 가치들(가족, 사랑, 아이 등)이 뒤엉켜 파괴되었기 때문에 '나'의 정체성이 존재하지 않으며, 또 재구성할 수도 없는 것이 되어 버렸다. 스스로가 삶에서 결코 받아들일 수 없는 '타자'가 되어 정체성 구성에 어려움을 겪게 된다. 이혼을 하긴 했지만, 아내에 대한 감정 역시 환멸적이면서도 한편으로는 '용서'하고자 하는 이중적 정서를 가지고 있다. 따라서 이 때의 '나'의 정체성을 이미 규정되었다고 보기보다는 그가 추구하는 여러 행동의 수행성을 통해 재설정할 필요가 있다. '나'는 이제 아내를 '향유 juissance할 것인가?' 혹은 '소비할 것인가?'를 선택해야 한다. 아니 행동해야 한다.

> 어쩌겠다는 계획이라고는 하나밖에 없었다. 차를 가지게 된 날 준비해 뒀던 예금통장을 아내였던 여자에게 갖다 주겠다는 것이었다. 우리의 재산을 공평하게 분배함으로써 비로소 나는 아내였던 여자에게 마음의 빚을 갖지 않을 수 있다고 생각했다. 나는 차를 샀는데 너도 사고 싶은 거 사렴. 아파트를 위자료로서 자기한테 줬으면 하던 아내의 눈치가 항상 마음에 걸려 있었던 것이다. 아니다. 나는 제의하고 싶었던 것이다. 우리 시험 삼아서 이제부터 새로 시작해 보지 않겠어? 되면 되고 안 되면 제자리지. 자, 나도 이만하면 준비가 된 것 같은데(380면).

'나'는 집을 판 돈을 아내에게 주어 '이혼'이 완결되었음을 알려 주고 싶어한다. 그러면서 자신의 부채 의식을 지우고, 새로운 '시작'을 꿈꾼다. 이전의 '나', 현재의 '나', 미래의 '나'를 동일시할 수 있는 논리를 만들고 싶은 것이다. '자, 나도 이만하면 준비가 된 것 같은데'라는 진술 속에는 자신이 알지 못했던 것, 그렇다고 자신의 사회적 삶이 완전히 바뀐 것이 아니라, 그러한 사회적 환경이 있다는 사실을 인정하는 마음의 여유를 가지게 된 현실을 극단적으로 보여 준다. 즉 이혼을 받아들이고, 폄하했던 '아내'를 한 명의 여인으로 새롭게 의식하고자 한다. 이혼을 확정함으로써 그 자체로 객체가 되어 멀어져 버린 아내를 발견하려는 것이다.

'나'는 아내에게 다가갈 수 있는 한 가지 방법을 알고 있다. 다른 여자들을 돈을 주고 샀듯, 아내 역시도 돈으로 사는 것이다. 집을 판 돈으로 아내가 좋아할 만한 최고급 차를 사고, 나머지 돈으로는 그녀에게 줄 통장을 만든다. 자본주의 사회의 대표적인 욕망인 최고급 자동차 '레코드'는 남성들이 자동차에 덧씌운 성적 욕망에 따라 '아내의 대용물이며 순결을 상징하는 하얀색'이다.[26] 아내에 대한 성적 억압을 자유롭게 해 줄 수 있는 것이 역설적이게도 경제적 · 물질적 토대를 근거로 한 교환 가치라는 사실을 주인공 '나'는 우울한 사유의 독백 속에 은폐해 놓고 있는 것이다. 그 과정에서 물화된 자본주의적 대상으로 존재하는 연예인과 가부장제적 담론 속에 존재하는 아내라는 약호는 서로 환원할 수 없는 모순관계에 놓이며 공존한다.[27] 모리스Pam Morris는 " '여성'을 남성들이 자신의 두려움이나 공포를 투사하는 장소(또는 타자)로 파악했던 보부아르Simon de Beauvoir의 분석에 따른다면, 남성에 의한 여성의 재현은 남성의 권력을 강화시킨다기보다는 이데올로기적 환상 속에 내재하는 불일치나 모순을 드러내는 것으로 이해되어야 한다."라고 말한다. 그녀는 더 이상 개별적 주체로서 인식되기보다는 '욕망' 그 자체로 인식된다. '나'는 그녀를 욕망하는 것이 아니라, 그녀의 욕망을 욕망한다.

26 김미영, 「김승옥 소설의 '개인' 연구」, 『현대소설연구』 34, 2008, 157면.
27 팸 모리스, 강희원 옮김, 『문학과 페미니즘』, 문예출판사, 1999, 37면.

'나'는 무의식적으로 아내를 그 교환 가치에 길들여진 육체로 인식한다. 아내 때문이라는 이유를 달고서 행했던 다른 여성들과의 성관계나 모순된 인식 등은 결과적으로 아내에게로 돌아가고 싶은 욕망과 다른 것이 아니었다. 한편으로는 「서울의 달빛 0장」은 아내에게 회귀하는 서사이며 타자인 아내를 어떻게 환대할 것인가에 대한 남성적 불안 의식과 윤리 의식을 다룬 소설이다.

> "저어…… 나…… 영숙이 아파트로 가끔 놀러가도 되겠어?"
>
> 어리둥절한 표정으로 그 여자의 눈이 깜박거리며 내 눈을 빤히 응시했다. 비행기 안에서처럼, 비처녀를 감춰 주느라고 호들갑을 떨고 있는 나를 바라보던 첫날밤처럼. 그렇다. 이 여자가 저런 눈이 될 때마다 우리의 관계는 새로운 국면을 맞이하곤 했던 것이다. 자, 무슨 일이 생길 것인가?(382면)

통장을 건네 주면서 아내를 때리고 싶다는 폭력적인 생각을 했던 '나'가 아내의 집에 가끔 놀러가겠다고 말하고 있다. 아내의 눈을 바라보며 사랑에 빠졌던 순간을 떠올리며, '새로운 국면'을 꿈꾼다. '나'가 아내에 대해 시각적 소비를 하면서 사랑에 빠졌고, 성적 소비를 하며 추악한 아내의 몰골을 확인하고 이혼하게 된다. 이러한 '나'의 소비 패턴의 변화는 아내를 '경제적으로 소비'하기에 이른다. 이 상황에서 집을 판 '돈'은 아내의 새로운 삶을 위한 위자료라는 의미에서, '나'와의 새로운 관계를 시작하기 위한 거래 대금으로 전위된다. 아내와의 소통을 위해, 아내를 환대하기 위해 '돈'은 '나'에게 명료하게 기능하고 있는 것이다.

그러나 그 순간 '아내'는 코피를 흘린다. 그 검붉은 '피'는 '나'의 행동과 말에 대한 반응이며, '나'와의 새로운 관계, 혹은 낡은 관계를 거부하는 것이다. 여자가 처녀성을 잃었을 때 흘리는 피처럼 아내의 코피는 남편의 무모한 요청에 상상의 순결성이 파괴된 흔적이다. 아내는 가부장적 사회에서의 윤리적 가치를 갖고 있는 '피'를 배설함으로써(아브젝시옹) '나'의 무의식적 욕망을 표상하고 공격한다. '나'가 약솜을 들고서 그녀가 있던 곳으로 돌아왔을 때 통장은 갈기갈기 찢겨져 있다. '나'의 발언은 상징적이면서도 폭력적인 강간 행위였으며, 재구성된 '나'의 남성적 정체성을 단적으로 반영한다.

또한 이러한 행동의 이면에서 '아내'를 무의식적으로 '희생양'으로 대하는 '나'의 윤리적 태도를 확인할 수 있다. '나'와 아내가 겪고 있는 일련의 사건은 개인들의 의식과 행동에서 비롯된 것이 아니라, 담론화된 사회의 폭력적 맥락화에서 비롯되었다. 그럼에도 불구하고 '나'는 아내를 속죄하는 척하지만, 한편으로는 희생하도록 강요하고 있는 것이다. 그러한 남성 중심적인 윤리적 태도를 발견한 아내는 자기 자신도 영원히 '돈'에 몸을 파는 여자로 남아버린 것에 대해 수치심을 느낀다. '남편'으로서 '나'는 그녀의 영혼을 소유할 수 있는 일말의 가능성을 가지고 있었다면 이제 '남성'으로서의 '나'는 아내의 육체도 영혼도 소유할 수 없는 존재가 되었다. "나 역시 그 여자와의 완전무결한 메별袂別을 처음으로 실감했다. 증오의 고통도 함께 찢겨져버린 것이다"(379면).

이렇듯 '나'가 속물들과 똑같아진 상황에서 더 이상 자신의 정체성을 위장해 구축하는 일은 불가능해졌다. '나'가 바라던 새로운 국면이란 영원히 그녀를 향유할 수 없는 극한 상황으로 바뀌어 버렸다. 그가 이혼 후 했던 행동들은 그의 이성과 감정을 자극하며 가부장적 욕망을 내면화한 정체성을 구성하게 했지만, 그 자체의 정체성마저도 충분히 내면화하지 못하고 현실화하지 못한다. 그러한 이유로 그녀의 순결성을 의심했던 죄, 혹은 그녀의 부정을 용서하지 못하는 죄는 '나'와 아내 사이의 존재론적인 윤리를 훼손했을 뿐만 아니라 서로가 영원히 환대할 수 없는 '타자'가

되도록 만들었다.

5. 제도화된 타자로서의 '남성' 정체성

이러한 논의를 통해 김승옥 문학 연구에서 「서울의 달빛 0장」의 위상을 재고할 수 있었다. 앞서의 논의들을 살펴본다면, 김승옥 초기작부터 남성 주체들이 추구했던 '자기 세계'를 「서울의 달빛 0장」은 더 이상 인정하지 않고, '자기 세계'보다 더 견고한 외부의 이데올로기적 조건들을 내면화하는 남성 주체의 타자적 정체성을 보여 준다. 초기작들이 남성 주체들의 모호한 정체성을 수사적 감수성으로 환원했다면, 「서울의 달빛 0장」은 남성 주체의 우울증적인 태도와 타자에 대한 정체성 탐색을 통해 남성의 타자적 정체성을 구체화하고 있어 김승옥 소설의 남성 '주체'와 그가 경험하는 '세계'에 대한 논의 시각을 확장하고 있다.

「서울의 달빛 0장」에 나타난 타자 담론화는 생물학적 육체에 이데올로기적 타자로 규정하는 상징적 과정을 잘 보여 준다. 타자인 '아내'는 본래적이면서도 구체적인 성sexuality으로 존재하는 것이 아니라, '썩은 음부'와 같은 감각적 이미지로 해체된다. 가족을 파괴하고, '나'의 삶을 망가뜨린 '탐욕스러운 몸, 먹을 수 있는 몸'을 가진 아내는 '나'의 상상력 속에서 '희생양'으로 남는다. 아내의 '썩은 음부'로부터 환유된 '아이'와 '도깨비'는 가부장제적 욕망과 논리를 반영한 아브젝트다.

타자로서의 '아내'는 수사적으로 혐오스럽고 공포스럽지만 매혹적인 존재이기도 하다. 그래서 '나'는 연예인 한영숙을 '아내'로 환원하려는 무의식인 행동들을 하게 된다. '나'는 주체로서 완전하다고 할 수 없으며, 가부장적 이데올로기로부터 '자유'롭다고 말할 수도 없다. '나'의 소비 양태(시각적 소비, 성적 소비, 경제적 소비)를 통해 여성의 몸에 대한 자본화와 권력욕을 확인할 수 있었다. 결국 '나' 역시도 제도화된 남성 중심적 사회의 타자로 남았다. '차이'가 없는 그녀와 소통할 수 있는 방법은 그녀를 자본주의적 거래 대상으로 '대'하는 것뿐이다. '나'의 타자에 대한 배타성과 불완전한 정체성은 타자를 대하는 윤리적 한계를 여실히 보여 주며, 제도화된 타자로서의 정체성을 갖게 된다. 이제 아내와 '나'는 서로 영원한 타자가 되고 만다.

참고 문헌

1. 자료

김승옥, 『무진기행 : 세계문학전집 149』, 민음사, 2008.

2. 논문

공종구, 「김승옥 소설의 근대성」, 『현대소설연구』, 1998.

김명석, 「김승옥 소설과 감수성의 글쓰기」, 『우리문학연구』 제14집, 2004.

신형철, 「여성을 여행하(지 않)는 문학 : 「무진기행」의 정신분석학적 읽기」, 『한국근대문학연구』 제5권 제2호, 2004.

오윤호, 「서정인 〈강〉의 서사적 은유」, 『시학과언어학회』 제15호, 2008.

장석원, 「김승옥 소설의 문체 연구」, 『어문논집』 제52집, 2005.

3. 단행본

김미현, 『젠더 프리즘』, 민음사, 2008.

김병익, 「시대와 삶」, 『상황과 상상력』, 문학과지성사, 1979.

맥아피, 노엘, 『경계에 선 줄리아 크리스테바』, 이부순 옮김, 앨피, 2007.
모리스, 팸, 『문학과 페미니즘』, 강희원 옮김, 문예출판사, 1999.
버틀러, 주디스, 『젠더 트러블: 페미니즘과 정체성의 전복』, 조현준 옮김, 문학동네, 2008.
오윤호, 「남성 인물의 내적 독백과 殺婦 의식」, 『현대소설의 서사기법』, 예림기획, 2005.
우찬제, 「불안의 상상력과 정치적 무의식: 70년대 소설의 경우」, 『텍스트의 수사학』, 2005.
유종호, 「감수성의 혁명」, 『유종호전집 1: 비순수의 선언』, 민음사, 1995.
지라르, 르네, 『희생양』, 김진식 옮김, 민음사, 2007.
커니, 리차드, 『이방인, 신, 괴물: 타자성 개념에 대한 도전적 고찰』, 이지영 옮김, 개마고원, 2004.
한상규, 「환멸의 낭만주의: 김승옥론」, 『1960년대 문학연구』, 문학사와문학비평회, 예하, 1993.
한형구, 「김승옥론: 김승옥 문학의 문학사적 성격」, 『한국현대작가연구』, 민음사, 1989.
Barbara Creed, 『여성 괴물: 억압과 위반 사이』, 손희정 옮김, 여이연, 2008.

살옥殺獄 판결을 통해 본 조선 후기 지배층의 부처夫妻 관계상: 『추관지秋官志』 분석을 중심으로*

박 경

1. 들어가는 말

조선 건국 후 위정자들은 여러 법제法制와 예제禮制를 정비함으로써 유교적 사회 질서를 구축해 나갔다. 이중 형률은 기본적으로는 『대명률』을 이용하였다.[1] 『대명률』은 조선에서 유교적 가족 질서를 구축해 나가는 데 유용한 형률刑律이었다. 첫째 같은 범죄라 하더라도 가해자와 피해자의 관계에 따라 죄목과 형량을 다르게 규정하였다. 친족 간의 범죄에서는 복

* 이 글은 『여성과 역사』 제10집에 수록된 「살옥殺獄 판결을 통해 본 조선 후기 지배층의 부처 관계상: 『추관지秋官志』 분석을 중심으로」를 수정 · 보완한 것이다

1 태조가 즉위교서에서 공사公私 범죄에 대해 일체 『대명률』에 의거해 과단科斷하도록 한 후 조선에서는 『대명률』을 형률로 이용하였다(『태조실록』 권1, 태조 원년 7월 28일 정미). 그리고 『경국대전』에서도 형전 첫머리에 '대명률을 사용한다(用大明律)'고 명시함으로써 이 원칙은 조선왕조 내내 유지되었다(『경국대전』 권5, 형전, 용률用律). 그렇다고 해서 『대명률』 조문이 절대적인 것은 아니었다. 조선에서 변형해 이용하거나 새로운 형률을 제정하기도 하였는데, 이 경우 조선에서 제정한 형률이나 수교가 『대명률』에 우선하였다.

상 규정에 기반한 친족 관계의 친소와 피해자가 존장尊長인지 비유卑幼인지의 여부에 따라 형량이 차별화되었다.[2] 둘째 부모-자녀, 부처夫妻, 존장-비유 사이에 지켜야 할 덕목이 반영되어 있었다. 예컨대 부모, 남편, 기친 존장의 상에 거애擧哀하지 않으면 처벌하도록 한 규정은 자녀, 처첩, 비유가 이들에 대해 복상을 해야 한다는 규범에 강제성을 부여한 것이다. 이러한 『대명률』 규정은 조선 지배층의 통치 이념과 결합되어 이용되고 변용되어 조선의 사회구성원들이 유교적 가족 · 친족 윤리를 실천하도록 독려하는 역할을 하였다.

『대명률』을 형률로 이용한다는 것이 형정 운영의 기본 원칙이었지만 실제 형률 적용을 살펴보면 수정하여 적용하거나 적용하지 않은 조항들도 있었다. 따라서 이러한 형률 적용 실태에 대한 검토는 조선의 위정자들의 인식과 국가 운영 방침을 파악하는 데 유용하리라 판단된다.

최근에 조선 후기 범죄를 통해 사회상을 분석한 연구들이 이루어지고 있다(조광, 1996 ; 김선경, 2000 ; 심재우, 2001 ; 2005 ; 정순옥, 2003 ; 유승희, 2005 ; 2007 ; 김현진, 2008). 그런데 범죄 사건 중에 가족 간의 폭력이나 살해와 관련된 사건에 대한 기록이 많음에도 불구하고 이에 대한 연구는 검안을 분석한 연구가 한 편 있을 뿐이다(최재천 · 한영우 · 김호 외, 2003). 따라서 이에 대해 좀 더 다양한 자료와 시각을 바탕으로 한 깊이 있는 연구가 진행될 필요성이 있다고 생각한다.

필자는 지금까지 조선 전기에 정부에서 어떠한 방향으로 가족 질서를 편제해 나갔는지에 대해 연구해 왔다. 그리고 최근에는 부처 간의 폭력에

2 존장尊長은 백부, 숙부와 같이 자신보다 항렬이 높은 친속을 뜻하는 존尊과 형, 손위 누이와 같이 자신과 같은 항렬이면서 윗사람을 뜻하는 장長의 합성어로 친속 중에 윗사람을 의미한다. 비유卑幼는 조카, 손자와 같이 자신보다 항렬이 낮은 친속을 뜻하는 비卑와 동생과 같이 자신과 같은 항렬이면서 아랫사람을 뜻하는 유幼의 합성어로 친속 중에 아랫사람을 의미한다.

대한 분석을 통해 조선 전기 가족 정책의 특징을 살펴본 바 있다(박경, 2008). 조선 시대 여성이 행해야 했던 덕목과 이들에게 가해진 많은 규제들이 혼인 후 여성이 처의 지위를 갖게 된다는 것과 무관치 않다는 점에서 조선 정부에서 부처 관계를 어떻게 설정해 나가고자 했는지에 대한 주제는 세밀하게 검토할 필요가 있다고 본다. 이 글에서는 이러한 문제 의식을 조선 후기로 확장시켜 상대적으로 사료가 많아 당시의 사회상을 파악하는 데 유용한 살인 사건을 분석함으로써 조선 후기 지배층이 지향했던 부처 관계상을 살펴보고자 한다.

분석 자료로는 『추관지』를 선택하였다. 『추관지』는 정조 5년(1781)에 처음 편찬되었고, 두 번에 걸쳐 보완되어 정조 15년(1791)에 최종적으로 편찬되었다. 『추관지』를 선택한 이유는 첫째, 형정을 담당하는 부서인 형조에서 참고 자료로 이용하고자 편찬했기 때문에 사례를 선택할 때 당시 판결의 방향을 가장 잘 대변해 주는 것으로 선정했을 것이라는 판단 때문이다. 둘째, 범죄가 유형별, 가해자와 피해자의 관계별로 분류되어 있어 편집 방식을 통해서도 당시 형옥 담당자들의 인식을 파악할 수 있을 것이라고 판단했기 때문이다. 셋째, 사건 조사 결과와 해당 지방관 및 담당 관서인 형조의 의견을 기재한 계문이 처음 왕에게 올려진 시점부터 최종 판부에 이르기까지의 과정이 비교적 자세하게 정리되어 있어 당시 위정자들의 입장이 잘 나타나 있기 때문이다.

이러한 판단에 의거해 필자는 『추관지』에 수록된 부처夫妻 간의 살인 사건 처결 실태를 분석함으로써 정조대 위정자들이 추구했던 부처 관계상을 밝히고자 한다. 이를 위해 우선 조선의 형률로 이용되었던 『대명률』 규정을 살펴보았다. 다음으로 부처 간의 살인에 대한 형률 적용 지침으로 기능했던 조선 후기의 수교를 분석함으로써 정조 즉위 이전 17~18세기에 위정자들이 추구했던 부처 관계상을 검토하였다. 마지막으로 『추관지』

에 수록된 판결 내용과 판결의 근거를 분석하였다. 특히 처 살해 사건 판결 근거를 세밀하게 검토함으로써 판결의 기저에 잠재해 있는 정조대 위정자들의 부처 관계상을 이끌어 내고자 하였다.

2. 조선 후기 부夫, 처妻 살해에 관한 형률

『대명률』 규정

조선 시대에 형량을 결정할 때 조선에서 제정한 형률이 없는 경우에는 『대명률』을 적용하였다. 따라서 조선 후기 부처 간의 살인 사건에 대해 분석하기 전에 우선 『대명률』 규정을 살펴볼 필요가 있다. 부夫, 처 살해에 대한 『대명률』 규정을 살펴보면 다음과 같다.

(가) 남편 살해에 대한 처벌 규정

① 조부모, 부모 및 기친존장期親尊長, 외조부모, 남편, 남편의 조부모나 부모를 살해하려고 꾀하여 이미 행하였으면 모두 참형에 처하고, 이미 살해하였으면 모두 능지처사한다.[3]

② 처가 남편을 구타하면 장 100에 처한다. ……(중략)…… 독질篤疾에 이르면 교형에 처하고, 죽으면 참형에 처한다. 고의로 살해하였으면 능지처사한다.[4]

③ 처나 첩이 간통으로 말미암아 '간부奸夫와' 함께 모의해 본 남편을 살해

3 『대명률』 卷19, 형률, 인명人命, 모살조부모부모謀殺祖父母父母.
4 『대명률』 권20, 형률, 투구鬪毆, 처첩구부妻妾毆夫.

하면 능지처사하고, 간부奸夫는 참형에 처한다. 만약 간부奸夫가 스스로 본 남편을 살해하면 간부奸婦는 비록 그 사정을 알지 못했더라도 교형에 처한다.[5]

(나) 처 살해에 대한 처벌 규정

① 남편이 처를 구타한 경우 절상折傷에 이르지 않으면 논하지 말고 절상 이상에 이르면 일반적인 관계의 사람을 구타한 죄에서 2등급을 감한다. …… (중략)…… 죽음에 이르면 교형에 처한다.[6]

② 처나 첩이 다른 사람과 간통을 하여 간통한 장소에서 간부奸夫와 간부奸婦를 직접 잡아 그 자리에서 살해하면 논하지 않는다.[7]

③ 처나 첩이 남편의 조부모나 부모를 구타하거나 욕하여 남편이 관에 고하지 않고 멋대로 살해하면 장 100에 처한다.[8]

분석의 편의를 위해 위의 내용을 〈표 1〉에 정리하였다. 위의 내용 중에는 첩이 가해자나 피해자인 경우도 포함되어 있지만 이 논문은 부처 관계를 밝히는 것이 목적이기 때문에 첩에 관한 내용은 제외하고 부처 간의 살인에 관한 내용만을 정리하였다.

폭력으로 인해 배우자가 사망한 경우는 처가 가해자인 경우와 남편이 가해자인 경우에 범죄 구성 요건이 동일하다. 다만 가해자가 남편인지 처인지에 따라 형량에 차이가 있다. 처의 폭행으로 남편이 사망하면 고의성 여부에 따라 가해자인 처를 참형이나 능지처사에 처하도록 하였고, 남편의 폭행으로 처가 사망하면 남편을 교형에 처하도록 하였다. 가해자가 남

5 『대명률』 권19, 형률, 인명, 살사간부殺死奸夫.
6 『대명률』 권20, 형률, 투구, 처첩구부妻妾毆夫.
7 『대명률』 권19, 형률, 인명, 살사간부.
8 『대명률』 권20, 형률, 투구, 부구사유죄처첩夫毆死有罪妻妾.

〈표 1〉 부, 처 살해에 대한 『대명률』 규정의 유형별 분류

구분	남편 살해시 처의 형량	처 살해시 남편의 형량
폭력으로 배우자가 사망한 경우 《(가)-②, (나)-①》	- 고의성이 없는 경우: 참형 - 고의성이 있는 경우: 능지처사	교형
배우자의 살인을 계획한 경우 《(가)-①》	- 남편이 사망한 경우: 능지처사 - 계획을 실행한 경우: 참형	해당 규정이 없음
처의 간통이 살인의 원인이 된 경우 《(가)-③, (나)-②》	- 간부와 모의해 남편을 살해한 경우: 능지처사	간통 현장에서 처를 살해한 경우: 논하지 않음
피해자가 배우자의 부모, 조부모에게 폭력을 가하거나 욕한 경우 《(나)-③》	해당 규정이 없음	장 100

편이든 처이든 모두 사형에 처하게 되어 있지만 처가 가해자인 경우에는 교형보다 무거운 형벌인 참형과 능지처사에 처하도록 함으로써 그 등급에 차이를 두었다. 그리고 처가 가해자인 경우에 고의성 여부를 따져 형량에 차등을 둠으로써 인명을 살해한 행위뿐만 아니라 의도적으로 남편을 거스르고 배반한 행위까지 함께 징벌하고자 하였다.

이러한 점은 남편이 처 살해를 계획한 행위에 대한 조항은 없고 처가 남편 살해를 계획한 행위에 대한 처벌 조항은 있다는 데서도 파악된다. 형량을 살펴보면, 처가 남편 살해를 계획해 살해하였으면 능지처사에 처하도록 했고 미수에 그치더라도 살해 계획을 실행하였다면 참형에 처하도록 하였다. 이는 남편을 배반하고자 했다는 사실 자체가 큰 범죄가 되었다는 것을 의미한다. 이를 통해 『대명률』에서 부夫를 중심으로 한 부처 관계를 분명하게 천명하고 있음을 알 수 있다.

처의 간통이 살인의 원인이 된 경우, 처가 남편의 부모, 조부모에게 폭력을 행사하거나 욕한 것이 처 살해의 원인이 된 경우는 부夫 중심의 가족 질서를 해치는 처의 행위가 살인 동기가 된 경우다. 전자는 가해자가 남편인 경우와 처인 경우 모두, 후자는 남편이 가해자인 경우만 규정되어

있다.

처가 간부와 공모해 남편을 살해한 경우는 고의로, 혹은 계획적으로 남편을 살해한 경우와 마찬가지로 능지처사에 처하도록 하였다. 이러한 조문이 규정되어 있다는 사실 자체가 살인과 간통에 대한 죄를 모두 물어 처벌하겠다는 의지가 표출된 것이라 할 수 있다. 물론 이 간통에 대한 처벌은 남편을 배반하려고 했던 처에 대한 처벌이기도 하였다.[9] 이는 남편이 간통 현장에서 처와 간부를 살해한 경우에 처벌하지 않는다는 규정을 통해 더욱 분명하게 확인된다. 부夫 중심의 부처 관계를 바탕으로 한 가족 질서 유지를 위해 인명보다도 여성의 정절을 더 중시했던 중국 지배층의 의식이 드러나는 것이다.

이러한 점은 처가 남편의 조부모나 부모에게 폭력을 행사하거나 욕했다 하여 남편이 관에 고하지 않고 처를 살해한 경우에 장 100의 가벼운 처벌에 그치도록 했던 데에서도 드러난다. 혼인한 여성은 부가夫家의 가족으로서 시부모와 시조부모에게 남편과 같이 자식으로서의 의무를 하도록 요구받았던 것이다.[10]

이렇게 『대명률』의 부夫, 처 살해에 대한 처벌 규정에서는 같은 범죄 행위에 대해 부, 처 중 가해자가 누구인지에 다라 형량에 차이를 두었다. 또한 처가 남편을 배반하거나 남편의 직계존속에게 불손하게 한 것으로

9 장병인은 "역사적으로 간통 행위에 대한 처벌은 가부장제 사회를 유지하기 위한 중요한 방편이었다. 사유재산제의 발생과 함께 남성의 혈통을 보존하고 남성의 적자에게 분란 없이 재산을 상속시키기 위해 여성의 간통은 금지되어야 했다"라고 하였다(장병인, 2003: 83).

10 『대명률』에서는 처나 첩이 남편의 조부모나 부모에게 폭력을 행사하면 참형에 처하도록 하였다(『대명률』 권20, 형률, 투구, 구조부모부모毆祖父母父母). 그리고 처나 첩이 남편의 조부모나 부모를 욕하면 교형에 처하도록 하였다(『대명률』 권21, 형률, 매리罵詈, 매조부모부모罵祖父母父母). 시부모나 시조부모에게 폭력을 행사하거나 욕을 했을 때 자식이나 손자가 그런 행위를 한 경우와 마찬가지로 모두 극형에 처하도록 했던 것이다. 처가 남편의 조부모나 부모에게 폭력을 행사하거나 욕해 남편이 처를 살해한 경우에 장 100의 가벼운 형벌에 그치게 한 것도 이러한 규정과 깊은 관련을 가진다고 할 수 있다.

간주되는 행위를 범죄로 보아 이것이 살해 동기가 된 경우 가해자가 남편이면 논죄하지 않거나 가벼운 형량만을 부과하도록 하였다. 반면에 처가 간부와 함께 남편을 살해하면 최고형인 능지처사에 처하도록 하였다. 이를 통해 『대명률』의 부, 처 살해에 대한 처벌 규정은 부夫 중심의 부처 관계를 바탕으로 한 가족 질서를 정립하고자 제정되었음을 알 수 있다.

조선 후기의 수교

조선 전기에는 『대명률』 규정 이외에 배우자 살해에 관한 법을 별도로 제정하지는 않았던 것 같다. 그런데 조선 후기에는 이에 관한 몇 개의 수교가 반포되었다. 이를 통해 조선 후기의 위정자들이 어떠한 부처 관계를 지향하고자 했는지 살펴보도록 하겠다. 『수교집록受教輯錄』과 『신보수교집록新補受教輯錄』에는 선조 30년(1597)과 현종 11년(1670)의 다음과 같은 수교가 확인된다.

> (가) 선조 30년의 수교(실록에서는 선조 40년(1607)): 남편을 살해한 죄인이 이미 자복하여 사형에 처해졌으면, 삼강은 한가지이니 자녀를 속공屬公하고 집을 허물어 연못으로 만들라.[11]

> (나) 현종 11년의 수교: 지아비를 살해할 것을 도모해 이미 실행하였으면 비록 처단했다 하더라도 수령을 파직하고 읍호邑號를 강등하며 집을 허물어 연못을 만드는 등의 일을 아울러 모두 거행하라.[12]

11 『수교집록』 권5, 형전, 살옥殺獄

12 『신보수교집록』 권5 , 형전, 추단推斷.

『대명률』에서는 처가 남편을 살해했을 때 능지처사에 처한다는 규정 외에 부가 규정이 없다. 이는 자식이 부모를 살해했을 때의 형률에서도 마찬가지였다. 그런데 조선에서는 성종대에 부모를 살해한 사람을 처형한 후 처자를 노비로 삼고 읍호를 강등하도록 하였으며, 중종대에는 여기에 집을 허물어 연못으로 만들도록 하는 조치까지 취하였다. 이후 선조 40년 여종 물단이 남편을 살해한 사건이 발생했을 때 (가)의 수교가 내려졌다.[13]

이 논의는 물단 처형 후 의금부에서 "이 사람이 강상의 죄를 범했으니 거주하는 곳의 읍호를 강등하고 그 때의 수령을 파직하는 등의 일이 있어야 마땅할 듯한데, 법문을 상고해 보니 보이는 곳이 없고 근거할 만한 가까운 규례도 없습니다."라고 하며, 이 문제에 대해 대신들에게 의논하게 하자고 한 데서 시작되었다.[14] 이에 대해 규례가 없으니 시행하기가 어렵다고 주장하는 대신들도 있었고, 아버지를 살해한 경우와 같이 시행해야 한다는 주장도 있었다.

이 중 후자의 근거를 살펴보면 다음과 같다.[15] "시부弑夫와 시부弑父는 똑같이 시역弑逆이므로 그 사이에 차이를 두는 것은 불가한 듯합니다." "삼강은 한가지인데, 그 법을 달리한 것은 어찌 부자나 군신에 비해 차이가 있어서가 아니겠습니까? 그러나 부부가 있은 뒤에 부자가 있는 것인데, 당초 법례法例에서 이를 구별한 것은 어떤 근거에서 그렇게 한 것인지 모르겠습니다. 난리를 치르는 사이 이러한 변이 더욱 많아졌으니 만약 죄가 그 자신에게 그친다면 자못 그 일을 중히 여기는 것이 아닙니다. 그러니 유사有司로 하여금 널리 더 참고해 십분 자세히 살펴 처리하게 하여 장

13 『수교집록』에는 위의 인용문 (가)에서 언급한 바와 같이 만력萬曆 정유丁酉, 즉 선조 30년의 수교라고 기재되어 있으나 실록 기사를 통해 판단하건대 『수교집록』의 이 부분은 만력 정미丁未(선조 40년)의 오기로 생각된다.

14 『선조실록』 권213, 선조 40년 윤6월 계유.

15 『선조실록』 권213, 선조 40년 윤6월 정축.

래의 영갑令甲으로 삼는 것을 그만둘 수 없을 듯합니다." 즉, 처가 남편을 살해한 경우 정형正刑 후 위의 부가적인 조치를 취하자는 데 찬동하는 의견으로는 남편 살해를 부모 살해와 동일하게 취급해야 한다는 주장과 부부가 있은 다음에 부자가 있는 것이니 이 역시 중요하다며 여러 법을 널리 참조해 부가 처벌 규정을 법제화하는 것이 좋겠다는 주장이 제기되었다. 이에 사간원에서는 "삼강은 일체여서 진실로 그 사이에 경중이 없으니 해당 관사로 하여금 한결같이 구규舊規에 따라 시행하도록 하여 윤기倫紀를 바로잡으소서."라고 했고, 선조는 이 의견을 따랐다.[16] 이후 광해군대에 이항복은 부모를 살해한 것과 지아비를 살해한 것은 다르다며 읍호를 강등하고 집을 허물어 연못을 만드는 일에 반대하는 의견을 표명하였다.[17] 그러나 이후에도 이는 지속적으로 시행되었다.[18]

한편 현종 11년에는 남편 살해를 계획하여 실행에 옮기기만 해도 수령을 파직하고 읍호를 강등하며 집을 허물어 연못을 만들도록 하는 (나)의 수교를 반포했다.

이는 『속대전續大典』에 "강상죄인(아버지, 어머니, 남편을 살해하거나 노비가 주인을 살해하거나 관노가 관장을 살해한 경우)은 결안結案해 정법正法한 후 처, 아들, 딸을 노비로 삼고 집을 허물어 연못으로 만들고 그 읍호를 강등하고 그 수령을 파직한다(당시 거주하던 읍)."[19]라는 조항으

16 『선조실록』 권213, 선조 40년 윤6월 경진.

17 『광해군일기』 권45, 광해군 3년 9월 병진.

18 『승정원일기』 135책, 효종 6년 6월 을묘; 『현종실록』 권6, 현종 4년 6월 임자; 『현종개수실록』 권22, 현종 11년 6월 무신; 『승정원일기』 265책, 숙종 4년 7월 병인; 『승정원일기』 281책, 숙종 7년 정월 기묘; 『승정원일기』 286책, 숙종 7년 12월 신묘; 『승정원일기』 332책, 숙종 14년 11월 경진; 『숙종실록』 권23, 숙종 17년 6월 계해; 『승정원일기』 410책, 숙종 29년 2월 무술; 『승정원일기』 498책, 숙종 42년 9월 계유; 『승정원일기』 555책, 경종 3년 6월 무진; 『영조실록』 권21, 영조 5년 2월 정유; 『승정원일기』 587책, 영조 원년 2월 무술; 『영조실록』 권22, 영조 5년 4월 병신; 『영조실록』 권35, 영조 9년 9월 경진.

19 『속대전』 권5, 형전, 추단. ※ ( ) 안의 내용은 세주

로 정리되었다.

이렇게 선조 말부터 영조대에 이르는 17~18세기 동안 조선 정부에서는 처의 남편 살해에 대해 강상을 무너뜨린 행위라 하여 본인을 능지처사에 처하는 데에 그치는 것이 아니라 수령 파직과 읍호 강등, 그리고 집을 허물어 연못을 만들도록 하는 추가 조치까지 취할 정도로 단호하게 대처했다.

이와는 대조적으로 숙종 21년(1695) 남편이 처를 살해한 경우에는 명백한 간증看證이 없으면 남편이 처를 살해했을 때 적용하는 형률, 즉 교형에 처하지 않도록 하고 가벼운 법을 따라 사형을 감하여 정배定配하도록 했다.[20] 남편의 처 살해에 대해서는 증거가 명백한 경우가 아니면 사형에 신중하도록 했던 것이다.

한편 숙종대에 내려진 다음의 수교들을 통해 처의 간통이 원인이 되어 처를 살해한 경우에도 판결에 신중을 기했음을 알 수 있다.

> (가) 숙종 17년(1691)의 수교: 그 처가 그 족친과 간통하고 도주했는데, 그 후에 그들을 잡아서 귀를 베어 운명하게 한 경우는 고의로 처를 구타해 죽음에 이르게 한 것과는 차이가 있으니 사형을 감하여 정배하라.[21]

> (나) 숙종 33년(1707)의 수교: 다른 사람이 그 처와 간통할 때 이들을 잡아 남녀를 결박하고 몇 리를 끌고 나가 물에 던져 살해한 경우는 그 자리에서 살해한 것으로 볼 수 있으니 (그 죄를) 논하지 말라.[22]

20 『신보수교집록』 권5, 형전, 살옥.
21 『신보수교집록』 권5, 형전, 살옥.
22 『신보수교집록』 권5, 형전, 살옥.

(가)를 살펴보면, 남편이 처의 귀를 베게 된 것은 간통이 원인이 되었고 살해 의도가 없었다고 하여 사형이 감면되었다. 즉 처의 간통으로 인한 남편의 분노가 폭력으로 이어졌고, 이로 인해 처가 사망에 이르렀다고 보아 살해에 고의성이 없었다고 판단한 것이다. 이러한 판단의 이면에는 처의 간통을 죄악시해 이를 사적으로 제재하는 것을 용인하고자 하는 지배층의 인식이 반영되어 있다. 그리고 (나)는 간통 현장에서의 살해를 용인한 『대명률』 규정을 법조문 그대로 해석한 것이 아니라 법 제정의 본의를 고려해 포괄적으로 해석한 것이다.

이렇게 조선 후기에 부처 간의 살인에 대한 처벌을 살펴보면, 처의 남편 살해에 대해서는 도저히 일어나서는 안 될 강상綱常의 변變으로 보아 집을 허물어 연못을 만드는 등 『대명률』에 규정되지 않은 처분까지 했고, 남편의 처 살해에 대해서는 명백한 증거가 없는 한 사형을 감하도록 했다. 그리고 간통으로 인한 처 살해에 대해서는 관용적인 입장을 취했다.

『대명률』에 규정된 형률은 부夫 중심의 부처 관계 유지를 철저하게 옹호하는 것이었다. 그런데 조선 후기에는 이것이 더욱 강화되었다. 처의 남편 살해에 대해서는 삼강은 한가지라는 점을 들어 『대명률』 조문에 따라 능지처사에 처했을 뿐 아니라 자녀를 속공하고 읍호를 강등하는 등의 부가 조치를 취함으로써 부모 살해와 같은 좀 더 극악한 범죄의 반열에 올려놓았다. 그리고 남편의 처 살해에 대해서는 신중하고 관대하게 처벌했을 뿐 아니라 남편에 의한 처의 통제를 옹호함으로써 부처 간의 위계질서를 강화하는 방향으로 형정을 운용하였다.

3. 『추관지』에 나타난 부夫, 처妻 살해에 대한 양형 실태

처가 남편을 살해한 경우

여기에서는 『추관지』 기록을 통해 정조대 부, 처 살해에 관한 판결 과정과 결과에 대해 분석해 보도록 하겠다.

처가 남편을 살해한 사례는 시부조弑夫條에 수록되어 있다.[23] 『추관지』의 시부조는 우선 항목의 명칭부터 주목된다. 살해 행위를 '시弑'라고 표현하는 것은 일반적으로 임금이나 부모를 살해한 경우에 사용한다. 그런데 남편 살해도 '시弑'로 표현한 것은 부처 관계를 임금과 신하, 부모와 자녀 관계와 같은 반열에 올려놓겠다는 것을 의미한다. 즉, 이는 삼강을 한가지로 보겠다는 의미가 내포된 것이라 할 수 있다.

그렇다면 실제 처가 남편을 살해한 사건에 대해서는 어떻게 기록하고 있는지 살펴보도록 하겠다. 처가 남편을 살해한 사건은 3사례만 수록되어 있고, 그나마 모두 다섯 줄 정도로 간단하게 기록되어 있다.

첫 번째 사례는 인조 21년(1643)의 사건으로 춘대라는 여인이 간부奸夫 난생이 본부本夫를 자살刺殺할 때 머리카락을 잡고 조력해 함께 살해한 사실이 확실하므로 『대명률』에 의해 때를 기다리지 않고 능지처사에 처하자는 형조의 계목에 대해 왕이 윤허했다는 내용이다.

두 번째 사례는 현종 13년(1672)의 사건으로 애숙이라는 여인과 공모해 그 남편을 살해한 간부 윤상익, 상익의 사촌 윤세호 등에게 때를 기다리지 않고 참형에 처하자는 형조의 계목에 대해 왕이 윤허했다는 내용이다.

세 번째 사례는 숙종 22년(1696)의 사건으로 남편을 살해한 애례라는

23 『추관지』 2책, 상복부詳覆部, 윤상倫常, 시부弑夫.

여인의 거주지 읍호를 10년을 한도로 강등하고 자녀를 노비로 삼는 일을 법전에 의해 시행하자는 의금부의 계문에 대해 왕이 윤허했다는 내용이다.

이 세 사례는 처가 남편을 살해한 사건이라는 점에서는 동일하지만 형률 적용 대상은 각각 다르다. 첫 번째 사례는 그 대상이 처이고, 두 번째 사례는 공모자인 간부이고, 세 번째 사례는 범죄자의 자녀와 거주 고을이다. 즉, 처가 남편을 살해했을 때 형률을 적용하는 대상을 세 가지 유형으로 분류해 하나씩 수록한 것이다. 이렇게 각각의 유형에 하나의 사례만을 수록했다는 사실을 통해 처가 남편을 살해한 사건은 정상 참작의 여지가 거의 없었을 것임을 짐작할 수 있다. 남편을 살해한 처는 자신이 주도했든 도왔든 관계없이 능지처사에 처하고, 공모자는 여러 명이라 하더라도 참형에 처하며, 범죄자의 자녀는 노비로 삼고 읍호는 10년간 강등하는 원칙을 예외 없이 적용하겠다는 의지를 엿볼 수 있다. 이는 형조 계목에 대해 왕이 어떠한 의견도 제시하지 않고 모두 윤허했다는 사실을 통해서도 확인할 수 있다.

이렇게 정조대 위정자들은 남편을 살해한 처에 대해 형률을 엄정하게 적용함으로써 부처 간의 위계 질서를 분명히 하였다.

남편이 처를 살해한 경우

그렇다면 남편이 처를 살해한 경우 어떻게 처리하였는지 살펴보도록 하겠다. 『추관지』에 남편이 처를 살해한 사례는 윤상倫常 항목의 살처조殺妻條에 21사례, 간음 항목의 인간살처조因奸殺妻條에 13사례가 수록되어 있다.[24] 이렇게 처를 살해한 사례를 구분해 수록한 것은 간통으로 인한 살

24 『추관지』 2책, 상복부, 윤상, 살처; 『추관지』 2책, 상복부, 간음, 인간살처.

인은 일반 살인과 구별하여 형률을 적용하였기 때문이다. 당시에 남편이 처를 살해하면 『대명률』에 의거해 교형에 처하도록 하였다. 그리고 처의 간통이 살해의 원인이 되었을 때는 훨씬 관대하게 처벌하였다. 즉, 『대명률』에서는 남편이 간통 현장을 잡아 그 자리에서 처와 간부奸夫를 살해했을 때는 논하지 않는다고 하였다. 그리고 숙종 17년, 33년의 수교에서는 간통 현장에서 즉시 살해하지 않았더라도 간통한 처를 살해한 경우에 관대하게 처벌하도록 하였다.

그렇다면 좀 더 관대하게 처리되었을 것으로 짐작되는 간통이 살해의 원인이 된 사례가 수록된 '인간살처조'부터 살펴보도록 하겠다.

13사례 중 숙종대의 사례가 1건, 영조대의 사례가 3건, 정조대의 사례는 9건이다. 우선 선대인 숙종, 영조대의 사례를 정리하면 다음 (가), (나)와 같다.

(가) 숙종대의 사례

처와 간부奸夫를 강에 빠뜨려 살해한 사건 ⇒ 사형을 감면하여 정배

(나) 영조대의 사례

① 간통으로 관비官婢로 정속된 처를 집으로 데려가려 하는데 따르지 않자 칼로 찔러 살해한 사건 ⇒ 사형을 감면하여 정배

② 간통을 했던 처가 돌아와서 어머니를 밀고 욕설을 하므로 칼로 찔러 살해한 사건 ⇒ 원배遠配

③ 처가 무단으로 도피하므로 잡아왔는데 영원히 버리겠다는 수서手誓를 써달라고 해서 구타해 사망하게 한 사건 ⇒ 사형을 감면하여 극변極邊에 정배

숙종대와 영조대의 사례를 수록한 것은 선왕대의 판례를 참고하기 위

해서였을 것이다. 따라서 선택된 사례들을 통해 정조대에 어떠한 관점에서 간통이 원인이 된 살인 사건을 처리하고자 했는지를 알 수 있다. (가), (나)의 사례 중 간통 현장에서 살해한 사건은 없음에도 불구하고 가해자를 사형에 처한 사례는 한 사례도 없다. 시어머니에게 욕을 했다 하여 남편에게 살해된 (나)-②는 논외로 하고 (가)와 (나)-①을 살펴보면, 간통 현장에서 처를 살해한 것이 아니었지만 숙종과 영조는 간통 현장에서 살해한 것과 크게 다를 것이 없다고 하면서 사형을 감면하고자 했다. 특히 (나)-①의 경우 간통죄로 관비로 정속되었다는 사실만으로 영조는 이러한 판단을 내렸다. 이를 살펴보면 처의 과거 간통 행적도 남편의 살해 행위에 어느 정도의 정당성을 부여해 주었음을 알 수 있다.

그리고 처가 자신을 버리겠다는 문서를 써 달라는 요청을 했다 하여 구타해 사망한 경우에도 사형을 감면했는데, 이 사례가 간통으로 인해 처를 살해한 조항에 분류되어 있다는 점이 주목된다. 도피의 이유에 대해 기록되어 있지 않아 도피가 간통과 관련되어 있는지 자세한 내막은 알 수 없다. 그러나 간통이 감형의 주요한 이유가 될 수 있음에도 불구하고 이에 대한 언급이 없다는 것은 추고推考를 담당한 관사에서 간통 여부를 확신하지 못했기 때문이라고 판단된다. 이러한 점을 고려해 보았을 때 당시의 위정자들이 남편의 뜻을 거슬러 이혼을 하겠다는 시도를 간통과 같은 행위로 인식했다고 생각된다.

이렇게 남편을 배반하는 행위로 간주되는 간통, 그리고 이외에 처가 남편을 거스르고 배반하는 행위로 발생한 처 살해에 대해 사형을 감면했던 사례들을 통해 조선 후기에 형률로써 남편에 의한 처의 사적 통제를 옹호했다는 사실을 분명하게 파악할 수 있다.

그렇다면 정조대에는 간통한 처의 살해에 대해 어떠한 판결을 내렸는지 살펴보도록 하겠다.

(다) 정조대의 사례

① 간통한 처를 구타해 죽인 사건 ⇒ 사형을 감면하여 정배

② 6, 7년 동안 찾지 않던 화처花妻가 다른 사람과 간통했는데, 그를 구타해 사망하게 한 사건(피해자의 상태 : 두뇌가 깨지고 음호가 뽑히고 파임) ⇒ 엄형嚴刑을 가하고 한년限年이 없는 도형에 처하도록 함.[25]

③ 종제從弟의 남편과 간통한 처를 칼날로 찔러 사망하게 한 사건 ⇒ 정배

④ 간통을 한 처를 내쫓는 과정에서 어머니, 누이동생과 함께 구타해 처와 태아가 함께 사망한 사건 ⇒ 사형을 감면하여 정배

⑤ 3년 전에 간부와 도주했던 처를 잡아 찌르고 구타해 사망하게 한 사건(살해 시 20금의 재물 요구) ⇒ 사형을 감면하여 정배. 배소관配所官으로 하여금 엄형으로 용형用刑하도록 함.

⑥ 처와 고공雇工인 간부를 간통 현장에서 잡아 함께 나무 아래에 매어 놓고 총으로 쏘아 사망하게 함 ⇒ 형刑을 가하여 정배하도록 함.

⑦ 간통 현장에서 잡아 처를 압사시킴⇒ 방면

⑧ 처가 간통했다는 소문을 듣고 간부의 방에서 처를 잡아 코와 팔뚝을 잘라 11일 만에 사망하게 함 ⇒ 엄형 3차를 가한 후 사형을 감면하여 절도絶島에 정배하도록 함.

⑨ 간부가 적반하장으로 나오고 처가 배신하려 하자 처를 칼로 찔러 사망하게 함 ⇒ 특별히 방면

이 사례들을 살펴보면 모두 사형이 감면되었음을 알 수 있다. 이 중 간

25 본래 도형은 1년, 1년 반, 2년, 2년 반, 3년의 기간 동안 강제 노역을 과하는 형벌이다. 이렇게 도형은 기간이 한정되어 있는 유기형이므로 무기형인 유형보다 가벼운 형벌이었다. 그러나 조선에서는 중범죄인에게 형태는 도형이지만 유형과 유사한 성격을 지닌 형벌인 한년이 없는 도형, 즉 복역 기간이 한정되지 않는 도형에 처하도록 판결하기도 했다.

통 현장에서 잡아 처를 살해한 (다)-⑦을 살펴보면, 『대명률』 규정대로 가해자인 남편을 논죄하지 않았다. 그리고 숙종대의 수교에 따라 간통 현장에서 곧바로 살해한 것에 준해 논하게 되어 있는 (다)-⑥의 사례에서는 간통 현장에서 살해한 규정을 적용시키려 했으나 병기兵器인 총을 사용했다는 사실 때문인지 가해자가 정배의 형을 받았다. (다)-⑨는 간통 현장에서 처를 살해한 사례는 아니지만 간부奸夫가 처의 치마를 잡아당기거나 간부奸夫와 처가 함께 식사하는 것을 본 남편이 현장에서 살해한 경우 성옥成獄하지 말라는 선왕의 수교와 처가 평상시에 여러 남자와 간통을 했던데다 살해 당시에 간부奸夫와 처 때문에 가해자인 남편이 분기를 주체할 수 없었던 상황이었다는 점을 고려해 방면하였다.

이렇게 정조대의 사례에서도 간통 현장에서 처를 살해한 경우에 논죄하지 않은 것은 물론이고, 간통 현장이 아닌 곳에서 처를 살해한 경우에도 간통이 원인이 되었다 하여 모두 사형을 감면하였다. 특히 간부奸夫가 처의 치마를 잡아당기거나 간부奸夫와 함께 식사를 하는 장면을 잡아 살해했을 때 가벼운 형벌로 처리하도록 한 영조의 수교가 재천명되었다는 점이 주목된다. 폐단이 발생할 수 있는 법임에도 불구하고 이 법의 시행이 강조되었다는 것은 이 시기 간통이 부夫를 중심으로 한 가족 질서 유지에 매우 위협적인 행위로 인식되었다는 것을 의미한다. 한편, (다)-⑨의 사례에서 처는 사비私婢였다. 천인 여성의 간통에 대해서도 남편이 폭력을 써서 사적으로 통제하는 것을 용인했던 것이다.

다음으로 '살처조'를 살펴보도록 하겠다.

〈표 2〉의 사례 중 조사 결과 남편이 처를 살해한 것이 아니라고 밝혀진 3, 7의 사례에서는 남편이 처벌받지 않았다. 그리고 8은 어떻게 판결하였는지 기재되어 있지 않다. 이 사례들을 제외하고 살펴보면, 처를 살해했다 하여 형률대로 교형에 처해진 사례는 한 사례도 없다는 것을 알 수 있

〈표 2〉『추관지』 살처조의 사례

일련 번호	판결 연도[26]	가해자	피해자	사건 개요	판결	사형 감면의 이유
1	정조 5년 (1781)	김영화	임조이	남편이 등잔걸이로 처를 구타하여 사망함.	특별히 차율次律에 따라 엄형을 가하고 참작하여 방면	* 고살故殺로 논할 수 없음. * 자녀들이 영읍營邑에 와 읍소하니 가련함.
2	정조 5년 (1781)	이군빈	김조이	남편이 처의 머리카락을 휘어잡고 구타하여 목이 부러져 사망함(이군빈의 아버지도 가담).	관찰사로 하여금 참작하여 감결勘決하게 함.	* 실인은 목이 부러져 사망한 것이지만 목이 부러진 원인이 다른 사람에게 끌려서인지 자신이 넘어져서인지 분별하기 어려움. * 부자가 함께 한 일인데, 『대명률』에 집안 사람이 함께 죄를 범하면 단지 존장을 좌죄시킨다는 조문이 있으니, 원범은 아버지인 천년수가 되어야 함. 현재 정범은 이군빈인데, 여러 해를 끌어온 옥사에서 정범을 바꾸는 것은 옥체獄體를 신중히 하는 도가 아님.
3	정조 5년 (1781)	이용득	김조이	처가 쫓아내겠다는 말에 분을 품고 스스로 목을 벰.	엄형을 가하고 방면	* 자살로 판단
4	정조 5년 (1781)	김득철	김조이	남편이 처를 구타한 후 2시간 후에 사망함.	참작하여 정배	* 구타가 사망의 직접적 원인이 되었는지 확실하지 않으며, 김소사에게 본래 병이 있었음.
5	정조 5년 (1781)	석봉이	한조이	처가 남편이 던진 밥상에 맞아 뇌가 부러져 사망함.	사형을 감면하여 정배	* 본인이 매우 후회하고 있고 고의성이 없어 보임. * 열 살짜리 여식이 살아갈 길이 없으니 슬프다는 석봉이의 초사招辭를 보니 측은함.
6	정조 5년 (1781)	송중욱	조조이	처를 칼날로 찔러 사망하게 함.	차율로써 참작하여 처단	* 시친이 애초에 발고하지 않았고, 간증이 없고, 상처 흔적만으로는 찔렸는지 스스로 찌른 것인지 확실하다고 코장하기 어려움.
7	정조 7년 (1783) 〈최초 판부 연도: 정조 5년〉	조재항	윤조이	같은 고을 사람이 조재항이 처를 구타하고 차서 사망하게 한 것으로 일을 꾸밈.	상세히 효유한 후 방면	

일련 번호	판결 연도	가해자	피해자	사건 개요	판결	사형 감면의 이유
8	정조 8년 (1784) 〈최초 판부 연도: 정조 5년〉	이종대	전조이	남편이 처를 구타하고 차서 사망함. 사망한 후에 처의 시신을 물에 던짐.	미상	
9	정조 6년 (1782)	이이금	원매	칼날로 찔러 다음날 사망함.	본율〈夫毆死有罪妻妾條〉에 의해 방면	* 원매가 시어머니에게 욕하지 않는 날이 없었으므로 부구사유죄처첩조夫毆死有罪妻妾條를 적용
10	정조 8년 (1784)	김험상	김명단	부처夫妻가 언쟁한 후 처가 남편에게 구타당해 사망함.	참작하여 처리	* 험상이 명단을 구타했다는 확실한 증거가 없어 의심스러우니, 곧바로 고살故殺로 과단科斷하는 것은 심극審克하는 논의가 아님.
11	정조 8년 (1784)	삼한	구월	칼날로 찔러 바로 사망함.	3차 엄형한 뒤 사형을 감면하고 본역本役인 종으로 삼아 배소配所를 정하여 압송	* 사망한 여인이 통쾌하게 여기지 않을 것임. * 그가 죽으면 그 자식을 거두어 기를 사람이 없음.
12	정조 8년 (1784)	서인행	이조이	집을 떠났다 10여개월 만에 돌아온 남편이 어머니, 숙모, 형수가 처를 모함하는 말과 배가 파선되었다는 소식을 듣고 처를 구타하여 다음날 사망함.	사형을 감면하여 정배	* 분을 다스리기가 어려웠던 정황 참작 * 서인행의 초사 내용을 보면 본연의 양심이 없어지지 않았음을 알 수 있으며, 검험을 시작한 남부터 묻는대로 일일이 자복한 것으로 볼 때 고살故殺이 아닌 것으로 보임. * 그 처가 노기가 발하여 방 밖에서 몸을 부딪쳐 몸이 뒤집어지고 사지가 팽개쳐진 것이 수삼차이니 전적으로 인행의 구타로 사망하였다고 볼 수 없음.
13	정조 8년 (1784)	박춘복	강조이	사건 당일 남편이 술에 취하고 집에서는 끼니를 잇기도 어렵자 처가 남편에게 원망하는 말을 했고, 이에 남편이 처를 구타하고 발로 차 다음날 사망함.	사형을 감면하여 정배	* 남자가 되어 가족 부양을 잘 못해 항상 부끄러워하고 있었기 때문에 처가 자신을 비난하자 분김에 폭력을 행사한 것으로 살해할 마음이 있었던 것이 아님. 또 당시 술에 취해 있었음.

일련번호	판결 연도	가해자	피해자	사건 개요	판결	사형 감면의 이유
14	정조 9년 (1785)	김명천	장조이	처를 발로 차서 그날 사망함.	엄형을 가한 후에 원지정배遠地定配	* 윤강倫綱이 죽고 사는 것보다 큼 * 그러나 동추同推할 때 처가 부모에게 불순했다고 모함하였으니 그냥 풀어 줄 수 없음.
15	정조 9년 (1785)	서필수	박조이	첩이 처를 참소하는 말을 듣고 혹해 처를 발로 차서 3일 만에 사망함.	1차 엄형한 후 특별히 사형을 감면하여 절도에 정배	* 오살誤殺이라고 할 수는 있어도 고살故殺이라고 할 수는 없다. * 죽은 자가 원한이 없을 것이다.
16	정조 14년 (1790) 〈최초 판부 연도: 정조 11년〉	마태붕	허조이	내쫓은 처가 자신의 형제를 저주했다 하여 단근질하여 열이레 만에 사망함.	즉시 방면	* 저주물을 묻은 것은 증거가 없지만 몇 달 전에 간통 현장을 잡은 일이 있음. 이번 사건이 간통 현장을 잡았던 분함에서 나온 것이라면 고려할 여지가 있음. * 만약 목숨으로 갚게 한다면 허소사가 저승에서 회한이 더할 것임.
17	정조 11년 (1787)	서한적	최조이	처를 구타하여 그 자리에서 사망함. 사망 후 처의 목을 자름.	형을 가하고 방면	* 죽은 사람의 지체를 훼손한 것은 사형에 해당하는 죄가 아님.
18	정조 11년 (1787)	김삼남	박조이	처를 구타하여 그날 사망함. (처가 음독했는지 여부가 의심됨)	즉시 정배	* 시어머니에게 불순하여 구타한 것임. * 음독설도 있어 상처가 낭자하다 하여 이것이 사망의 직접적 원인이 되었다고 보기 어려움.
19	정조 14년 (1790)	박도경	권조이	처를 구타하여 그날 사망함.	엄형을 가한 뒤에 방면	* 처모가 용서해 달라고 하는 것을 고려해 볼 때 고살故殺로 보기 어려움.
20	정조 14년 (1790)	전경득	오조이	처(첩)를 발로 차고 구타하여 사흘 만에 사망함.	장배杖配	* 처를 살해한 경우도 정리情理가 매우 악한 경우가 아니면 참작하여 용서하였는데, 이 옥사의 피해자는 처가 아니고 첩인 듯하니 장배의 율을 적용시키는 것이 근거가 있음.

일련번호	판결 연도	가해자	피해자	사건 개요	판결	사형 감면의 이유
21	정조 15년 (1791)	김득량	박조이	술에 취한 상태에서 처를 낫으로 찔러 다음날 사망함.	형을 3차 가하고 절도에 사형을 감면해 영구히 관노로 정속	* 그의 범행은 취해서 실성한 탓이지 고의로 살해한 것이 아님. * 다른 죄수에게 베풀었던 예에 의해 차율을 적용

다. 이 결과를 통해 당시에 남편이 처를 살해한 사건의 경우 가해자를 사형에 처하지 않는 것이 기본 원칙이었음을 짐작할 수 있다. 이와 관련해서 정조는 "남편이 처를 살해한 옥사에서는 정리情理가 매우 악한 경우가 아니면 대부분 참작하여 용서해 주는 법으로 처리하였다."라고 언급한 바 있다.[27] 그렇다면 이 시기에 어떠한 근거로 처를 살해한 남편의 사형을 감면하였는지 살펴보도록 하겠다.

첫째, 살인 사건이라 하더라도 『대명률』에 가볍게 처벌하도록 규정되어 있는 경우는 이에 따라 처벌하였다. 처가 시어머니에게 욕했다 하여 처를 살해한 사례 9에서 가해자인 남편에게 『대명률』 부구사유죄처첩조夫毆死有罪妻妾條를 적용시킨 것이 이러한 예다. 이 조항에서는 이러한 경우에 장 100의 비교적 가벼운 형벌에 처하도록 규정되어 있다.

둘째, 증거가 없으면 사형을 감면하였다. 〈표 2〉를 살펴보면, 남편에게 구타당했다는 증거(증인)가 없다거나 구타 행위가 있었다 하더라도 그것이 처의 목숨이 끊어진 직접적 원인이 되었는지 확신할 수 없다는 이유로 사형을 감한 사례들이 나타난다(사례 2, 4, 6, 10, 12, 18). 특히 사례 6

26 『추관지』에는 각각의 사례 첫머리에 연도가 기재되어 있고, 이 연도의 순으로 수록되어 있다. 이 연도는 왕이 최초로 판부한 해인 것으로 판단된다. 〈표 2〉에서는 『추관지』에 수록된 순서대로 정렬하였다. 그러나 연도란에는 최종 판결 연도를 기재하였고, 최종 판결 연도가 최초 판부 연도와 상이할 경우 〈 〉 안에 최초 판부 연도를 부기하였다.

27 『추관지』 2책, 상복부, 윤상, 살처, 전경득 옥안獄案.

에서는 상흔傷痕으로 판단했을 때 자살이 아니고 타살이라는 회계回啓에도 불구하고 정조는 상흔으로만 타살 여부를 단정지을 수 없다며 사형을 감면하도록 하는 신중한 입장을 보이기도 하였다.

인명을 중히 여긴다는 차원에서 판단했을 때 이러한 정조의 처분은 합리적인 것이라 할 수 있다. 정조가 "대저 옥체獄體는 비록 실인實因으로써 주主를 삼지만 사증詞證이 구비된 다음에야 비로소 성옥成獄하는 것은 인명人命을 중히 여기기 때문이다."[28]라고 언급했다는 사실에서 정조의 판결에 인명 존중 사상이 반영되었음을 파악할 수 있다. 이는 전경득이 첩인 오조이를 살해한 사건에서 '지아비가 첩을 구타해 사망에 이르게 하면 장배杖配에 처한다'는 『대명률』 규정을 적용하는 것이 합당할 듯하다는 충청도 관찰사의 계문에 대해 정조가 상한常漢은 처, 첩의 구분이 없는데 뒤에 얻은 처에게 첩이라는 이름을 씌우는 경솔함을 범했다고 질책한데서도 잘 드러난다. 정조는 "살옥은 지극히 엄중한 것이어서 율律을 사용해 방조傍照하는 데 억단臆斷할 수 없다."는 입장을 보였던 것이다.[29]

셋째, 남편이 처를 살해한 것이 고의가 아닐 것이라고 판단하여 사형을 감면한 사례가 여럿 나타난다(사례 1, 5, 11, 13, 15, 19, 21). 정조도 언급했던 것처럼 살인 사건에서 고의성 여부를 가리기는 매우 힘들다. 그런데 남편이 처를 살해한 사건에 대해서는 명백하게 고의적인 살인이라고 생각되는 경우가 아니면 사형을 감면해 주는 방향으로 형정을 운영하였다.

정조대에는 사형에 해당하는 범죄를 저질렀다 하더라도 실제로 사형에 처해지는 비율이 적었다.[30] 남편의 처 살해뿐 아니라 사형에 해당하는 대

28 『추관지』 2책, 상복부, 윤상, 살처, 조재항 옥안.
29 『추관지』 2책, 상복부, 윤상, 살처, 전경득 옥안.
30 심재우는 『일성록』 분석을 통해 정조대 사형죄에 해당하는 1,112명 가운데 최종적으로 사형 판결을 받은 사람은 36명, 즉 3.2%에 해당한다고 했다(심재우, 2005: 199).

부분의 범죄에 『대명률』의 형량을 적용시키지 않고 사형을 감면하는 것이 당시의 추세였다. 또한 일반 살인 사건의 경우에도 증거 유무와 고의성 여부는 사형 판결을 할 것인지 감형할 것인지의 여부를 결정하는 데 중요한 판단 기준이었다(정순옥, 2003: 44-47 참조). 따라서 고의성이 없을 것이라고 판단해 사형을 감면했다는 사실만으로는 다른 살인 사건에 대한 판결과 뚜렷이 구분되지 않는다.

그러나 처 살해에 고의성이 없다고 판단해 사형을 감면하는 과정을 살펴보면 다른 사형에 해당하는 범죄의 판결과 구별되는 특징을 발견할 수 있다. 그리고 이를 통해 당시 위정자들이 어떠한 부처 관계를 지향하고자 했는지를 알 수 있다. 이에 대해 다음 절에서 살펴보도록 하겠다.

4. 정조대 형정 운용에 반영된 부처 간의 강상 윤리

앞에서 언급한 바와 같이 조선에서 기본적인 형률로 사용된 『대명률』과 조선 후기에 발효된 수교를 통해 부처 간의 살인 사건에 대한 조선 정부의 대응을 살펴보면 부夫 중심의 가족 질서를 확고히 하려는 의지가 분명했음을 알 수 있다. 『추관지』를 통해 정조대 사례를 살펴보아도 이러한 점은 명확하게 드러난다. 그런데 부夫 중심의 가족 질서 유지라는 명분을 뒷받침하는 윤리적 근거는 바로 강상이었다.

조선 후기 처의 남편 살해에 적용된 강상 윤리는 매우 엄격하였다. 처가 남편을 살해한 경우 '살부殺夫'가 아닌 '시부弑夫'라는 표현을 사용했을 뿐 아니라 『대명률』에 규정된 능지처사 외에도 수령을 파직하고 읍호를 강등하고 자녀를 노비로 삼고 집을 허물고 연못을 만드는 등의 조치를 시행하기까지 하였다.

그런데 처를 살해한 사람들에 대한 감사減死 판결의 이유를 살펴보면 정조대 강상 윤리의 또 다른 모습을 발견할 수 있다. 처를 살해한 남편에 대해 고의가 아닐 것이라며 사형을 감면해 준 사례들을 살펴보면, 상당히 심한 폭력이 행사되었음에도 불구하고 정조는 여러 사례에서 갑자기 분기가 올라 폭력을 행사했는데 우연히 처가 사망한 것이라는 언급을 하였다. 남편이 분기가 올라 처를 폭행하는 것을 그리 심각하게 여기지 않았던 것이다.

정조의 이러한 입장은 부처 관계에 대한 다음과 같은 인식에서 비롯된 것으로 판단된다.

> (가) 사람을 살해하면 목숨으로 갚게 하는 형률이 있는 것은 사망한 자의 원혼을 위로하고자 한 것이다. 그 지아비가 무정無情의 죄를 범해 고의로 범행을 했다는 법에 걸려 마침내 대신 죽임을 당하는데 이르면 후에 사망한 여인의 마음이 반드시 통쾌하지 않을 것이다.[31]

> (나) 사람을 죽인 경우에 목숨으로 갚게 하는 것은 비단 국법을 적용해서만이 아니라 또한 사망한 사람을 위해 원통함을 풀어 주려는 것이다. 지금 남의 처가 된 자가 그 지아비에게 구타당해 뜻하지 않게 사망에 이르렀는데, 그 지아비가 장차 이로 인해 사죄死罪에 걸렸다. 사망한 자가 그것을 안다면 반드시 "제 남편을 살려 주세요. 비록 목숨으로 갚게 하지 않더라도 조금도 원통하지 않습니다."라고 말할 것이다. 이것은 윤강倫綱이 죽고 사는 것보다 크기 때문이다.[32]

31 『추관지』 2책, 상복부, 윤상, 살처, 삼한 옥안.
32 『추관지』 2책, 상복부, 윤상, 살처, 김명천 옥안.

이 내용은 각각 『추관지』에 기록된 삼한, 김명천 옥안에 대한 정조의 판부 내용 중 일부다. 정조의 이러한 언급은 이 밖에도 여러 곳에 나타나는데, 이를 살펴보면 정조는 처가 남편의 심한 폭력에 의해 사망했다 하더라도 사망한 처가 남편을 죽게 함으로써 원한을 풀고자 하지 않을 것이라고 거의 확신하고 있는 것으로 보인다. 그리고 이것이 가해자인 남편에게 관대한 처분을 하는 원인이 되었다. 이를 통해 처를 살해한 남편에 대한 사형 감면 판결의 근거는 다른 살인 사건과 구별됨을 알 수 있다.

당시 관료들에게도 이러한 인식이 있었음은 정조 5년 김영화의 옥안을 통해 파악된다.[33] 전라도 관찰사 서유린은 왕에게 올린 계문 첫머리에는 "이 옥사는 상처와 실인實因이 모두 명백해 그 법의法意를 논하면 진실로 용서하기 어렵습니다."라고 하였다. 그러나 결론적으로는 정情과 법法을 함께 생각한다면 사형을 감면하는 것이 좋겠다는 의견을 제시하였다. 그리고 이 의견을 제시한 근거는 남편은 자리를 짜고 처는 삼을 자으며 이야기를 나누고 있었던 살인 사건 발생 직전의 상황으로 보아 고의로 살해한 것이 아니라는 점과 아들 하나와 딸 하나가 매일 영읍營邑에 와 울면서 호소하는 것이 가련하다는 점, 두 가지였다. 그리고 고의로 살해한 것이 아니라고 해서 사형을 감면해 줄 수 있느냐는 문제에 대해서는 다음과 같은 논리를 통해 합리화하였다. "살옥에서 목숨으로 갚도록 하는 것은 비단 법에 의거해서만이 아니라 사자死者의 원한을 풀어 준다는 뜻도 있습니다. 이 때문에 타인他人에 있어서는 진실로 구별할 수 없지만 그 처에 있어서는 참작해 헤아려 볼 여지가 없지 않습니다. 대개 남편이 처에게는 윤강에 속한 바가 되어 지극히 가깝고 지극히 밀접해 다른 경우와는 자별自別합니다."

33 『추관지』 2책, 상복부, 윤상, 살처, 김영화 옥안.

이러한 관찰사의 논리는 형조에서도 동의했고, "도장道狀의 발사跋辭는 인정仁情에 곡진曲盡하였고 사리事理에 두루 통하였다."는 정조의 칭찬도 받았다. 정조는 특히 남편과 처의 관계를 다른 사람과의 관계와 구별하여 사형 감면의 단서를 찾은 것과 당시의 정황을 들어 가해자인 김영화가 애초에 살해하려는 마음이 없었을 것이라고 한 것에 대해 공감을 표시하였다. 정조가 관찰사의 계문에 만족했다는 것은 "영화에게 스스로 변명하게 해도 이와 다를 것이 없을 것이며, 죽임을 당한 사람에게 그 마음을 알게 한다면 반드시 감복할 것"이라는 언급에서 잘 드러난다. 이렇게 정조뿐만 아니라 주무 부서인 형조에서도 부처 관계의 특수성을 인정하며 고의로 살해한 것이 아니라면 살려 주어야 한다는 인식을 가지고 있었다.

부처 관계가 강상에 속한다고 하면서 이를 지극히 가깝고 밀접한 관계라고 하였으며, 이것이 가해자에게 관대한 처분을 하는 쪽으로 작용해 결국 형량을 경감시키는 논리가 되었다는 점이 주목된다. 이 논리에 대해 정조는 죽임을 당한 사람에게 그 마음을 알게 한다면 반드시 감복할 것이라는 좀 더 쉽고 감성적인 표현으로 공감을 표시했던 것이다.

이들 지배층의 인식대로 남편의 심한 폭력으로 처가 사망했다 하더라도 일시의 분기에 의한 것이고 살해에 고의성이 없었다면 사망한 처는 남편이 자신을 살해한 일로 사형에 처해지는 것을 원하지 않았을 수도 있다. 그러나 피해자 중 이렇게 생각하는 사람이 많다 하더라도 이는 상당히 주관적일 뿐 아니라 가변적이다. 그리고 현실에서 이러한 판단을 내린 주체는 죽은 처가 아닌 가해자의 범죄에 대한 판결의 권한이 있는 위정자들이었다. 보편타당해야 할 법 적용에 이러한 논리가 설득력을 얻었다는 것 자체가 당시의 시대상을 알려 주는 중요한 대목이라 할 수 있다. 이 당시 부부 관계는 강상에 속하는 친밀한 관계로 서로 감싸 주고 포용해 주어야 하는 관계여야 했던 것이다. 법 이전에 부부의 정과 화합이 우선시되었다고 할 수 있다.

그런데 이러한 강상의 해석은 부처에 동일하게 적용되지 않았다. 처가 남편을 살해했을 때에는 강상 윤리를 무너뜨렸다고 하여 살인의 동기나 정황에 대한 일고의 여지도 없는 흉악한 범죄로 취급하였다. 가해자가 처일 때에는 인명 살해에 대한 처벌에 남편을 배반한 행위에 대한 징벌이 더해진 『대명률』 규정을 엄정하게 적용했을 뿐 아니라 부가적인 처벌까지 가함으로써 강상 윤리를 수호하고자 하였다. 동일하게 강상을 언급하면서도 가해자가 누구인지에 따라 다른 잣대로 양형했음을 알 수 있다.

조선의 위정자들은 가족의 화목을 중요한 가치로 생각하였고, 이는 법에 우선하는 가치였다. 그런데 형정을 운용하던 정조대 지배층의 인식을 살펴보면, 이를 위해 희생을 감수해야 하는 쪽은 처였다. 부부가 화합하지 못하고 배우자를 살해하는 극단적인 사건이 발생했을 때 가해자가 처인 경우 강상 윤리를 무너뜨렸다는 논리에 의해 엄정한 형률로 단죄되었다. 그리고 처는 피해자가 되더라도 남편의 행동에 원한을 품지 않고 남편과 아이들을 위해 따뜻한 마음으로 배려하는 존재가 되어야 했다.[34] 이렇게 당시 부처 간의 범죄에서 형량을 결정하는 주요 논거가 되었던 강상 윤리는 실제 형률 적용 과정에서 부, 처에게 각각 다른 방식으로 적용되었다.

34 박도경은 그 처의 머리카락을 잡고 문지방에 처박고 무릎으로 짓찧고 큰 몽둥이로 때려 처를 숨지게 하였다. 그런데 이 사건의 판부 내용 중에는 다음과 같은 내용이 포함되어 있다. "처가 이미 사망했는데 남편이 또 죽음으로 갚는다면 무고한 것은 자녀들이다. 더구나 범인에게 목숨을 갚도록 하는 것은 사망한 자의 원혼을 위로하기 위한 것인데, 사망한 자는 그의 처다. 만약 사망한 자로 하여금 알게 한다면 반드시 그 남편이 살아나가는 것을 다행스럽게 여길 것이다. 어찌 정법正法하는 것이 마음에 통쾌하겠는가?"(『추관지』 2책, 상복부, 윤상, 살처, 박도경 옥안) 이를 살펴보면, 처가 남편의 폭력에 의해 살해되었더라도 남편과 자식을 위해 남편을 사형에 처하지 않는 것을 다행스러워해야 하는 것이 지배층이 원하는 여성상이었던 것을 알 수 있다.

5. 나오는 말

이 글에서는 정조대 『추관지』 분석을 통해 정조대 위정자들이 지향했던 부처 관계에 대해 살펴보았다.

우선 조선 시대의 기본 형률로 이용된 『대명률』에서는 부, 처 살해에 대해 모두 사형에 처하도록 했으나 남편이 가해자일 경우에는 교형에, 처가 가해자일 경우에는 고의성 여부에 따라 능지처사나 참형에 처하도록 하여 그 등급에 차이를 두었다. 그리고 간부와 공모하거나 계획적으로 남편을 살해한 행위와 같이 처가 남편을 배반하고자 하여 살해한 행위에 대해서는 능지처사라는 최고형으로 다스려야 함을 명시하였다. 반면에 간통 현장에서 처를 살해한 경우 논죄하지 않도록 했으며, 시부모나 시조부모를 구타하거나 욕한 처를 살해한 경우 장 100의 가벼운 형벌에 처하도록 하였다. 이는 부夫 중심의 부처 관계를 바탕으로 가족 질서를 정립하려는 의도를 가지고 제정된 형률이라 할 수 있다.

이 규정들은 실제로도 적용되어 조선의 형률로써 기능하였다. 그리고 후기로 갈수록 이에 이념적 요소가 강화되어 갔다. 선조 40년 이후 처가 남편을 살해한 경우 『대명률』 규정에 따라 처벌했을 뿐 아니라 자녀를 속공하고 집을 허물어 연못으로 만들고 수령을 파직하고 읍호를 강등하는 등의 부가 조치를 취했는데, 이는 삼강은 한가지라는 논리에 의한 것이었다. 반면에 남편이 처를 살해한 경우 명백한 간증이 없을 때에는 사형을 감면하였다. 그리고 처의 간통이 처 살해의 원인이 된 경우 현장에서 살해한 것이 아니라 하더라도 가볍게 처벌하는 경향을 보였다.

『추관지』에 나타난 정조대 부, 처 살해에 대한 판결도 이 연장선상에 있다고 할 수 있다. 처가 남편을 살해한 경우에는 예외 없이 형률에 의해 처벌하겠다는 의지가 분명하게 나타난다. 반면에 남편이 처를 살해한 사례들을 살펴보면 예외 없이 모두 사형을 감면하였다. 감면의 이유는 시부모에게 욕한 경우와 같이 『대명률』에서 가볍게 처벌하도록 규정한 경우, 증거가 없거나 남편의 폭행이 처 사망의 직접적 원인이라고 확신할 수 없는 경우, 처 살해에 고의성이 없다고 판단한 경우의 세 가지로 정리할 수 있다.

사형에 해당하는 범죄에 대해 사형을 감면하는 것은 정조대 판결의 주된 경향이었다. 따라서 처를 살해한 남편에 대해 모두 사형을 감면해 주었다는 사실만으로는 다른 사형 범죄 판결과의 차별성이 뚜렷하게 드러나지 않는다. 그런데 남편의 처 살해에 대한 판결에는 다른 사형에 해당하는 범죄 판결과는 구별되는 특징이 있다. 이는 남편이 처를 살해했을 때 고의가 아닐 것이라며 사형을 감면해 준 사례에서 확인된다. 당시 정조와 위정자들은 처가 남편의 심한 폭력에 의해 사망했다 하더라도 사망한 처가 남편을 죽게 함으로써 원한을 풀고자 하지 않을 것이라고 인식하였다. 그리고 부처 관계가 강상에 속해 지극히 가깝고 밀접한 관계이기 때문이라는 논리로 이를 합리화하였다. 이러한 인식으로 인해 가해자인 남편은 관대한 처벌을 받을 수 있었다. 이에 의하면 부부 관계는 강상에 속하는 친밀한 관계로 서로 감싸 주고 포용해 주어야 하는 관계여야 했음을 알 수 있다. 그러나 이러한 강상의 해석은 부처에 동일하게 적용되지 않았다. 처가 남편을 살해한 경우에는 강상 윤리를 무너뜨렸다고 하여 살인의 동기나 정황에 대한 일고의 여지도 없는 흉악한 범죄로 취급했다. 동일하게 강상을 언급하면서도 가해자가 누구인지에 따라 다른 잣대로 양형했던 것이다.

가족의 화목을 위해 희생을 감수해야 하는 쪽은 처였다. 부夫, 처妻 살해와 같은 극단적인 사건이 발생했을 때 가해자가 처인 경우 강상 윤리를 무너뜨렸다는 논리에 의해 엄정한 형률로 단죄되었다. 그리고 처는 피해자가 되더라도 남편의 행동에 원한을 품지 않고 남편과 아이들을 위해 따뜻한 마음으로 배려하는 존재가 되어야 했다. 위정자들은 형정을 운용함으로써 부夫를 중심으로 한 부처 관계와 이를 타탕으로 하는 가족 질서를 확립하고 그들이 추구하는 처의 모습을 백성들에게 주입하려 했던 것이다. 특히, 『추관지』에 기록된 사건들은 대부분 양인 이하 하층민 가족에서 발생한 사건들이라는 점에서 조선 후기 이와 같은 지배층의 논리를 하층민 가족에까지 적용하였음을 알 수 있다. 위정자들의 부처 관계상이 형정을 통해 가족 질서와 당시 사람들의 실제 삶에 어떠한 영향을 미쳤는지는 앞으로 지속적으로 연구해야 할 과제라고 생각한다.

참고 문헌

1. 1차 자료

『경국대전』

『대명률』

『대명률강해』

『속대전』

『수교집록』

『승정원일기』

『신보수교집록』

『일성록』

『조선왕조실록』

『추관지』

2. 논저

김선경, 「조선 후기 여성의 성, 감시와 처벌」, 『역사연구』 8, 2000.

김현진, 「복수 살인사건을 통해 본 조선 후기의 사회상: 『심리록』을 중심으로」, 『역사민속학』 26, 2008.

박 경, 「형정刑政 운용을 통해 본 조선 전기의 가족정책: 부처 간의 폭력에 대한 처벌 실태 분석을 중심으로」, 『사학연구』 90, 2008.

심재우, 「『심리록』을 통해 본 18세기 후반 서울의 범죄 양상」, 『서울학연구』 17, 2001.

____, 「『심리록』 연구: 정조대 사형범죄 처벌과 사회통제의 변화」, 서울대학교 박사학위 논문, 2005.

____, 「18세기 후반 범죄의 통계적 분석: 『심리록』을 중심으로」, 『법사학연구』 32, 2005.

유승희, 「18~19세기 관속층의 실태와 폭력범죄의 발생: 한성부를 중심으로」, 『조선시대사학보』 35, 2005.

____, 「18~19세기 한성부의 범죄 실태와 갈등 양상: 『일성록』의 사형 범죄를 중심으로」, 서울시립대 국사학과 박사학위 논문, 2007.

장병인, 「조선 중 · 후기 간통에 대한 규제의 강화」, 『한국사연구』 121, 2003.

정순옥, 「정조의 법의식: 『심리록』 판부를 중심으로」, 『전남사학』 21, 2003.

趙 珖, 「18세기 서울의 범죄상」, 『전농사론』 2, 1996.

최재천 · 한영우 · 김호 외, 『살인의 진화심리학: 조선 후기의 가족 살해와 배우자 살해』, 서울: 서울대학교출판부, 2003.

〈색/계〉의 성 담론의 문화정치학*

김영숙

1. 들어가는 말

2007년 우리나라를 비롯해 대만, 홍콩, 중국 등지에서 흥행 돌풍을 일으켰던 영화 〈색/계〉는 개봉 전부터 사람들의 관심이 집중되었으며, 중국에서는 상영 후 유례없는 대규모 문예 논쟁이 일어나 사회문화적 이슈가 되기도 했다. 사람들은 왜 이 영화에 관심을 가졌을까? 우선은 세계적인 감독 리안李安의 작품이었기 때문이다.[1] 그러나 무엇보다 량차오웨이梁朝偉의 전신 노출을 포함한 남녀 주인공의 파격적인 정사가 사람들이 관심을 가졌던 가장 큰 이유라 하겠다.

* 이 글은 『탈경계 인문학』 제4집(2009)에 게재된 논문을 수정 · 보완한 것이다.

1 〈색/계〉를 만든 리안 감독은 2000년 〈와호장룡〉으로 아카데미 외국어 영화상을 수상했고, 2005년에는 〈브로크백 마운틴〉으로 베니스 황금사자상과 아카데미 감독상을 수상하면서 세계적인 감독의 자리에 올랐다. 그런 그가 2년 만에 다시 신작으로 내놓은 영화가 〈색/계〉였고, 이것은 또다시 리안에게 베니스 황금사자상을 안겨 주었기 때문에, 사람들의 기대가 클 수밖에 없었다.

대담하고 노골적인 정사 장면이 관심의 초점이 되었던 만큼, 〈색/계〉가 상영된 후 그에 대한 찬성과 반대의 의견들을 쏟아져 나왔다.[2] 그러나 중국에서는 그에 대한 찬반 의견을 표현하는 데에서 그친 것이 아니라, 상반적 입장으로 대립되면서 대규모 문화 논쟁으로 이어졌다. 이러한 현상은 〈색/계〉를 상영한 다른 나라에서는 없었던 일이고, 중국에서도 초유의 일이라는 점에서 주목할 만하다.[3]

〈색/계〉가 중국에서 이처럼 대규모 문화 논쟁을 일어나게 한 배경에는 영화의 원작 소설의 저자인 장아이링張愛玲의 현대 문학에서의 위상, 그녀의 삶과 이 소설의 연관성,[4] 그리고 소설의 원형으로 알려진 '띵모춘 암살' 사건의[5] 두 실존 인물 등 영화 외적 요소들이 얽혀 있어, 영화를 독해하는 데 이것들이 작용했기 때문이다. 그리하여 〈색/계〉를 둘러싼 다양한 의견이 인터넷과 신문, 학술지 등을 통해 발표되었고, 그러면서 다른 의견에 대한 비판과 더불어 논쟁이 시작되었다. 논쟁의 주체는 영화평론

2 미국여성영화비평가협회는 이 영화를 '10대 치욕편'으로 규정했고, 이버트Roger Ebert는 『시카고 선 타임스*Chicago Sun-Times*』(2007. 10. 5)의 리뷰에서 〈색/계〉의 정사 장면이 극 전개상 필요하다고 인정했지만, 과도한 솔직함이나 폭력성에 대해서는 불편함을 표시했다. 그런 반면, 우리나라에서는 이동진이 그의 리뷰에서 정사 장면이 폭력적이고 과시적이지만 이야기 흐름과 인물의 심리에 단단히 밀착되어 있다는 점에서 훌륭하다고 평한 것을 비롯해, 대다수의 리뷰가 정사 장면에 대해 긍정적이다.

3 『청춘일보靑春日報』(2007. 12. 20)에 의하면, 〈색/계〉는 중국 영화 사상 가장 많은 양의 평론이 나왔고, 평론의 방식이나 관심 분야에서도 매우 다양하다. 영화를 둘러싼 논쟁도 문화 예술의 범위를 넘어 정치, 역사, 인간의 본질 문제까지 확대되어 역사 왜곡, 좌파의 민족주의의, 인성 문제 등 격렬한 논쟁이 일어났다.

4 장아이링(1921–1995)은 1940년 일본 점령하의 상하이 문단에서 활동했으며, 중화인민공화국이 건립된 후 미국으로 망명했다. 1970, 80년대 타이완에서 '중국 현대문학의 대모'로 칭송되었으나, 중국 본토에서는 1990년대에 와서야 장아이링이 문학사에서 언급되면서 대중적으로 환영을 받았다. 소설 『색, 계』는 1950년에 초고를 완성한 후 약 30년에 걸쳐 수정을 거친 후 1978년 타이완의 『中國時報』의 『人間副刊』에 발표되었으며, 왕징웨이 친일정부의 관료였던 후란성胡蘭成과의 혼인으로 친일파로 몰렸던 장아이링이 자신을 변호하기 위해 이 책을 썼다는 얘기가 있다.

5 '띵모춘 암살 사건'은 일본인 어머니와 국민당 고관인 아버지 사이에서 태어난 미모의 국민당 첩보원 쩡핑루鄭苹如가 1939년 왕징웨이 비밀 첩보기관의 고관인 띵모춘丁默春을 유인해 암살하려다가 잡혀서 총살된 사건이다. 일설에는 장아이링이 이 얘기를 남편 후란성에게 듣고, 그것을 모델로 『색, 계』를 썼다고 한다.

가에서부터 일반인에 이르기까지 광범하고, 논쟁의 내용도 원작 소설과 영화의 관계, 리안의 원작에 대한 독해, 애국지사와 한간漢奸(매국노)의 문제 등 다양하지만, 논쟁의 중심은 '성 묘사'와 '한간(매국노)의 형상 묘사'로 모아진다.

성 묘사는 "예술 표현상 반드시 필요하다"는 입장과 "노골적이고 도구화된 성 묘사로 인륜을 무너뜨렸다"는 입장이 대립된다. 베이징대학교 교수이면서 문학평론가인 천샤오밍陳曉明은 〈색/계〉의 성 묘사는 영화의 주제를 표현하기 위해 반드시 필요하며, 특히 〈색/계〉가 탐구하고 있는 여성의 심리, 의식, 운명이 성애와 얼마나 깊은 관계가 있는지를 보여 주기 위해 성 묘사는 없으면 안 된다고 평가했다. 20세기 중국 문학과 영화를 연구하는 선뢰이沈睿 교수도 "성의 역량을 세밀하게 묘사하고 있어 성애의 장면은 그 폭력적인 부분까지도 꼭 필요하다."고 주장했다. 그러나 전통극 배우 웨이밍룬魏明倫은 "영화 〈색/계〉는 수성獸性만 보이고 인성人性은 보이지 않는다."며 〈색/계〉의 성 묘사를 비판했고, 『시간詩刊』의 편집인 이옌이옌원閻延文도 "리안은 윤리의 최저선을 무너뜨림으로써 중국 문화를 욕되게 했다."고 비난했다.

한간漢奸의 형상 묘사는 영화에서 묘사된 한간을 정치적인 입장이 아닌, 인성人性의 입장에서 보아야 한다는 입장과 한간을 미화하고 애국 청년을 왜곡했다는 입장이 대립되었다. 중국 문학 연구자인 주지에朱杰는 〈색/계〉는 전쟁이라는 적대 상황에서 인간 간의 감정을 묘사한 것이지 한간을 미화한 것이 아니라고 주장했다. 그런 반면 이옌이옌원閻延文은 "한간은 미화하면서 애국청년단체는 희화시켜 중국 문화와 역사를 왜곡했다."고 비판했다. 출판사 편집인 샤오샤린蕭夏林도 "소설 『색/계』의 중요한 의도 중의 하나가 정욕으로써 애국주의를 해체하고 매국노를 미화한 것인데, 이안이 이 주제를 더 잘 표현해 냈다."고 말하면서 "리안이 보기에 애국

주의는 웃기고 황당한 것이라고" 비판했다.[6]

이상을 정리하면 '〈색/계〉 논쟁'은 결국 〈색/계〉의 성 담론이 야기한 성과 애국(정치) 담론 간의 문화 투쟁이다. 성과 애국 담론은 중국 현대 문화사에서 초점이 되었던 문화 담론으로, 개인/국가, 감성/이성 등 문화상의 서로 다른 사상, 입장을 대변한다. 하나의 대중 영화가 이처럼 대규모 문화 투쟁을 일으킨 경우는 매우 이례적이고, 그 파장이 적지 않았다는 점에서 이 정치 문화 현상을 연구하는 것은 대단히 의미가 있다.

이 글은 〈색/계〉 논쟁의 중심에 있는 성 담론에 주목한다. 〈색/계〉의 성 담론에 대해서는 그 동안 많은 논의가 있었다. 그러나 텍스트 분석을 기초로 중국 현대문화에서 그것이 어떤 의미를 갖는지를 심층적으로 연구한 것은 아직 없다.[7] 이 글은 이러한 문제점에서 출발해 텍스트의 상세한 분석을 통해 〈색/계〉의 성 담론의 내용과 그 문화적 의미를 살펴보려고 한다. 이를 위해 이 글은 '성 묘사'가 영화에서 어떤 기능을 하며, 성과 애국이라는 두 주제가 영화에서 어떻게 관계를 맺는지, 또 감독은 이것을 통해 무엇을 말하려고 했는지에 대해 분석할 것이다. 그런 다음, 〈색/계〉의 성 담론이 중국 현대문화사에서 어떤 의의를 갖는지 살펴볼 것이다. 또한 아울러 중국에서 왜 〈색/계〉 논쟁이 격렬하게 일어났는지에 대해 생각해 보고자 한다.

6 '한간'과 관련된 이러한 비판적 논의들은 좌파 성향을 가진 지식인에 의해 극단적인 논의로 확대되기도 했으나, 이 글에서는 그것에 관해서는 다루지 않기로 한다(그에 관한 논의는 임우경, 「『色, 戒』 논쟁, 중국 좌파 민족주의의 굴기 혹은 위기」, 『황해문화』 2008 여름호 참조 바람).

7 우리나라에서 발표된 〈색/계〉 관련 논문으로는 임대근, 「영화 〈色/戒〉의 문화 정치학」(『중국학연구』 제46집); 박영진 · 심우일, 「〈色/戒〉에 나타난 젠더와 내셔널리즘 연구」(『어문논집』 제39집)이 있다. 이 두 논문은 영화 산업에 초점을 두었거나 영화 외적인 작가의 의도와 관객의 반응의 각도에서 영화를 분석했고, 영화 텍스트를 자세히 분석하지는 않았다.

2. 〈색/계〉의 성 담론

〈색/계〉는 집중해서 성을 묘사한다. 이 성은 성애를 포함한 육체적 감각, 개인의 감성 등을 모두 포괄하는 넓은 의미에서의 육체다. 그런데 여기서 성은 그 자체를 묘사하는 것에만 국한되지 않는다. 이것은 정치와 맞물려 담론을 이끌어 낸다. 그러므로 〈색/계〉의 성 담론을 이해하려면 성과 정치가 영화에서 어떻게 표현되고 또한 어떻게 연결되는가를 구체적으로 살펴볼 필요가 있다. 성과 정치는 영화에서 어떻게 구현되는가? 그것은 영화 속 인물의 몸과 행위를 통해 구현된다. 그래서 '몸' 개념은 〈색/계〉에서 표현된 성과 정치의 문제를 분석하는 데 유용하다.

거홍삥葛紅兵의 연구에 의하면, 중국 고대 문헌에서 '몸'은 최소한 세 층면으로 구성된다. 첫째는 무규정성無規定性의 '육체', 즉 물질체로서의 몸이다. 둘째는 '신체'이며, 몸의 내부에서 일어나는 힘, 즉 감정, 무의식 등과 같은 것의 작용을 받는 몸이다. 셋째는 '신분'으로, 몸의 외부에서 발생되는 힘, 즉 사회 도덕, 문명 의식 등과 같은 것의 작용을 받는 몸이다.[8] 이 글에서는 이 개념을 기초로 재구성해 '몸'을 육체, 욕망, 신분으로 구성된 하나의 유기체로 규정하고, 이것을 통해 〈색/계〉에서 표현된 성과 정치의 문제를 구체적으로 분석하겠다.

영화 〈색/계〉의 배경은 1930년대 말, 40년대 초 일제 강점기의 홍콩과 상하이上海이며, 여자 주인공 왕지아즈는 항일 청년들이 주축이 된 연극부에 동참해 애국저항극의 주인공 역을 맡는다. 연극이 성공한 후, 광위민을 비롯한 연극부의 애국 청년들은 실제로 왕징웨이 친일 정부의 앞잡이 이선생을 유혹해 암살하려는 계획을 세운다. 스파이 역을 맡은 왕지

8 葛紅兵 · 宋耕, 『身體政治』(上海三聯書店, 2005), 16-17쪽.

아즈는 홍콩 무역상의 부인으로 위장, 이선생에게 접근해 그를 유혹하지만 암살 직전 이선생을 도망가게 하고 자신은 체포되어 애국 청년들과 함께 이선생의 손에 총살된다. 영화에서 극이 전개되는 동안 주력해서 묘사하고 있는 것은 여자 주인공 왕지아즈가 자기 역할에 대한 인식이 끊임없이 변화하면서 정체성의 전환이 일어나는 '신분'의 변화 과정이다.

신분은 사회 관계에 의해 규정된 개인 또는 자신이 속한 집단을 대표하는 개인의 정체성을 가리키는데, 그것을 한마디로 말하면 개인의 사회적 역할이라고 할 수 있다. 그렇게 보면 한 개체는 하나의 신분이 아닌, 다중의 신분을 갖는다. 이 영화에서 왕지아즈의 신분은 크게 두 가지 영역이다. 그것은 애국과 애정, 즉 정치적 신분과 연인으로서의 신분이며 이 둘은 때로 모순적이다. 왕지아즈는 처음에 애국에 대해 명확한 의식이 없었고 성이나 애정에 대해서도 무지했던 순진한 여학생이었다. 그런 그녀가 연극 공연을 계기로 애국 청년이 되고, 스파이의 몸으로 친일 매국노 이선생에게 접근해 그의 연인 역할을 하면서 실제 그 역에 자신을 동일화하는 과정은 신분의 형성, 유동, 전환의 과정을 잘 보여 준다.

우선, 왕지아즈가 애국 청년이 되는 정치 신분의 형성 과정은 이데올로기의 호명呼名에 응답하는 과정이다.[9] 이데올로기의 호명은 다음 두 가지 기제를 통해 이루어진다.

첫째, 시대 분위기다. 그 당시의 시대 분위기는 사회 전반에 애국주의 의식이 만연했다. 영화의 앞부분에서 홍콩으로 피난 가는 학생들이 맞은

9 알튀세르Louis Althusser는 이데올로기가 호명하면 개인은 주체로 변형된다고 말한다. 즉, 개인은 이데올로기의 호명에 응답하는 순간 주체의 위치가 확정되는 것이다. 이데올로기의 호명에 대답하는 과정은 무의식의 과정이기 때문에, 이데올로기가 자기도 모르게 스며들어 있게 되며 개인 주체들은 스스로 복종이 아닌 자유로운 참여, 즉 실천을 했다고 생각하지만 그 주체는 이데올로기가 만들어 낸 산물이다(루이 알튀세르 지음, 이진수 옮김, 「이데올로기와 이데올로기적 국가 장치」, 『레닌과 철학』, 백의, 1991 참조).

편에서 오는 전쟁터로 향하는 트럭에 탄 군인들을 향해 환호하며 손을 흔드는 모습에서 애국 고취의 분위기가 드러나고, 왕지아즈가 주연한 항일극이 끝나자 관객들이 일어나 격앙된 목소리로 "중국을 지키자"를 외치는 모습은 그 당시의 집단 애국 의식을 형상적으로 보여 준다. 이런 시대 분위기는 왕지아즈가 애국 이데올로기를 실천하는 데 기본 배경이 되고, 애국을 외치는 관객들의 함성은 왕지아즈를 포함한 연극반 학생들을 호명해 "학생들이여 너의 힘으로 나라를 지키자"를 부르짖도록 스스로 애국을 다짐하게 한다.

둘째, 애국 청년 대학 연극부의 참여다. 왕지아즈는 비록 연극을 해본 적이 없었지만 광위민의 동참 호소에 응해 참여하게 된다. 그러나 실제 연극 무대에서 "흥행을 좌우하는" 여배우가 되고, 연극 무대를 통해 관객과 애국 정서를 공유하면서 그녀는 애국 담론을 인식하게 된다. 여기에 연극부 친구들의 격려와 고무가 더해지면서 그녀는 애국을 실천하게 된다. 연극이 성공을 거두자, 그 여파를 몰아 광위민이 친일 매국노 암살극을 제안할 때 왕지아즈는 동참하기로 하지만, 주체적으로 자신의 역할을 받아들이는 계기는 광위민을 비롯한 연극반 친구들이 무대 위에서 무대 아래에 있는 왕지아즈를 향해 "왕지아즈, 올라와"라고 호명할 때다. 왕지아즈가 이처럼 애국주의의 호명에 응해 애국의 주체가 되는(정치 신분을 형성하는) 과정은 무의식적이며 서서히 심층적으로 진행된다. 그런데 여기서 주목할 것은 왕지아즈가 정치 신분으로 진입해 가는 과정에서 광위민에 대한 호감이 결정적인 작용을 한다는 점이다.

위에서 언급했지만 왕지아즈가 처한 시대 환경은 정치적 · 경제적으로 매우 혼란스러운 전쟁 시기였고, 그녀의 개인적 처지는 어머니는 돌아가시고 아버지는 동생을 데리고 영국에 갔다. 아버지가 그녀를 영국으로 부른다고 했지만 그것이 언제 실현될지 막연한 상태다. 이처럼 상황은 그 어느 때보다 가족의 유대가 필요한 시점이지만 왕지아즈는 의지할 곳 없는 혈혈단신이다. 이런 상황에서 아버지의 재혼 소식은 왕지아즈를 더욱 불안하고 외롭게 했다. 실의에 빠진 왕지아즈가 혼자 영화관에서 "책임져야 할 가정"을 운운하는 장면을 보며 우는 모습은 그녀가 가족의 정을 얼마나 그리워하는지를 함축적으로 보여 준다. 이러한 애정 갈망은 왕지아즈를 열정적이고 잘생긴 쾅위민을 남몰래 연모하는 감정으로 이끌었다. 이것은 영화에서 세밀한 카메라 앵글의 초점을 통해 왕지아즈의 표정과 그와 대응해 비추어지는 쾅위민을 통해 우리에게 여러 번 암시된다. 왕지아즈는 본래 정치에 관심이 없었기 때문에 애국 이데올로기의 호명이 계속됨에도 얼른 그 담론에 진입하지 못했다. 그러나 쾅위민과의 접촉을 통해 가슴 설렘을 경험하면서 그녀는 자신도 모르게 쾅위민을 따라 애국 이데올로기의 호명에 응하게 된다. 그래서 쾅위민과 그의 친구들의 입을 빌려 "왕지아즈, 올라와"라고 이데올로기가 호명했을 때, 그녀는 결연히 그 호명이 요구하는 역할 속으로 뛰어들었다. 이렇듯 왕지아즈에게 애정은 행동 원칙이며, 정체성 결정의 중요한 동력이다.

애국 이데올로기의 호명에 응답함으로써 정치 역할(신분)을 획득한 왕지아즈는 친일 정부의 앞잡이를 암살하기 위해 마이부인으로 위장한다. 마이부인은 이선생을 유혹해 암살하기 위해 만들어 낸 인물이다. 왕지아즈와 마이부인은 동일인이지만, 암살 임무를 수행해야 하는 이성적 자아와 이선생과 내연의 관계에 있는 연인의 감정을 표현해야 하는, 분리된 인격을 감당해야 하기 때문에, 왕지아즈와 마이부인은 서로 모순되고 대립적인 면이 존재한다. 영화는 이 두 신분이 어떻게 상호 영향 관계를 맺으며 충돌하고 모순을 일으키며 전환되는지에 대해 세밀하게 묘사하고 있다.

왕지아즈는 처음에 애국 청년으로서 분명한 정체성을 가지고 있었다.

그래서 이선생이 자신에게 관심을 보이자, 그 다음 단계의 행동 목표인 이선생과의 섹스를 위해 친구들이 선출한 량룬성과 성 테크닉을 훈련한다. 그녀는 정서적으로 매춘녀와 관계를 가졌던 량룬성을 경멸하고 혐오하지만 그를 받아들이면서까지 암살 목표를 위해 자신을 철저히 도구화한다. 이것은 대의를 위해 그 자신의 개인적인 감정을 배제하는 애국 청년으로서의 정체성을 잘 드러내는 부분이다. 그러나 이 정체성은 이선생과의 정사에서 정서적 교감을 통해 자기가 연기하고 있는 마이부인을 진짜 자신으로 느끼면서 서서히 변화한다.

이선생과의 첫 번째 정사가 있고 난 후, 왕지아즈는 그것이 폭력적인 방식이었음에도 불구하고 감정의 동요를 느낀다. 그녀는 이선생이 난징南京에 갔다는 말을 듣고 안절부절하고, 난징에서 돌아온 이선생에게 "당신을 증오한다면 믿겠어요?"라며 자신의 불안한 심정을 토로한다. 이선생의 "3년 전과 달라. 난 지금 (당신을) 믿어. 나는 오랫동안 아무도 믿지 못했어."라고 말하자, 왕지아즈는 그에게 연민을 느끼며 증오하지 않는다고 말한다. 왕지아즈의 이러한 행동은 그녀가 암살 수행자 왕지아즈와 이선생의 연인 마이부인 사이에서 혼란을 느끼고 있음을 극명하게 보여 준다. 이 혼란은 정사가 거듭될수록 더욱 심화된다.

두 번째 정사가 있은 후, 왕지아즈는 며칠 간 소식이 없던 이선생이 돌아온 기척이 들리자 한밤중에 그의 서재로 달려가 "종일 당신만 기다리고 있잖아요. 다른 여자라도 있을까봐 잠도 안 와요. 이러다 내가 싫어질 거예요."라며 자신의 불안한 감정을 드러내고, 또 광위민에게 이선생에게 다른 여자가 있을지 모르다고 말하며, 자신과 마이부인 사이의 갈등을 드러내는 모습은 연기하는 몸과 실제 자아 사이에서 왕지아즈가 정체성의 곤혹을 느끼고 있음을 더욱 더 분명하게 보여 준다. 결국 왕지아즈는 지하 조직원 오선생에게 "그는 마치 뱀처럼 내 안으로 파고들어요. 내 심장까지. …… 점점 두려워요. 마침내 그가 내 심장에 들어오는 순간 당신들이 뛰어들어와 그의 머릴 쏘아 버릴까봐 두려워요."라고 울부짖으며 애국청년 왕지아즈보다는 이선생의 연인 마이부인에 더 다가가 있음을 드러낸다. 왕지아즈는 일상에서 몸의 감각을 통해 느끼고 경험하는 마이부인을 자신도 모르게 진짜 자신으로 생각하게 된 것이다. 결국 이선생의 암살을 눈앞에 둔 결정적인 순간, 그녀는 자신의 진짜 신분(스파이)을 완전히 망각하고, 이선생의 연인으로 자신을 동일시하면서 이선생을 도망치게 한다. 이 절체절명의 순간 왕지아즈의 신분 전환은 그야말로 가짜가 진짜가 되고, 진짜가 가짜가 되는 순간이며, 감성이 이성을 압도하는 순간이다.

〈색/계〉에 표현된 성, 육체와 욕망

왕지아즈는 이선생을 암살하기 위해 성공적으로 마이부인 역을 소화했지만 결정적인 순간 스파이라는 자신의 본래 신분을 망각하고 이선생을 놓아 줌으로써 자신은 물론, 그 일에 동참했던 동료들의 목숨까지 잃게 했다. 왜 그랬을까? 무엇이 그녀로 하여금 이렇게 행동하게 했을까? 욕망의 각도에서 이 문제를 분석해 보자. 여기서 말하는 욕망은 정욕을 포함한 육체적 욕구, 인간이 추구하는 행동 목표, 심리적 욕구 등을 모두 포괄하는 개념이지만, 여기서는 인간이 추구하는 행동 목표와 심리적 욕구에 더 치중해 분석할 것이다.

영화 전반에서 드러나는 왕지아즈의 욕망은 대략 세 가지인데, 첫째는 몸을 이용해 이선생을 유혹하고자 하는 욕망(감성적 영역), 둘째는 정치적 사명인 친일 매국노 이선생을 암살하고자 하는 욕망(이성적 영역), 셋째는 심리 저층에 깔려 있는 정(애정, 관심)에 대한 욕망이다. 이 욕망을 층위로 구성하면, 가장 심층에 애정에 대한 욕강이 있고, 그 다음이 암살에 대한 욕망, 가장 표층적인 욕망이 이선생에 대한 유혹이다.

미국의 심리학자 머슬로Abraham H. Maslow(1908-1970)는 인간의 욕구를 다섯 단계 즉, 1.생리적 욕구, 2. 안전 욕구, 3. 사회적 욕구(애정과 소속감에 대한 욕구), 4. 존경의(인정받으려는) 욕구, 5. 자아실현 욕구로 나누었다. 이것의 특징은 다섯 단계의 욕구가 하나의 욕구가 충족되면 다음 단계의 욕구가 나타나서 그 충족을 요구하는 식의 위계적인 체계를 구성하며, 욕구의 단계가 낮을수록 욕구의 강도가 크다. 그리고 1단계부터 4단계까지는 기본 욕구에 해당하고, 5단계는 충족될수록 더 욕구가 생기는 성장 욕구다. 이 행동 동기론은 왕지아즈의 욕망과 행동을 설명하는 데 유용하다.

왕지아즈의 가장 심층적인 내면의 욕구, 즉 애정에 대한 욕망은 머슬로의 5단계 욕구 중 3단계 욕구인 소속과 애정의 욕구에 해당된다. 이것은 생리적 욕구와 안전의 욕구 다음에 충족되어야 하는 기본 욕구 중의 하나로 이것이 충족되지 않으면 그 다음 단계인 존경의 욕구로 나가기가 어렵다. 또한 기본 욕구의 충족을 전제로 하는 자아실현 욕구는 기본 욕구가 충족되지 못할 경우 계속해서 그것에 의해 행동이 지배된다. 물론 낮은 단계의 욕구가 채워지지 않고도 이성적 혹은 이념적으로 위 단계의 욕망을 성취한 예는 역사, 현실, 그리고 예술 작품에서 얼마든지 찾을 수 있다. 그러나 왕지아즈의 경우는 충족되지 못한 애정 욕구로 인해 자아실현의 욕구인 애국의 실천이 계속해서 영향을 받는다.

애정에 대한 욕구는 왕지아즈의 행동을 결정짓는 동력으로 작용한다. 그녀가 처음에 홍콩에서 애국청년단에 들어가게 된 것, 또 상하이에서 이선생 암살 계획을 마무리하기 위해 애국 지하조직에 다시 가담하게 된 것은 모두 쾅위민에 대한 연모의 정에서 출발한다. 그러나 왕지아즈는 쾅위민과 그 이상의 감정적 교류가 없었기 때문에, 그에게서 정서상의 만족을 얻지 못했다. 이선생을 유혹하기 위해 성 테크닉이 필요할 때도, 그녀는 쾅위민과 함께 하기를 원했다. 그러나 그 기대는 좌절되었고, 원하지 않는 량룬성과 훈련을 하면서 왕지아즈는 큰 실망을 맛보았다. 그러나 역설적이게도 바로 이 경험 때문에, 왕지아즈는 그녀의 몸을 자신의 정체성과 분리해 자아실현 욕구인 애국에 대한 욕망, 즉 마이부인 역에 몰입할 수 있었던 것이다.

이선생과의 육체 관계는 그녀를 변화시켰다. 그리고 성은 그녀의 욕망과 운명을 바꾸어 놓았다. 왕지아즈와 이선생의 정사는 처음에 단순한 정치 목적의 성적 유혹과 정욕의 배설 차원에서 시작되었다. 이선생은 성폭력의 방식으로 왕지아즈의 몸을 강점하고 상의를 입은 채 생리적 배설을 시도한다. 이선생의 폭력적인 몸의 접근은 매혹적인 암컷에게 발기한 수컷이 그 친숙하지 않음을 경계하면서도 억제할 수 없을 때, 자신의 힘을 과시하면서 상대를 제압하며 본능을 표출하는 방식이다. 출발점은 분명 성적 배설과 쾌감에 대한 욕구이지만, 성애가 진행되면서 여자의 묶였던 팔을 풀어 주고 서로에게 가졌던 호감을 육체의 감각을 통해 구체적으로 확인하면서 두 사람은 친밀감을 공유한다. 정사를 치른 후, 잠깐 침묵이 흐르고, 이선생이 침묵을 깨며 외투를 건네 주고 나가자 희미하게 미소짓는 왕지아즈의 모습에서 두 사람의 친밀도를 느낄 수 있다. 성관계가 거듭되면서 내면적 분열과 함께 왕지아즈의 몸은 도구에서 주체로, 조직과 이념에 의해 지배되던 몸에서 자기 자신에게 속하는 몸으로 변화한다.

이런 몸의 변화를 이끈 것은 대략 다음의 요소들이다. 첫째, 왕지아즈는 이선생과의 성관계를 통해 성적인 만족을 알게 된다. 영화에서 세 차례 묘사되는 성애 장면을 보면 이선생의 표정의 변화와 더불어 왕지아즈의 표정이 변화되는데, 이것은 왕지아즈가 성에 눈을 뜨면서 성적 쾌감을 인식하는 과정이며, 동시에 자신의 육체적 감각을 통해 성의 주체가 되어 가는 과정이다. 또한 그녀는 자기 자신을 여성으로 인식하기 시작하면서 자신의 여성적 매력을 끊임없이 확인받고 싶어한다. 밤늦게 돌아온 이선생에게 달려가 "기다렸어요. 당신도 내게 (나와 관련된 일을) 안 묻잖아요. 딴 여자를 만날까봐 잠도 안 와요. 얼마 안 가 당신은 내게 싫증을 내겠죠?"라며 절규하는 것은 그녀의 이런 마음을 대변한다.

둘째, 사랑받고 있다는 정서적 안정감이다. 이것은 그녀의 심층적 욕망과 일치하는 부분이다. 애정과 관심에 대한 욕구를 채우지 못한 왕지아즈는 잠재 의식 속에서 늘 이것을 갈구한다. 그녀는 연모했던 광위민에게서 이 욕망을 채우고 싶었지만 그것을 이루지 못하고, 오히려 육체를 도구삼아 접근했던 이선생에게서 만족을 얻는다. 이선생은 "뱀처럼 안으로 파고들어 심장까지 들어와서" 왕지아즈의 내밀한 곳까지 느끼고, 보석상 주인의 말처럼 그녀가 너무 특별해서 자신이 반지를 고르지 못하고 왕지아즈에게 직접 선택하게 할 만큼 그는 왕지아즈에게 다정하다. 6캐럿의 다이아몬드 반지는 이런 그의 애정의 깊이를 상징한다. 왕지아즈는 이것으로 사랑받고자 하는 심층적 욕망을 이뤘다. 이러한 애정 욕구는 애국지사가 되는 자아실현 요구보다 낮은 단계의 욕구이기 때문에 이 두 욕구가 충돌할 때 기본 욕구를 충족하고자 하는 힘이 더 강하므로 욕망의 방향이 기본 욕구로 향하게 된다.

셋째, 서로에 대한 귀속감이다. 일본 조계지租界地의 술집에서 왕지아즈가 노래하듯이 왕지아즈와 이선생은 육체의 접촉을 통해 어느덧 "실과 바늘처럼 하나로 연결"되었다. 불안하고 위태로운 시기 두 사람이 처한 입장(친일 매국노와 애국지사)은 서로 다르지만, 이들은 이미 성으로 유대가 형성된 "영원히 함께하는 실과 바늘"이 되어 자신의 존재를 상대에게 기탁하고 있었던 것이다. 이러한 육체의 구체적인 감각과 경험이 왕지아즈를 변화시켰고, 그와 더불어 그녀의 정체성에 대한 갈등과 내적 분열을 유도했다.

이상의 분석은 육체가 어떻게 행동의 주체가 되는지를 잘 보여 준다. 왕지아즈는 자신의 육체를 도구화해 이선생을 유혹하기 위해 접근하지만, 오히려 육체의 실천 과정은 육체가 그 자신의 자율성을 가지고 활동함으로써 그것이 선호하는 욕망을 선택했고, 이것이 마지막 순간 왕지아즈의 행동을 결정했다.

성과 정치 논리에 대한 감독 리안의 입장

영화 〈색/계〉는 장아이링의 소설을 원작으로 하지만, 소설이 제공하는 환경과 인물을 기초로 완전히 다르게 재구성되었다. 영화는 소설을 바탕으로 세 가지 내용을 대폭 첨가해 〈색/계〉에서 다룬 두 가지 주제, 즉 성(몸)과 정치(애국)의 문제를 소설과 전혀 다른 각도에서 설명한다. 첫째, 영화는 앞부분에서 왕지아즈가 처한 환경과 스파이가 되는 과정을 세밀하게 묘사했는데, 소설에는 그러한 내용이 없다. 소설은 나라가 어떻게 돌아가는지 관심이 없는 홍콩 사람들의 태도에 분개한 대학 동기들 몇이 모여 연극반을 만들었고, 그 때 마침 홍콩으로 옮겨온 왕징웨이 정부의 핵심 관료를 미인계를 써서 살해할 계획을 세웠으며, 그 역할은 연극반의 헤로인 왕지아즈에게 돌아갔다고 쓰고 있다. 소설은 영화처럼 젊은 청년들이 국가를 위해 전쟁터로 나가고 보통 사람들의 생활 곳곳에서 애국이 고취되던 당시의 분위기나, 격동의 시기를 혼자서 겪어야 했던 왕지아즈의 개인 처지에 대한 묘사는 없다.

리안 감독은 이러한 내용을 통해 애국에 대해 아무런 생각이 없었던 왕지아즈가 애국 청년의 신분으로 암살 임무를 띤 스파이가 되기까지의 과정을 논리적으로 연결하면서 애국주의 이데올로기가 어떻게 개인을 호명하고, 개인은 그 호명에 응해 자신을 어떻게 동일화시키는지를 보여 주었다. 알튀세르에 의하면 이데올로기는 사회 구조를 유지시키기 위한 환상이다. 그러나 이것은 인간으로 하여금 자유로운 자기 선택의 주체이고 거기에 책임도 져야 하는 실체처럼 믿게 만들어 사회 구조가 개인을 조종하고 있다는 사실을 모르게 한다. 이데올로기는 의식되지 않은 상태에서 많은 사람을 집결시키는 구조의 역할을 하므로 일종의 집단 무의식과 같은 힘을 지닌다. 이 이데올로기의 집단 무의식 안에서 개인은 억압되고 인간의 육체는 도구화된다. 리안은 왕지아즈의 애국 이데올로기의 호명에 의한 정치 정체성의 형성 과정과 이데올로기의 실천에서 도구화되는 과정을 통해 이러한 이데올로기의 실체를 폭로하고 그 억압성을 비판했다.

둘째, 원작 소설은 성과 감정에 대한 묘사가 거의 없고 왕지아즈가 암살 직전 이선생을 도망가게 놓아 준 이유에 대해서도 설명을 생략한 채 공백으로 남겨두었다. 영화는 소설이 공백으로 남긴 이 부분을 성과 사랑으로 채웠다. 세 차례의 격렬한 정사 장면을 포함해 왕지아즈와 이선생의 정욕과 사랑의 세밀한 묘사를 통해, 리안은 인간 육체의 자율성과 주체성을 드러냈는데, 이선생과의 육체 행위에서 친밀감을 느낀 왕지아즈가 그 행위가 반복되면서 서서히 자신의 정치 신분을 망각하고 애국 이데올로기에서 빠져 나오는 것을 통해 몸의 자율성과 주체적 힘이 얼마나 거대한지를 보여 주었다. 리안이 원작에 없는 성애와 육체의 묘사를 통해 말하고자 한 것은 바로 이러한 몸의 주체성과 역량이다.

그러나 육체는 또한 훼멸되는 존재이기 때문에 몸으로 대변되는 개인은 현실의 정치 이데올로기 앞에서 약할 수밖에 없다. 리안은 또한 육체의 이러한 속성을 우리에게 환기시킨다. 왕지아즈가 육체의 힘을 통해 이데올로기의 통제에서 벗어나 육체의 정감을 추구하지만, 잔혹한 현실 정치의 힘에 의해 자신의 욕망을 실현하지 못하고 결국 죽는다. 애정의 논리는 정감을 추구하지만, 현실의 원칙은 이성을 요구한다. 이 점에서, 왕지아즈는 비극적인 인물이다. 왕지아즈는 비록 잔혹한 현실(특수한 환경)에서 자기의 욕망을 실현하지 못하고 죽었지만, 영화는 그녀가 실현하고자 한 육체와 정감의 가치를 긍정하면서 그 적극적인 역량을 강조한다. 자신이 죽을 것을 알고도 이선생을 놓아 주고 거리로 나온 왕지아즈가 이선생과 가려고 했던 퍼거슨 거리를 향하며 그가 사 준 6캐럿의 다이아를 손에 끼고 오선생이 준 알약을 꺼낼 때의 안온한 표정에서 이러한 감독의 입장을 엿볼 수 있다.

셋째, 리안은 영화의 전반부에서 애국 청년들이 쾅위민의 고향 선배 차오를 죽이는 장면을 첨가했는데, 이것은 영화의 마지막 부분에서 이선생 암살에 실패한 애국 청년들이 총살당하는 장면과 대비를 이룬다. 이선생이 현실 정치 권력의 강압적인 힘을 행사하는 입장이라면 쾅위민을 포함한 애국 청년들은 정치 권력의 이데올로기를 실행하는 입장이다. 영화에서 이선생이 대표하는 현실 정치의 억압 기능이 폭력과 힘에 의존하는 것과 마찬가지로 애국 청년들의 애국주의도 폭력과 연결되어 있다. 이것은 애국 청년들의 어설프면서도 잔인한 살인 장면과 애국 청년들의 총살 장면이 대비됨으로써 드러난다. 리안에게 애국주의 청년 집단과 친일 매국노는 개인을 억압하는 폭력적 기능과 공적 가치를 대변한다는 점에서 같은 맥락에 있다.

이상을 종합하면, 리안은 이상의 세 가지 내용을 소설 원작에 첨가해 세밀하게 묘사함으로써 육체, 성, 감성, 개인주의 등과 같은 사적 가치를 긍정하는 한편, 정치, 이성, 이데올로기, 국가주의와 같은 공적인 가치에 대해 비판했다.

3. 〈색/계〉의 성 담론의 중국 현대문화사적 의의

이상은 〈색/계〉에서 성(몸)과 정치(애국)의 문제가 어떻게 표현되었는가에 대한 고찰이었다. 다음은 〈색/계〉의 성 담론이 중국 문화 발전에서 어떤 의의를 갖는지 살펴보기로 하자. 〈색/계〉의 성 담론이 중국 문화사에서 어떤 의의가 있는지를 이해하려면 그것을 20세기 중국 현대문화사의 커다란 맥락에서 살펴보아야 한다. 즉, 20세기 중국 현대문화의 구조에서 성과 정치(애국)의 담론이 어떤 관계를 맺어 왔는가를 살펴보고, 〈색/계〉를 그것과 대비해 볼 때 그 문화사적 의의를 분명하면서도 구체적으로 알 수 있다.

20세기 중국의 현대화 과정에서 가장 중요하면서도 긴요했던 문제는 주권을 가진 부강한 현대 국가를 건설하는 것과 현대 국가에 알맞은 자유와 권리를 가진 인간(국민)을 양성하는 것이었다. 이로 인해 반제와 애국을 내용으로 하는 구국의 문제와 개인의 자유과 권리를 강조하는 계몽의 문제는 문화 담론의 중심이 되었다. 그러나 20세기 중국 현대문화의 흐름에서 이 두 주제는 병존하지 못하고, 애국 담론인 구국의 주제가 개인주의 담론인 계몽의 주제를 압도했다.[10] 그 이유는 첫째, 북벌전쟁 후 국공내전과 항일 전쟁으로 이어지는 오랜 전쟁 속에서 중국의 지식인들은 현실의 정치 투쟁과 해방의 문제가 현실적으로 더 중요하다고 생각했고, 둘째, 신중국 건립 이후에는 공산주의 이데올로기가 주류 의식 형태가 되면서 개인주의가 비판되고, 강대한 중국 사회주의 건설을 위한 애국의 고취

10 리저허우李澤厚는 중국 현대화 담론의 중심을 계몽(과학과 민주)과 구국(반제와 애국)의 두 주제의 변주로 보고, 중국 현대사의 흐름을 "구국(애국)이 계몽(인권)을 압도했다."고 다악했다(이상의 논의에 대해서는 리저호우, 「계몽과 구국의 이중변주」, 한국철학사상연구회 논전사분과 엮음, 『현대 중국의 모색: 문화전통과 현대화 그리고 문화열』, 동녘, 1994 참조).

로 집단주의가 강화되었다. 중국 현대문화 구조가 이런 특징을 갖게 된 배경에는 서구 제국주의 열강에 의해 문호를 개방한 중국이 제국주의의 침략으로 국가 분열의 위기를 겪으면서 현대화의 길을 걸었기 때문에, 중국의 지식인들에게 국가 위기에 대한 심리적 긴장감이 무엇보다 컸다. 그로 인해 중국 지식인들은 모든 주의력을 부강한 국가 건설에 집중시켰고, 상대적으로 계몽의 주제는 약화되었다. 리저허우李澤厚는 현대문화에서 구국(강력한 국가의 건설)이 계몽을 압도해 한 방향으로만 발전하게 된 이유를 "국가 흥망의 책임이 필부匹夫에 있다."는 전통적인 윤리 의식이 지식인들의 심리 구조에서 작동했기 때문이라고 보았다.

이처럼 중국 현대문화 구조의 흐름은 애국 담론(집단주의)이 계몽 담론을 압도했지만, 계몽(개인의 권리) 담론이 없었던 것은 아니다. 계몽 담론은 성 담론의 형태로 문예(문학)를 통해 끊임없이 존재해 왔다.[11] 〈색/계〉 이전의 성 담론은 다음 몇 가지 내용으로 요약된다. 첫째, 개인을 속박하는 집단주의를 비판하는 수단이었다. 우선, 5·4 시기의[12] 성 담론이 여기에 속하는데, 이 때는 성이 계몽 사상의 상징이었다. 그래서 문학에서 표현된 성은 개인의 권리와 해방의 상징인 동시에, 전통적 가족 윤리에 대한 저항과 비판의 형식이었다. 위다푸郁達夫의 「천룬沉淪」은 이 시기의 성 담론을 가장 잘 드러낸 작품으로, 대담하게 성의 독립적 가치를 긍정했지만, 성을 통한 육체의 쾌락이나 성행위 자체는 죄악으로 봄으로써, 성 그 자체의 가치는 완전하게 획득하지 못했다.

11 영화는 시각적인 특성이 강한데다가 관객에게 직접적으로 영향을 줄 수 있다는 이유로 중국 정부의 검열이 엄격했기 때문에 성에 대한 묘사를 회피하거나 암시적으로 표현하는 경우가 많다. 이와 같은 자료의 한계 때문에, 필자가 조사한 바에 의하면 영화를 대상으로 성 담론을 연구한 것은 거의 없다. 또한 현대 중국 영화의 대다수가 문학 텍스트를 각색한 것이라는 점에서, 여기서 성 담론에 대한 논의는 주로 문학을 대상으로 진행한다.

12 5·4 운동에 대한 자세한 내용은 전명용, 「중국의 신문화 5·4운동 연구」(『중국연구』 제19권)를 참조바람.

또한 성은 개인 욕망을 억압하고 말살한 국가 정치에 대한 고발의 수단이기도 했다. 문화혁명 직후, 장시엔량張賢亮의 「남자의 반은 여자男人一半是女人」의 출현과 그것이 야기한 논쟁은 이러한 성 담론을 대표한다. 이 작품은 성을 통한 개인의 육체적 · 심리적 충격을 묘사함으로써 국가 정치의 억압 때문에 개인이 얼마나 철저하게 희생되었는지를 고발했다. 여기에서 재현된 성은 5 · 4 시기와 마찬가지로 1949년 이래 문화혁명까지 지속적으로 강화된 금욕주의에 대한 비판의 상징 수단이었을 뿐, 성 그 자체의 가치는 주목하지 않았다.

둘째, 성이 인성과 인간의 자연적 본능으로 재현되었다. 1980년대 중후기 개혁개방 정책 등으로 정치, 사상, 문화 전반의 분위기가 변화되면서 또다시 계몽이 주창되었고, 다른 한편 서양의 성 이론과 관련 서적이 수입되면서 성 담론이 활발해졌다. 이러한 분위기에서 문학은 성을 인간의 자연스러운 본능과 개체 생명의 상징으로 서술하기 시작했다. 리우헝劉恒의 「푸시푸시伏羲伏羲」,[13] 왕안이王安憶의 "산리엔三戀"(「小城之戀」, 「荒山之戀」, 「錦繡谷之戀」)은 이러한 성 담론의 대표적인 작품이다. 여기서 묘사된 성은 정치, 경제 등의 사회적 속박은 물론 윤리 도덕의 영향을 받지 않은 순수한 본능, 자연 상태로서의 성이다. 이것은 성의 본능과 그 가치에 대해서는 충분히 긍정했지만, 성 본능에 대한 주체적 자의식은 부족하다.

마지막으로, 향락적 세속 욕망으로 성이 표현되었다. 1990년대 린바이林白, 천란陳染으로 대표되는 이른바 '완성다이晩生代(1960년대 출생해서 90년대에 활동하는 문학 작가)' 작가들의 작품은 성을 정치, 사회, 문화적 의의를 완전히 상실한 향락적 세속 욕망으로 표현한다. 이 때의 성은 철저하게

13 이 소설은 영화 〈국두菊豆〉의 원작이다.

대중 문화의 소비주의와 향락 원칙에 맞추어 창작, 소비된다. 90년대 이후 중국은 시장 경제의 발달과 소비의 활성화로 향락주의 문화가 유행하면서 성은 소비의 대상이 되었다. 또 한편, 1980년대 말 천안문 민주항쟁의 참여로 좌절을 겪은 지식인들의 비판의 목소리가 자취를 감추고, 정부의 이데올로기 통제가 더욱 강화되었다. 여기에 정부의 고의적인 향락주의 문화 조장이 더해지면서 지식인들은 향락주의로 방향을 전환했다. 이들의 성 재현은 소비자의 관음적 욕망을 충족시키기 위한[14] 성욕과 물욕의 표상만을 생산해 낼 뿐, 이성이나 사유의 깊이가 전혀 없다.

〈색/계〉에서 묘사하고 있는 성과 정치의 문제는 위에서 언급한 중국 현대문화 구조와 다르다. 우선, 〈색/계〉에서 묘사하는 성과 정치의 관계는 중국 현대문화의 흐름과 대립된다. 중국 현대문화사에서는 애국이니 혁명이니 하는 집단주의에 의해 개인의 권리가 억압되어 왔지만, 영화는 그와 반대로 개인의 감성과 일상의 경험이 집단 이성을 대변하는 애국을 압도했다. 영화에서 리안은 중국 현대사에서 민족 해방과 애국의 이데올로기 담론이 절대적 힘을 가짐으로써 개인의 일상은 물론 개인의 욕망, 자유가 억압되어 드러나지 못했던 1930, 40년대의 항전 시기로 돌아가 그것들을 복원하는 동시에, 그 시대 사람들이 자신을 희생하면서까지 추구했던 애국의 본질이 집단주의가 구성해 낸 이데올로기의 하나였음을 드러냈다. 그리고 이러한 집단주의적 의식 형태가 인간의 삶에서 개인의 욕망과 자유, 권리보다 더 중요한 것인가에 대한 의문을 던지며 개인의 권리 가운데서도 가장 사적인 영역인 성의 가치와 주체성을 최고의 가치로 전면에 드러냈다. 이 점에서 리안은 영화 〈색/계〉를 통해 "구국(집단

14 돤총슈에段從學은 현대 중국에서 성이 오랫동안 억압되어 있었기 때문에 성에 대한 매우 강렬하고 민감한 관음증이 유발되었다고 주장한다(段從學, 위의 논문, 257쪽).

이성)이 계몽(개인의 권리)을 압도한" 중국 현대문화사의 구조에 대항해 "개인의 감성과 일상이 집단 이성과 애국을 압도"한 새로운 문화사를 재구성했다고 할 수 있다. 그가 인터뷰에서 언급한 "할아버지 시대의 중국이 얼마나 많은 것을 잃어왔고, 어떠한 길을 거쳐왔는지 젊은 세대에게 보여 주고자 한 것……"은 구국(애국)이라는 이데올로기를 명분으로 얼마나 많은 개체가 희생되고 억압되어 왔는지였고, 또한 역사와 문화 속에 매몰된 그들의 감정과 일상이었다. 리안은 그것들을 집단주의 이데올로기에서 구출해 복원함으로써 인간에게 진정한 가치가 무엇인지를 우리에게 보여 주려고 했다. 이러한 시도는 기존의 중국 현대문화 사상의 모식模式을 깨고 새로운 사유 동기를 제공한다는 측면에서 중요한 의미를 지닌다.

그 다음, 〈색/계〉의 성 담론은 성 본래의 가치와 그것의 사회문화적 의의를 모두 잘 드러낸다. 이 점에서 〈색/계〉의 성 담론은 그전의 성 담론에 비해 더 완전하고 더 철저하게 성(몸)을 긍정한다. 위에서 살펴보았듯이, 〈색/계〉 이전의 성 담론은 억압에 대한 저항 수단으로 성 본래의 가치에 대한 발견이 부족했거나, 인간의 생물학적 본능 또는 세속적 욕망에 편향되어 성의 사회문화적 의의가 결여되어 있었다. 이 둘은 다 성을 한쪽 편만 편중되게 다룸으로써 성을 지나치게 단순화시켰다. 그런 반면에 〈색/계〉는 성의 욕망과 쾌락의 세밀한 묘사를 통해 성 본래의 가치를 충분히 긍정하면서 동시에, 그것을 사회문화와 연결해 성의 주체적 작용을 면밀하게 묘사함으로써 성의 사회문화적 의의를 드러냈다.

이상을 종합하면, 〈색/계〉는 성의 인간 본능으로서의 가치와 사회문화적 의의를 모두 충분히 드러냄으로써 이전의 성 담론을 더욱 완전하게 발전시키는 동시에, 더 철저하게 성의 가치를 긍정했다. 또한 성을 통해 중국 현대문화사에서 억압되어 드러나지 못했던 개인의 욕망과 일상을 복원함으로써 기존의 중국 현대문화의 흐름을 비판적으로 재구성했다.

4. 나오는 말

지금까지 〈색/계〉 성 담론의 구체적인 내용과 중국 현대문화사적 의의를 살펴보았다. 여기서는 들어가는 말에서 언급한 문제로 다시 돌아가 영화 〈색/계〉가 왜 다른 나라에서와 달리 중국에서 뜨거운 반응을 일으키며 대규모 논쟁으로 확대되었는지, 그 이유를 생각해 보면서 결론을 대신하고자 한다.

성 담론이 문화 공간에서 차지하는 위치가 그 사회의 사상 해방의 정도를 가늠하는 척도라고 할 때, 중국 현대문화의 흐름을 보면 20세기 중국은 진정으로 사상 해방을 경험한 적이 없었던 것으로 보인다. 사상 해방과 문화 개혁은 중국 현대문화사에서 20세기 초와 90년대 두 번 있었지만 사상 해방으로까지 이어지지는 못했다. 20세기 초는 제국주의 침략으로 국가 분열의 위기를 느낀 지식인들이 현대 국가 건설에 총력을 기울이면서 사상 해방의 문제가 주의를 끌지 못했고, 90년대는 성이 정치, 윤리도덕의 속박에서 해방되었지만, 여전히 국가의 주류 의식 형태와 저촉되지 않는 범위에서 성이 허용되었고, 또한 성이 소비 문화와 접합되면서 중국은 성을 향락주의로 몰고 갔다. 중국 현대문화에서 이 두 시기를 제외하면 중국은 줄곧 단단한 집단주의 의식 형태에 묶여 개인은 부정되었다. 중국 현대문화의 이러한 배경과 〈색/계〉를 둘러싼 문화 논쟁은 관련이 깊다. 구국과 공산주의 이데올로기에 집중했던 중국 현대사의 특수한 환경에서 중국인들은 근대 자본주의와 민주주의를 제대로 경험하지 못했다. 그래서 그들은 개인의 권리를 강조하는 계몽을 진정으로 경험하지 못했고, 또한 국가와 집단의 이익을 중시하고 우선하는 중국의 전통 사상이 그들의 의식 속에 깊게 뿌리박혀 있다. 이러한 중국인들의 심리 구조는 개인/국가, 감성/애국의 문제가 상충될 때 민감하게 반응한다. 작년 겨울, 상하이 화동사대華東師大의 한 교수가 수업 시간에 개인 권리의 침해와 관련해 정부를 비판하는 발언을 했다가 공안에 신고된 사건이 인터넷을 달구었다. 수업을 들었던 여학생 두 명이 교수의 정부 비판을 받아들일 수 없어 공안에 신고한 것인데, 이에 대해 교수가 자신의 수업 시간에서조차 그러한 발언을 할 수 없는 현실을 개탄하며 인터넷에 글을 올리면서 찬반 논쟁이 시작된 것이다. 이 사건은 현대 중국의 현실을 단적으로 보여 주는 한 예다. 중국의 이런 문화 현실에서 애국주의 담론이 가장 강력한 힘을 행사하는 항일 시기의 성(몸) 담론을 대담하게 전면에 부각시킨 〈색/계〉가 논쟁의 대상이 된 것은 어쩌면 당연하고 자연스러운 일이라고 할 수 있다. 그러나 이러한 논쟁 속에서 기존의 인식 틀을 깨고 새로운 사고의 길이 마련된다는 점에서 〈색/계〉가 일으킨 논쟁은 중국 문화 발전에 지대한 공헌을 할 것으로 생각된다.

참고 문헌

영화 〈色/戒〉, 이안, 2007.

김형효, 『구조주의 사유 체계와 사상』, 인간사랑, 2008.

박영진 · 심우일, 「〈색/계〉에 나타난 젠더와 내셔널리즘 연구」, 『어문논집』 제39집.

알튀세르, 루이, 『레닌과 철학』, 이진수 옮김, 백의, 1991.

이득기, 『교육행정 및 교육경영』, 태양출판사, 2003.

임대근, 「영화 〈색/계〉의 문화정치학」, 『중국학연구』 제46집.

임우경, 「『色, 戒』 논쟁, 중국 좌파 민족주의의 굴기 혹은 위기」, 『황해문화』 2008 여름호.

전명용, 「중국의 신문화 5 · 4운동 연구」, 『중국연구』 제19권.

한국철학사상연구회 논전사분과 엮음, 『현대 중국의 모색: 문화 전통과 현대화 그리고 문화열』, 동녘, 1994.

馬騰飛 · 朱波, 「李安〈色, 戒〉中的用“色”韻味」, 『電影文學』, 2008年 第2期.

白蔚, 「身體的“革命”: 關與李安〈色, 戒〉的身體社會學」, 『電影文學』 2008年 第7期.

楊經建 · 容美霞, 「論20世紀中國文學的性愛敍事」, 『福建論壇-人文社會科學版』 2007年 第6期.

楊厚均, 「中斷還是延續: 對二十世紀中國文學啓蒙性的理解」, 『武漢科技大學學報』 第6券 第4期.

葉舒憲 主編, 『性別詩學』, 社會科學文獻出版社, 1999.

李叔君 · 景銀輝, 「身體認同與性別象徵」, 『時代人物』 2008. 7.

張愛玲, 『色, 戒』, 北京十月文藝出版社, 2007.

齊鋼, 「『色, 戒』: 從小說到電影-李安讀懂了張愛玲?」, 『電影評價』 2008年 第6期.

朱杰, 「我們如何談論『色, 戒』-對〈色, 戒〉相關討論的術評」, 『藝術廣角』 2008年 第3期.

陳戎女, 「論張愛玲『色, 戒』與李安〈色, 戒〉」, 『中國文化研究』 2008年 春.

夏曼麗, 「從李安的〈色, 戒〉談戒色」, 『電影評價』 2008年 第5期.

胡少卿, 『中國當代文學中的 '性' 敍事(1978-)』, 安徽教育出版社, 2008.

제3부

공간의 젠더 문화론적 독해

서울 도심의 공간 표상에 대한 젠더 문화론적 독해: '검경'으로 보며 '산보하기'*

이수안

1. '젠더 관점으로 서울 읽기'의 의미

서울을 하나의 문화 텍스트로 해석하기 위해서는 다양한 프리즘이 필요하다. 무엇보다도 서울은 오래된 역사 도시이면서 근대와 후기 근대의 문화적 혼종성을 고스란히 겪어내고 또한 이를 표상적으로 드러내면서 끊임없이 다양한 요소가 결합하고 이산하는 도시 공간이기 때문이다. 공간에 대한 연구의 최근 경향 중에서 문화와 연관되는 방식으로는 물리적인 공간과 사회적 주체 간의 관계에 주목해 공간에 대한 해석과 의미 부여를 중점적으로 다루는 문화 연구가 부상하고 있다. 공간에 대한 문화적 의미를 찾아내고 이 의미에 함축된 주체들의 사회 관계의 연결망을 읽어내는 작업은 문화 연구에서 문화 현상으로 체화되는 텍스트와 콘텍스트

* 이 글은 『대한지리학회지』 제44권 제3호(2009년 6월)에 거재된 논문을 수정 · 보완한 것이다.

사이에서 상징과 의미로 나타나는 권력의 움직임을 포착하고 이를 명명하는 문화정치학의 대표적인 형식이다.

근대적 도시 공간이란 기본적으로 자본주의적 생산 과정에서 파생된 근대적 생활 양식으로부터 탄생한다. 따라서 도시 공간의 문화사회학적 해석이란 근대적 생활 양식이 정착하는 과정에서 도시 공간에 출현하는 자본주의적 욕망의 탄생과 분출의 다양한 맥락을 따라가며 읽어가는 작업이며 동시에 이들이 어떻게 표상화되는지 해석해 내는 작업이다. 젠더 관점에서 공간과 주체, 공간과 권력의 역학 관계를 주목하다 보면 사회 공간의 주요 구성 요소인 젠더의 작동 방식, 특히 이분법적 젠더 관계의 전형, 이분법적 영역과 공간 구분이 이미지로서 재현되는 방식과 연결되는 것을 알 수 있다. 따라서 이러한 연구를 통해 일상생활 공간에 재현되는 젠더 관계 분석을 통해 젠더 무의식을 읽어낼 수 있고 여성 존재의 비가시성을 지적하고 존재를 드러내어 공간의 성정치학을 좀 더 적극적으로 구현해 낼 수 있는 토대 구축이 가능하다. 바로 여기에 이 연구의 의의와 필요성이 내포되어 있다.

이무용에 의하면 공간의 문화정치에 대한 연구란, 공간과 장소를 둘러싸고 지배력과 저항력이 어떻게 부딪치고 교섭하며, 다양한 의미가 어떻게 서로 경합하고 갈등하면서 공간에 표출되고, 공간을 새로 생성하는지에 대한 포괄적이고 맥락적인 연구다(이무용, 2005 : 37). 결국 공간, 주체, 권력의 문제가 서로 녹아든 연구 지형이 바로 공간의 문화정치학이라는 것이다. 이러한 개념 정의에서 특히 문화 연구에 초점을 두는 이 연구는 근대화가 진행되는 오랜 시간 동안 형성된 도시의 물리적 공간 구성과 더불어 건축적 이미지 등으로 다양하게 드러나는 공간의 표상을 읽어냄으로써 하나로 규정되기 힘든 서울이라는 도시 공간에 대한 젠더 문화론적 분석을 부분적으로나마 시도하고자 기획되었다. 특히 서울 도심의 성별적 표상을 읽어내는 작업에 도시사회학적 접근이 시사점을 줄 수 있는 이유는 역사적으로 도시사회학의 관심이 근대성과 그것의 자본주의적 측면에 집중하면서 공간적 개념과 변수, 그리고 공간적 요인을 강조해 왔기 때문이다.

이 연구에서 서울을 분석하는 데 다음의 세 가지 차원을 주목한다.

첫째, 근대 도시 공간의 형성에 대한 이론적 논의와 방법론에 대해 성찰하는 차원으로서 특히 도시사회학과 인문지리학적 연구 경향에 어떻게 젠더 문화이론의 접목이 가능한가를 살펴본다. 근대성이 자본주의적 발전 과정에서 어떻게 도시 문화로 발현되며, 근대적 생활 양식이 어떻게 근대 도시 공간 형성과 맞물려 있는지를 해석하고, 근대 도시 문화를 문화 텍스트로 독해하는 과정에서 '산보하기'와 '검경으로 들여다보기'의 은유적 방법론의 차용을 시도한다.

둘째, 도시의 공간 구조적 차원으로, 자본주의화와 근대화 과정을 거치며 형성된 글로벌 시티로서의 면모에 대한 젠더 관점에서의 분석이다. 여기에서는 특히 한국전쟁 이후 1960년대부터 본격화한 산업화 과정에서 후기 산업 시대에 이르는 한국의 근대화 과정의 결과로서 서울의 공간 구조를 젠더 문화론적 관점에서 보았을 때 근대적 생활 양식과 이에 따른 영역의 젠더 이분법적 분할을 특징적인 문화 현상 중심으로 살펴볼 것이다.

셋째, 도시 문화와 특히 건축으로 표상되는 공간적 특성을 젠더 정체성에 대입해 분석하는 차원으로서 이 논문의 중심적 내용이라 할 수 있다. 서울같이 오래된 역사를 지닌 도시에서는 도시 문화의 형성 자체가 대단히 복잡한 층위를 이루기 마련이다. 따라서 도시 문화와 건축 이미지를 성별 표상 체계에 대입해 해석하는 작업에는 서울이라는 도시 공간의 근대성과 후기 근대성을 고려하면서 읽는 과정이 필연적으로 요구된다. 여기서는 특히 도시 공간이라는 문화 텍스트의 이미지들을 다양한 콘텍스트에 따라 젠더 문화 이론의 분석틀에서 해석하는 과정이 주를 이룰 것이다. 이 차원에서는 시각성이 문화에서 갖는 헤게모니적 위치와 시선의 권력이 젠더 관점에서 도시 문화를 보는 데 중요한 분석틀을 제공할 것이다.

이론적 논의로는 벤야민Walter Benjamin의 '산보하기'를 통한 도시 문화 연구, 이리가라이Luce Irigaray의 '검경'을 기초로 한 여성성 논의를 비롯한 젠더 문화 이론이 은유적 방법론 구축의 토대로 검토된다. 또한 여성성/남성성 개념 정의에 대한, 커넬Robert W. Connel을 비롯한 사회학자와 여성학자들의 논의가 검토되고 있다. 한편 도시 문화에 대해서는 페더스턴Mike Featherstone의 소비 문화, 채니David Chaney의 라이프 스타일 연구, 볼드윈Elain Baldwin의 문화 연구 개념들이 시각적 성별 표상을 해석해 내는 데 유용한 시사점을 준다. 이 밖에도 분석의 세부 내용에 필요한 이론들이 세부 분석에서 적절히 인용됨으로써 설명을 풍부하게 하는 데 도움을 줄 것이다. 이 연구에서 이론적 검토는 단순히 사례 분석의 틀을 구축하기 위해 보조적으로 이루어지는 것이 아니고, 오히려 서울 도심의 공간 분석이 일종의 이론적 논의를 뒷받침하는 방식으로 진행된다. 그러므로 이론적 검토와 사례 분석은 거의 비슷한 비중으로 다루어지고 있음을 밝힌다. 분석 대상이 된 서울 도심의 공간은 벤야민의 도시인상학die Physiognomik적 관점을 차용해 선택되었다. 도시 공간과 그 안의 인간들, 그리고 사물 세계가 상호 작용하면서 만들어 낸 도시의 흔적은 하나의 문화 텍스트를 구성하는 데 이 흔적을 찾아가며 읽어 내는 것이 도시인상학이다(심혜련, 2008: 107-110). 이 연구의 분석 대상인 서울의 도시 공간은 이러한 도시인상학적 기준에 따라 임의적으로 선택된 도시의 흔적이 있는 공간이며 이를 선택하는 데 엄정한 객관적 기준은 적용하지 않았다. 다만 문화 텍스트로서 근대성의 흔적이 서울의 도심에 집중되어 있다는 판단에 따라 강북의 도심, 좀 더 구체적으로 언급하자면 종로와 광화문을 중심으로 한 구도심과 그 주변을 분석 대상으로 삼았다.

서울이라는 도시 공간의 외양을 젠더 관점에서 분석한다는 것은 근대에서 후기 근대로 넘어오는 과정, 특히 산업화가 진행되는 과정에서 보여준 외양상의 변모를 젠더적 표상 체계의 프리즘을 통해 분석하는 것을 뜻한다. 따라서 이 연구를 통해 건축, 도시 구조와 이를 바탕으로 영위되는 생활 양식을 젠더 정체성, 특히 여성성과 남성성이 은유적으로 표출되는 재현 양식으로 이해하려는 것이 이 연구의 일차적인 목적이다. 더 나아가 지금까지 페미니즘 연구에서 거의 다루어지지 않았던, 오랜 역사와 근대성, 후기 근대성이 농축되어 있는 서울이라는 도시 공간을 페미니즘 문화연구의 중요한 영역으로 끌어들임으로써, 그 동안 발전해 온 도시사회학과 인문지리학 연구에 페미니즘 이론을 접목하는 학제적 시도를 함으로써, 도시 공간 연구에 인문학적 깊이를 보태고자 하는 목적에서 이 연구가 기획되었다.

2. '검경을 들고 산보하기'의 은유적 방법론에 대한 이론적 검토

'산보하기'와 '검경으로 보기'를 통한 시각적 성찰

특정 도시가 지니는 특별한 의미를 찾아내고 그 의미들이 어떻게 구성되고 해석되며 또한 재생산되는지를 분석하는 방식으로 문화 분석이 유용하다. 이 때 문화 분석은 도시를 하나의 문화 텍스트로 상정하고 그 텍스트가 지시하는 의미망과 상징을 찾아내는 방법론으로서 분석틀을 구성하게 된다. 즉 도시가 갖는 의미와 상징을 찾아내고 의미를 해석하는 과정에서 어떤 관점에서 해석하고 이를 구성하느냐에 따라 그 도시는 다양한 의미를 가진 이미지로 구성된다. 도시를 텍스트로 보는 접근은 1930년대 멈퍼드Lewis Mumford에게서 찾아볼 수 있다. "도시는 통합된 사회적 관계의 상징이며 형태이고 또한 예술 작품이다"(Mumford, 1938 : 3, 5 ; Savage & Warde, 1996 : 160에서 재인용)라는 관점을 가지면서 주로 건축 형태에 부여된 의미에 관심을 가진 멈퍼드는 건축 형태를 창작자들의 문화적 가치를 검증할 수 있는 자료로 보았으며, 건축이 지어진 그 당시의 상황을 해석하기보다 그 건축에 부여된 의미를 텍스트, 즉 시각 이미지를 포함한 문화 텍스트로 이해함으로써 새로운 해석의 기초를 놓았다.

'산보하기'의 의미와 도시 문화의 시각화

벤야민은 『파사주론*Das Passagen-Werk*』에서, 산보자라는 개념을 유포한 보들레르Charles Pierre Baudelaire의 작품을 자세히 들여다봄으로써 이후의 도시 문화 연구에 중요한 개념으로 등장한 '산보자flâneur'를 발굴했다. '산보자'는 도시의 거리를 소요하는 신사로, 19세기 프랑스의 시인이자 작가인 보들레르의 표현대로 도시의 볼거리를 즐기면서 아스팔트 위에서 채집 · 조사하는, 즉 '산보하기flânerie'를 행하는 사람이다(Benjamin, 2005 : 128). 보들레르는 도시에 거주하는 사람들의 모습을 한 발 떨어져 쳐다보면서 관음증적인 즐거움을 취하는 이런 사람에 주목했다. "그는 도시의 모습을 관찰하면서 온종일 도시를 소요하며 지내는 '신사'다. 유행하는 옷이나 장신구, 건물, 가게, 서적, 새로운 것이나 주목을 끄는 것을 구경하며 끝없는 호기심으로 도시의 일상적인 모습을 엿보는 사람이다. …… 주변적 인물로 자신이 관찰하는 사람들로부터 소외된 모습을 보인다. 그는 군중 속의 고독한 인물이다"(Wilson, 1992 : 94-95 ; Baldwin et al., 1996 : 301에서 요약 재인용). 벤야민은, 산보자가 군중 속에서 피신처를 찾는데 군중은 베일이며 이를 통해 보면 친숙한 도시는 산보자에게 환등상die Phantasmagorie으로 변형된다고 보았다. 이러한 환등상이 백화점 장식의 영감을 제공해 주고 있으며, 백화점은 이러한 산보조차도 매출에 이용한다고 비판하는 벤야민은, 그럼에도 백화점을 박람회 등과 마찬가지로 산보에 마지막으로 남겨진 장소이면서 근대의 이미지를 주조한 틀이라는 점을 들어(Benjamin, 2005 : 127) 도시 근대성의 보고로 간주한다. 이로써 산보자를 '시장의 척후斥候 같은 사람'이며 동시에 '군중의 탐사자'(Benjamin, 2005 : 128)로 정의하고 있다.

근대 도시의 풍경을 시각적으로 채집하는 '산보자'가 지닌 중요성은 이런 인물이 취하는 관찰 태도에 있다고 하겠다. 이들은 모더니티라는 새로운 상황에 말을 거는 지적인 인물이다. 자유롭게 거니는 것, 특히 도시의 풍경을 응시한다는 의미를 지닌 '산보하기'는 산업화되어 가는 유럽에서 생긴 대도시라는 사회적 상황에서 가능한 일이다. 그러므로 산보자는 모더니티의 공공 장소에서 겪는 경험을 전형적으로 보여 주는 인물이라 할 수 있다. 도시를 소요하면서 군중 속에서 자신의 익명성을 유지하는 산보자는 안전하게 멀리 떨어져 다양한 상황을 바라본다. 그가 취하는 태도의 핵심은 세상 돌아가는 모습을 보면서 단순히 관찰만 하지, 이에 대한 처방이나 치유책을 내놓지는 않는다는 것이다. 이 때 시각이 가장 중요한 역할을 한다. 즉, "그는 공간과 사람들 사이에서 그에게 허가된 특권적인 시선을 떼지 않고 소요한다"(Jenks, 1995 : 146 ; Baldwin et al., 1996 : 303에서 재인용). 벤야민은 이렇게 채집·조사된 도시의 이미지들을 제시하면서 역사의 문화적 기억을 전달하는 역할(Buck-Morss, 2004 : 10-11)을 하고 있다.

한편 짐멜(Georg Simmel, 1903 : 200)에게 대도시는 구조화된 가시적 공간이나 외부의 움직임과 순간적 인상이 교차하는 만화경 같은 세계이기보다는 개인 간의 상호 작용이 일어나는 장소로서 추상적 기능에 따라서 이해되는 세계이지만 그와 동시에 근대 도시 문화에서 지배적인 위치를 차지하는 것이 시각적이라는 유미주의적 논의를 견지하게 하는 세계이기도 하다. 이 논지는 벤야민과 버먼Marshal Berman으로 이어지면서 도시를 텍스트로 읽는 것이 가능함을 시사한다(Baldwin et al., 2008: 342). 또한 짐멜에게 대도시는 일시적이고 덧없으며 우연적인 인식과 관계의 저장소로, 패션, 스펙터클, 진기함의 장소로, 그리고 개인적 열망, 불확실성, 익명성과 혼란이 등장하는 장소로 간주(Savage & Warde, 1996: 239)되었으며, 결국 이러한 특성들이 짐멜의 도시 문화 연구에서 근대성의 특징으로 각인되었다.

짐멜이 전근대의 문화와 근대성의 문화를 구분할 것을 강조한 반면, 벤야민은 무의식과 꿈의 과정에 우선순위를 두고 도시 환경과 그것들과의 관련성을 묘사했다. 이런 객관적 의미들은 지적인 분석 과정을 통해 개념적으로 포착될 수 없으며 상상적인 꿈의 과정을 통해서만 포착된다는 것이다(Frisby, 1985: 192; Savage & Warde, 1996: 172에서 재인용). 즉, 벤야민은 도시 형태가 관찰자들에 의해 경험되고 보여진다는 점에서 출발한다. 그에게 핵심적인 문제는 도시 경관이 어떻게 해석되며 그 의미가 어떻게 개인의 일상적인 경험 속에 각인되는가 하는 것이다. 도시에의 개인적 경험에 관한 벤야민의 개념화는 어느 한 입장에 쏠리지 않고 경험과 문화적 상징 사이의 관계를 확립하려는 의도에서 출발했으며, 이로써 벤야민은 도시를 사람들의 기억과 과거의 창고이며 문화적 전통과 가치들의 저장소로 보았다. 그러므로 벤야민에게 도시 텍스트를 읽는 것은 도시 경관을 지적으로 면밀하게 검토하는 것이 아니라 우리의 도시에 대한 인식 속에 담겨 있는 환상, 희망의 과정wish-process, 꿈을 탐구하는 일

(Savage & Warde, 1996: 171)이라고 할 수 있다.

벤야민이 보기에 사람들의 기억은 건축 형태의 경험 속에 밀착되어 있기 때문에 다양한 의미를 가질 수 있다. 이에 대한 이해는 기존의 설명들을 흩어 버리고 새로운 조합으로 신선한 이미지와 조각들을 맞추어 숨겨지고 모호한 의미를 드러내는 작업이다. 결과적으로 나타나는 알레고리들은 모호하게 숨어 있는 객관적인 의미를 포착하는 데 통찰력을 부여한다(Savage & Warde, 1996: 172). 벤야민의 '산보하기'가 이 글의 은유적 방법론으로서, 특히 표상 공간 읽기에 적절한 이유가 바로 여기서 발견된다. 즉 벤야민의 문화적 의미 읽기가, 근대 도시 형성의 물질적 조건을 구체적으로 따지고 파악하는 방법을 넘어서서 그러한 조건들이 문화 텍스트로 상징화되어 나타나는 표상을 포착하고 해석하는 데 유용한 시사점을 주기 때문이다. 물론 여기서 벤야민의 '산보하기'가 갖는 몰성적 gender-blind 측면에 대한 비판이 고려되어야 할 것이다.

'산보자'의 몰성적 측면에 대한 비판적 논의

도시를 문화 텍스트로 상정했을 때 텍스트 주석의 방법론으로서 벤야민의 '산보하기'를 선택하는 이유는 위에서 언급한 뛰어난 통찰력 때문이지만 그것만으로는 그 동안 끊임없이 젠더 관점의 결여가 제기되어 왔던 점을 모두 덮어버릴 수 있을 만큼 충분하지는 않다. 가장 대표적인 비판은 산보자가 기본적으로 남성으로 상정되어 왔다는 점이다. 즉 근대 도시를 소요할 수 있는 자유를 가진 '신사dandy'가 산보하면서 일정한 거리를 두고 당시의 도시의 대로에 활보하는 것이 허용된 여성들, 즉 성매매 여성이나 정숙하지 못한 여성들을 관음적으로 쳐다보는 시선의 주체로서의 남성이었으며, 동시에 여성은 다만 대상이었다는 점이 비판의 핵심이다(Berger, 1996).

벤야민의 '산보하기'가 원래적 의미에서 몰성적 행위라는 비판은 그 동안 여러 지리학자로부터 제기된 바 있다. 여성 산보자의 역할이 없다는 것은 공공 장소에서 여성의 참여가 제한적임을 상징적으로 보여 주는 것이라는 울프(Wolff, 1985; Baldwin et al., 2004: 303에서 재인용)의 주장은 더 나아가 여성 산보자가 보이지 않는다는 점이 산보의 자유가 얼마나 남성적 자유인가를 보여 주는 증거이며, 따라서 도시 풍광을 보는 산보자의 자유가 남성적 응시male gaze를 구현하고 있는 점을 강조하는 것이다. 그렇다고 페미니스트 지리학자들이 이러한 견해에 모두 동의하는 것은 아니다. 물론 산보자가 남성적이라는 커다란 틀에서는 인식을 같이 하지만 19세기 대도시에서 산보자가 독점적인 남성의 역할이었다는 울프를 비롯한 페미니스트 학자들의 비판에 대해 윌슨Elizabeth Wilson은 조금 다르게 인식하고 있다. 즉, 윌슨은 19세기 영국의 공공 장소에서 여성이 전적으로 배제되었다고 보는 것은 잘못이라고 지적하면서 백화점과 다방, 기차역과 간이식당, 여성 전용 식당, 여성을 돌봐 주는 공공 편의 시설 등이 확충되면서 중하층 여성들도 공공 장소를 경험할 수 있었으며, 최소한 일부 여성은 스스로 산보자의 기회를 가질 수 있었다고 주장한다(Wilson, 1992; Baldwin et al., 2004: 304).

윌슨의 논의는 어디까지나 여성 산보자가 전적으로 배제되었다는 비판에 대한 반박이지 산보자가 남성 중심적이라는 점을 부정하는 것은 아니다. 윌슨(Wilson, 1997: 277-284)은, 벤야민의 도시에 대한 의식이 결국은 19세기 파리의 신사들과 '산보자'들에 의해 발전되어 온 것이라는 점을 인식해야 한다고 주장하면서 이들의 도시 인식이 어떻게 남성 중심적으로 평가될 수 있는지 지적한다. 즉 윌슨에 의하면, 파리의 신사인 산보자의 의식은 1930년대에 상 파울루 도시 경관에 대해 차세대 산보자 인식과 태도를 갖게 되는 레비스트로스Claude Levi-Strauss로 이어졌고, 이는 남성 중심적 산보자의 계보를 보여 주고 있다는 것이다. 윌슨은, 레비스트로스가 상파울루의 도시 경관을 과장되고 초현실적인 대비에 기인한 '거칠음wildness'으로 인식하면서도 결코 보기 흉하다고는 생각하지 않는 것으로부터 부富와 빈곤의, 그리고 즐기는 것과 비참의 극단들이 도시에 대한 이런 인식에 본질적으로 기여했다고 보고, 이로써 산보자의 도시 인식이 우리의 가치를 전도시킨다는 점을 지적한다. 또한 윌슨은 이와 같은 궤변적 도시 의식이 근본적인 남성 의식이라는 점을 강조하면서 그 근거로, 성적인 거북함sexual unease과 가족적 제약을 받지 않는 바깥에서 추구하는 섹슈얼리티가 그 의식의 주요 선취점이었다는 점을 지적한다. 이런 근대 도시에서 여성은 요부, 창녀, 타락한 여성 등으로, 또는 위험에 처한 정숙한 여성으로, 나아가 유혹과 고난을 이겨낸 영웅적 여성으로 존재하게 된다는 것이다. 윌슨의 지적대로 벤야민 같은 작가는 도시 속에서 그들 자신만의 낯설음, 갈망, 그리고 욕망에 집중했지만 많은 작가들은 여성의 실재를 명확하게 질서의 문제로 위치지었다고 하겠다. 이상에서 살펴본 윌슨의 논의는 벤야민의 산보자 개념에 대한 비판적 검토를 가능하게 했으며, 이를 바탕으로 '산보하기'를 전복적으로 전유하기 위해 '검경으로 들여다보기'의 유용성을 검토하기로 한다

'검경으로 들여다보기'의 은유

프랑스 페미니스트 정신분석학자인 이리가라이Luce Irigaray는 박사 논문 「여성의 타자성에 대한 검경Speculum de l'autre femme」에서 남성 중심적인 서양 철학과 정신분석학에서 제기된 주체의 문제를 전복적으로 읽어냄으로써 검경檢鏡을 포스트모던 페미니즘의 중요한 상징으로 부각시켰다. 여기서는 이리가라이의 검경의 의미와 '검경으로 보기'의 방법론을 통해 구축된 여성의 몸을 통한 여성성의 전복적 정의를 살펴보고, 이로써 '검경

으로 들여다보기'라는 은유적 방법론의 수용 가능성을 검토해 보기로 한다. 원래 검경은 여성의 자궁을 들여다보는 데 쓰이는 의학 도구로, 이를 통해 육안으로 볼 수 없는 자궁의 안쪽을 비추어 볼 수 있도록 고안한 것이다. 이리가라이는 여성 육체의 안쪽에 빛을 집중시켜 보게 하는 오목거울과 남성에게 낯설지 않은 볼록거울을 대비시킴으로써(Irigaray, 1980: 183) 여성과 남성의 성적 기관의 차이를 은유적으로 설명하며 이로써 여성적 주체성과 남성적 주체성 형성의 과정이 다른 점을 강조한다. 즉 그녀에게 검경은 여성의 몸을 들여다보듯이 페미니스트 시각으로 남성 중심의 세계를 꼼꼼히 재해석하는 데 사용하는 거울로, 여성성을, 기이한 두려움das Unheimliche으로 규정했던 프로이트Sigmund Freud와 라캉Jacques Lacan의 정신분석학적 논의에 대해 반박하는 데 중요한 이론적 도구의 은유다. 이리가라이(Irigaray, 1980: 184)는 검경이 반드시 대상을 필요로 하는 하나의 거울일 필요는 없으며 오히려 아주 간단하게 음순과 주름, 자궁벽들을 벌리는 도구인데 이를 사용함으로써 내부로das Innere 시선을 들이밀 수 있고 무엇보다도 그곳을 사색적 의도를 가지고 볼 수 있다고 설명한다. 이로써 여성 성기관의 내밀한 부분을 들여다보는 도구로서의 검경이 여성의 성적 주체를 성찰적으로 보게 하는 이론적 도구임을 드러낸다. 이러한 이론으로 육체의 물질성을 성별화된 존재로서 여성 주체의 주요 기반으로 전환시키는 포스트모던 페미니즘의 줄기를 제공하는 이리가라이는 이를 결국 성차를 전면에 내세운 '차이의 정치학'을 구사하는 출발점으로 삼고 있는 것이다.

이리가라이는 검경으로부터 출발한 여성성의 개념 정의를 「하나가 아닌 성This sex which is not one」이라는 논문에서 발전시키고 있다. 이리가라이가 주장하는 본래적 여성성은 여성 몸의 독특한 다중적 구조에 그 기반을 둔다. 이러한 특성으로 인해 여성의 쾌락도 다중적이며 중첩된 성격을 지닌다는 것이다(Irigaray, 1996 : 81). 여기서 언급되는 다중적이며 중첩된 것으로 특징지어지는 여성성이 몸의 구조와 연결됨으로써 탈육체화되지 않으면서 구체성을 띠게 되는데 이것이 바로 이리가라이가 여성성을 가지고 말하고자 하는 여성 문화의 특성을 단적으로 보여 준다(이수자, 2004 : 103-104). 이로써 이리가라이는 여성의 몸의 특성을 들어 여성성을 중첩성과 다양성으로 정의내리면서 지금까지 부정적으로 인식되어 온 여성성을 물질적corporeal 차이를 바탕으로 하면서도 본질주의적이지 않은 방향으로 규정한다. 바로 여기에 이리가라이의 여성성과 여성 주체 형성의 전복적인 힘이 있는 것이며, 포스트모던 페미니즘적 이론을 전개하는 출발점에 '검경으로 보기'의 은유적 사유 방식이 존재하는 것이다. 따라서 이 글에서 방법론으로서 검경을 언급하는 것은 이미 존재하는 도시 공간의 표상을 지금까지와는 다른 방식, 또는 이리가라이 식의 전복적 독해로 읽어 내겠다는 의미가 된다. 여기서 전복적 읽기란 '산보하기'의 시각적 성찰성은 수용하되 몰성적 측면을 제거하면서 문화의 다양성과 중첩성을 은유적으로 읽어 내는 방식을 말한다.

여성성/남성성과 소프트 시티/하드 시티의 표상

윌슨은 산업 사회의 도시가 여성에게는 자유를 제공한다는 점을 들면서 도시의 남성/여성 이분법적 이미지가 등장하고 있음을 제시한다(Wilson, 1997 : 281). 윌슨이 제시한 도시의 남성/여성 이분법 이미지는 다음과 같다. 도시는 위용을 뽐내는 스케일, 타워들, 조망대, 그리고 무미건조한 산업 지역으로 남성적 면모를 보이는 반면, 둘러싸는 포용, 불확정성, 그리고 미로 정원 같은 탈중심성에서 여성적 면모를 보인다. 윌슨의 이분법적 도시 이미지는 이 연구에서 성별적 표상을 구분하는 데 중요한 기준을 제공한다. 이와 유사하게 레이번Jonathan Raban은 대도시를 근대적 도시hard city의 면모와 포스트모던 도시soft city의 면모가 공존하는 공간으로 규정한다(Raban, 1974: 9-10; Harvey, 1994: 22에서 재인용). 레이번은 물질적 재화의 대량 생산과 대량 소비라는 산업 사회의 지배적인 합리적 계획에 대항해 기호와 이미지의 생산에 초점이 맞추어진 도시를 상상하면서 이를 소프트 시티로 규정했다. 즉 "지도나 통계 수치 속에, 도시사회학이나 인구학, 건축학 연구 논문 속에 자리잡은 딱딱한 도시hard city보다 우리가 상상하고 있는 도시, 즉 환상과 신화, 열망과 악몽이 교차하는 부드러운 도시soft city야말로 더욱 실제적인 것이다."라고 정의함으로써 하드 시티와 소프트 시티가 근대성과 포스트모더니티를 대변함을 암시한다.

펠스키Rita Felski는 근대성을 남성적 합리성과 동일시하면서 여성성은 결국 근대를 넘어선 문화의 다변화된 감성의 세계에 속한다(Felski, 1998: 99)는 점을 들어 포스트모던한 특성이 있음을 지적한다. 펠스키의 이와 같은 근대성과 젠더 정체성에 대한 분류는 그 동안 있어 온 페미니즘과 포스트모더니즘과의 관계에 대한 이론적 논의에서 대체로 합의되고 있는 상황이다. 이 논의에 따라 남성성과 여성성을 레이번이 제시한 바대로 근대적 도시 = 하드 시티hard city, 포스트모던 도시 = 소프트 시티soft city 등식에 대입하자면, 근대적 도시는 하드 시티로서 남성성이 전면에 드러나는 도시이며, 포스트모던 도시는 소프트 시티로서 여성성이 표현되는 도시라고 유추할 수 있다. 이는 이리가라이나 시수Hélène Cixous 등 프랑스의 포스트모던 페미니스트들이 제안한 여성적 글쓰기에서 부드럽게 흐르는 유체의 상징들—가령 달빛, 우유 등으로 상징되는 여성성의 표현—, 그리고 본질주의적 맥락에서 부정적으로 정의한 여성다움의 새로운 해석(Cixous & Clément, 1986)과도 맞닿아 있다.

여성성과 남성성을 소프트 시티와 하드 시티, 나아가 포스트모던 도시와 근대 도시에 대입시키면서 분석하기 위해 성별 정체성을 간략히 살펴볼 필요가 있다. 우선 젠더란 두 성 사이에, 해부학적 토대를 둔 차이에 문화를 덧씌운 것으로 간주되곤 한다. 성sex은 남녀 사이의 생물학적 차이를 나타내는 반면에 젠더는 문화적으로 구체적인 사고, 행동, 느낌을 나타낸다. 따라서 여성성과 남성성은 젠더의 용어이며 여성 또는 남성에게 사회에서 적합한 것으로 여겨지는 방식으로 사고하고 행동하며 느끼는 방식을 지시한다. 성차는 문화적 정의와 상호 작용적 관습과 밀접하게 연결되어 있다(Connell, 1987). 커넬은 일반적으로 선호되는 남성성과 여성성의 특징을 '지배적인 남성성'과 '강조된 여성성'이라는 개념으로 포착했다(Connell, 1987: 183). 이 개념은 문화적으로 지배적인 젠더 코드, 즉 영화나 광고 등이 의존하는 동시에 구성하는 젠더 코드를 잘 표현해 주고 있다. 또한 지배 담론에 제시된 여성성·남성성과 실제 구체적인 경험 사이를 구별하는 것이 중요하다. 실제 경험과 지배적 젠더 코드 사이에는 주목할 만한 차이가 있다. 동시대 서구 문화에서 여성성, 또는 적어도 강조된 여성성은 남성성보다는 훨씬 더 재현적이며 자기 재현적 문제다(Baldwin et al., 2008: 168). 즉 남성이 자신의 '존재'로 거래하는 데 반해 여성은 자신의 '외모'로 거래한다. 이는 버거John Berger의 유명한 문장으로 요약된다. "남성은 행동하지만 여성은 (외모를) 보인다"(Berger, 1996).

필처J. Pilcher와 웰러한I. Whelehan의 정의에 따르면 "남성성은 남성으로서의 존재와 연관된 사회적 현실들과 문화적 재현들의 세트"(Pilcher & Whelehan, 2004: 82)다. 그들에 따르면, 복수로서의 '남성성들masculinities'이라는 개념도, 또한 남성으로서 존재하는 방식과 남성의 문화적 재현이 사회 간의, 그리고 남성들의 서로 다른 집단 사이에서, 역사적으로 그리고 문화적으로 서로 다르다는 인식 안에서 사용된다. 본질주의의 관점에서 남성성은 남성들이 살고 있는 사회적 맥락으로부터, 예를 들어 사회의 다양한 제도와 조직 안에서의 그들의 위치로부터, 그리고 젠더에 대해 사회적으로 적용 가능한 담론의 맥락 안에서 생겨나는 것으로 주장되고 있다(Pilcher & Whelehan, 2004: 83).

공간이 정체성과 여성성 사이에서 어떻게 연관되는가 하는 이슈에 대해 사례 연구를 통해 페미니스트 관점에서 연구한 레슬리D. A. Leslie는, 여성성이 크게는 문화적 장의 재현을 통해 구성된다는 점을 전제로 하여 이러한 정체성 구성과 이미지의 유통에서 공간은 기본적인 요소임을 밝히고 있다(Leslie, 1997: 300-301). 공간적 의미에서 소비는 가정home과 가장 근접하게 동일시되어 왔고 가정 그 자체는 흔히 여성의 몸과 연결되어 있다(Leslie, 1997: 305). 레슬리는, 역사적으로 가정의 사적 공간은 도시의 여성들에게 접근할 수 있는 이상적인 공간을 제공해 왔는데 포디즘의 대량 소비 가구의 쇠퇴와 함께 여성들의 시장과 전통적 역할이 점차 분절화되고 경쟁적이 되었다는 점을 지적한다. 그녀는 또한 잭슨Peter Jackson의 연구를 인용함으로써 개인은 자신을 다른 공간적 세팅 속에서 각기 다르게 재현한다는 점을 주지시키면서 정체성에 대한 도시 경관의 균열적인 효과를 강조한다.

3. 사례 분석: 서울 도심에서 검경을 들고 산보하기

공간 구조와 근대적 생활 양식

근대성이 도시 공간과 연결될 때 이는 특정한 경험 양식을 의미하는 개념이라고 할 수 있다. 버먼Marshal Berman은 서구 도시 생활의 미학적 성찰에 대한 연구에서 '근대성의 경험'을 핵심적 원리로 삼고 있다. 버먼은 오늘날 전 세계의 모든 사람이 함께하는 생생한 경험—공간과 시간의 경험, 자아와 타자의 경험, 가능성과 위험의 경험—방식을 '근대성'이라고 명명하면서, 근대성의 양면적 경험은 덜 개방적이고 통제 가능한, 그리고 그렇기 때문에 더욱 사회적으로 안정되고 예측 가능한 전통적 생활 방식과 대비되며 또한 도시 생활에 영향을 미치는 자본주의 경제 구조와 긴장 관계에 놓여 있다고 본다(Berman, 1983: 1). 근대 도시를 생활 양식의 측면에서 '읽는' 작업은 표면surface이나 외관appearance을 관찰하는 방법론과 맞닿아 있다. 생활 양식을 규정하는 특정한 방식 중에서, 묘사하고 보는 방식은 새로운 형태의 사회적 결합에 대한 도상학이 되는데, 그 이유는 근대성이 실현되는 지금의 사회는 드보르G. Debord의 표현대로 스펙터클의 사회로서 생활 양식 실천의 차별화를 사용하고 이해하고자 하는 사람들에게 사물과 사람, 행위의 외관은 관심의 주요한 측면이 되기 때문이다(Chaney, 2004: 135-148 참조).

근대성과 생활 양식에 따른 성역할 이분법적 공간 구조

근대적 생활 양식이 도시 공간에 젠더 이분법적 영역의 분리를 가져온 가장 두드러진 공간적 분할은 공적 영역의 가장 전형적인 영역인 사무실이나 공장과 분리된 사적 영역으로서의 거주 공간이다. 이는 자본주의와 근대화 과정과도 밀접하며 공적 영역과 사적 영역의 성별 이분법적 참여 양상이 바뀌고 성별 분업의 내용이 변화하는 것과 관련이 있다. 예를 들면 서울의 경우 소규모 단독주택 밀집 지역과 대단위 아파트 단지로의 분할이 그것이다. 거주 지역에서도 강남과 강북, 도심과 외곽, 그리고 사무실과 주거 지역의 분할 등이 생활 양식과 밀접하게 연관된다.

도시 문화에 대한 고전적인 시도는 도시사회학의 주류학파인 시카고 학파의 토대가 된 워스Louis Wirth의 『생활 양식으로서의 도시성*Urbanism as a Way of Life*』(1938)을 들 수 있다. 워스가 말하는 생활 양식으로서의 도시성이란 개인적 다양성, 친밀한 인격적 교제의 상대적 결여, 대개 익명적이고 피상적 · 일시적이게 되는 인간 관계의 분절화, 그리고 이와 관련된 특징들을 가리킨다(Wirth, 1938: 1; Savage & Warde, 1996: 127에서 재인용). 이러한 도시성은 근대화가 진행되면서 점차 여러 하위문화 집단의 다양한 일상적 경험으로 확장되어 왔다. 이와 연관해 페미니스트 연구자들은 공공 공간과 사적인 개인 공간의 구분이 갖는 성적 의미를 지적한다(Chaney, 2004: 164). 다비도프와 홀(Davidoff & Hall, 1983)이 대표적인 학자인데, 이들은 많은 페미니스트가 같은 논리에 따라 파악했듯이 공적 노동과 사적 노동을 담당하는 성별 이분법에 의거해 공공 영역은 남성의 영역으로, 사적 영역은 여성의 영역으로 파악한다. 즉 근대 도시에서 새로운 도시 공간은 도시의 물리적 윤곽에 기반한 새로운 형태의 남성 지배와 관련된다는 것이다(Davidoff & Hall, 1983: 344; Chaney, 2004: 164에서 재인용).

근대적 생활 양식이 반영된 도시 공간 구조를 젠더 관점에서 파악할 때 가장 대표적인 공간적 구조 변화는 아파트 등 집단 주거 공간과 할인 마트나 백화점 등 소비 문화의 공간을 중심으로 살펴볼 수 있다. 한국에서, 특히 서울에서 근대화 과정을 거치면서 아파트는 여러 가지 상징으로 부상했다. 우선 중산층이 생겨나는 1960년대 말, 그리고 본격적으로는 1970년대 이후에 아파트도 함께 탄생하면서 명실공히 대표적인 근대적 주거 공간이 되었다(이진경, 2000; 박철수, 2006). 한국의 근대화 과정에서 아파트의 등장은 주거 공간에 대한 주도권이 여성에게로 넘어오는 것을 뜻한다. 즉 아파트의 일반화는 생활 양식의 근대화와 직접적인 연관을 맺으면서 무엇보다도 입식 부엌과 더 나아가 '주방' 개념의 도입과 맥락을 같이한다. 침실, 욕실이라는 각기 특수한 기능을 가진 개인적 공간과 가족의 공동 공간으로서의 거실이 이전의 대표적 주거 공간이었던 단독주택과는 확연히 다른 개념으로 새롭게 탄생하게 된 것이다. 한편 아파트가 일반화되기 이전의 가옥 구조에서 응접실이나 마당으로 대표되는, 공적 공간과 사적 공간이 만나는 접경 공간이 혼재해 있었다면 이제 아파트로 대표되는 거주 공간은 온전히 핵가족의 사생활이 보장되는 근대적 생활 양식의 징표로 공고해졌다. 전통 가옥에서는 사랑방으로, 좀 더 근대적 의미에서는 응접실이라는 이름으로 외부와 내부의 중간 매개 역할을 하던 공간이자 주로 남성 가장에 의해 내밀한 공간과는 차단된 방식으로 존재하던 공간은 아파트에서 사라지고 대신 거실이라는 이름으로 가족의 공동 공간이 됨으로써 가족 외의 사람들과의 접촉은 집 밖으로 완전히 밀려나 카페나 최근의 주상복합 아파트의 경우에는 공용 서비스 공간으로 따로 마련되는 상황이다.

그렇지만 아직까지도 한국에서의 젠더화된 공간성은 여전히 유지되고 있으며(Kim, 2007) 이로써 공적/사적 영역의 이분화가 성별 분업을 공고화해 온 근대화 과정이 우리나라에서는 아파트의 공간적 특성과 분화로 재현됨을 알 수 있다.

성별 분업이 투영되는 공적 영역과 사적 영역의 이분화

근대에 들어서면서 공적 및 사적 영역의 제도화와 함께 공적 영역은 일반적으로 노동의 세계, 조직적 문제인 남성의 관심사로 이해되었다. 반면 사적 영역은 가족의 생활 양식과 다른 가족 성원들에 봉사하는 가족 관계와 여성의 관심사에, 즉 가정에 집중되었다. 최근 들어 페미니스트 지리학자들에 의해 제기되는 몸과 가정이라는 미시 스케일은 젠더 관계의 양상 연구에 새로운 자극이 되고 있다(정현주, 2008: 906). 영역 사이의 구별은 가정과 노동 사이의 차이에 육체적으로 각인되었으며, 이 구별은 직업과 거주 사이의 명확한 분리와 함께 도시 주변 거주지의 발전으로 분명해졌다. 한국에서도 산업화가 본격화되기 시작한 1970년대는 이러한 노동 시장의 성별 분리가 뚜렷했고, 이는 일부 여성들이 진출한 사무직에서도 직장 내 권한의 위계 구조화로 영역적 · 공간적 분리로 반영되었다. 미국 내 노동 시장의 성별 분리와 사무실의 공간적 분리에 대한 스페인(Spain, 1992)의 연구에서는, 이미 사무직에 여성들의 비율이 높았으므로 오히려 여성들만으로 채워진 대형 사무실이 특이한 연구 대상으로 등장하고 있는데, 한국처럼 대형 사무실에 수십 명의 남녀 직원이 한꺼번에 사무를 보는 경우와는 대조적인 풍경이다.

1980년대 초반 국내 S그룹에 근무했던 필자의 체험에 의하면, 여성의 사무직/전문직으로의 진출이 전면적이지 않던 1980년대 대기업의 사무실 배치에서 공간의 분할이 산업주의적 노동 통제와 규율 시스템을 투영하고 있음을 알 수 있다. 당시 S그룹 본사는 서울의 도심에서도 다양한 권력이 집중되어 있는 세종로와 연결된 태평로에 위치해 있었기 때문에 외관상 당대로서는 고층에 속하는 28층짜리 직사각형 건물로 인한 근대적 위엄을 보임으로써 성별적 이미지를 표현하고 있었다. 건물 내부의 성별적 분할 측면에서 S그룹의 경영 권력이 집약적으로 지배하던 그룹 비서실의 사무실 내 직원의 공간적 배치는 아주 상징적이라고 할 수 있다. 당시 사무실이 주로 들어 있던 대형 빌딩들은 그 규모면에서 위압적이며 공간의 점유에서도 남성이 압도적 우위를 점하며 내부 공간의 분할에서도 권력의 순서대로 공간의 크기는 나뉜다. 당시 대부분의 대기업 사무실은 엄청나게 많은 직원이 하나의 대형 사무실 공간에서 일하면서 가장 입구에 가까운 쪽은 제복을 입은 고졸 여직원들이 앞을 향해 일렬로, 그 뒤로는 서열에 따라 차례로 대졸 남자 직원들이 배열되고 가장 뒷자리에는 그 부서의 책임자가 모두의 뒤통수를 쳐다보면서 언제라도, 무슨 움직임이라도 포착할 수 있는 위치에 배치하고 있다. 근대적 시선의 권력 체계가 노동 과정의 규율 체계로 공간에 그대로 투영된 예다. 즉 감시하고 통제하는 시선의 권력자가 가장 뒤에 있고 차례로 앞으로 보고 앉아 있는 형상은 푸코Michel Foucault가 파놉티콘panopticon으로 설명하던 응시의 권력 체계의 근대 산업자본주의적 실현이라고 할 수 있다.

파놉티콘에서는 감시하는 자와 감시당하는 자로 이원화되지만 근대적 사무 공간의 구조는 서열에 따라 중첩적으로 감시와 통제가 이루어진다. 즉 가장 뒤와 가장 앞에 있는 사람들을 제외하고는 모두 감시하면서 동시에 감시당하는 위치에 있게 되는 것이다. 그 응시의 권력 구조 가장 말단에 고졸 여직원이 위치함으로써 성별 분업이 시선의 권력 구조화된 공간에서 작동함을 알 수 있다. 유교적 사고 방식이 남아 있던 당시의 남녀 간의 권력/위계 구조가 자본주의적 노동 통제 과정에서 그대로 혼합되어 공간적으로 재현되었다는 점이다. 즉 여성을 외부와 직접 대면하는 사무실의 전면에 배치하는 것은 사실상 유교적 관념에 배치되면서도 여전히 남녀 간의 위계 구조를 관철시키는 사고 방식의 표현인 것이다. 공공기관이나 은행 등의 민원 창구 담당자의 대부분이 여성이라는 점도 마찬가지여서 지위와 권한에서 가장 최전선에 포진됨으로써 조직 내에서의 공간적 위치 자체가 안과 밖의 경계에 놓여 있음을 보여 준다. 특히 이의 현대적 직종인 텔레마케터, 대형 마트의 계산원 등 공간적으로 최전선에 놓여 있는 사람들은 거의 예외 없이 여성이면서 비정규직 고용이 적용됨으로써 직종에서의 수평적 성별 분업과 지위의 수직적 성별 분업을 공간적으로 보여 주고 있다.

도시 문화와 표상 공간에 투영되는 젠더 정체성

르페브르Henri Lefevre가 분류한 공간의 세 요소triad인 공간적 실천la pratique spatiale, 공간의 표상les représentations de l' espace, 그리고 표상 공간les espaces de représentation은 경험된 공간, 인지된 공간, 상상된 공간으로 등치되어 불리기도 한다(Lefebvre, 2000 : 48-57). 르페브르는 이러한 공간이 더 이상 지리적이고 물리적인 속성으로 규정되는 것이 아니라 점차로 자본주의적 힘의 생산물이 된다는 점을 들어 공간의 사회적 생산을 주시했다. 근대적 도시 공간을 표상으로 해석하는 데 중요한 개념을 린치Lynch는 가독성legibility과 이미지성imageability으로 들고 있다. 린치가 말하는 가독성은 "도시의 각 부분이 통합된 형태로 쉽게 인식되고 구성될 수 있다"(Lynch, 1960 : 2-3 ; Baldwin, 2005에서 재인용)는 것을 뜻한다. 가독성보다 더욱 중요한 개념으로 꼽는 이미지성은 "어떤 관찰자에게 강한 인상을 불러일으킬 가능성이 높은 도시의 물리적 속성"(Lynch, 1960 : 9 ; Baldwin, 2005에서 재인용)을 의미한다. 이 의미성을 구성하는 요소는 통로, 경계, 구역, 결절점, 이정표 등이다. 물론 이러한 요소들은 다분히 물리적 도시 공간의 가시적인 부분을 가리키기 때문에 이 연구에서는 분석의 주요 대상이기보다는 일종의 보조적 개념으로서 역할을 할 것이다.

성별화된 표상으로서의 도시 공간은 우선 공간의 구획 또는 분할, 공간의 점유 방식, 공간의 성격, 그리고 공간의 이미지를 중심으로 분석되었다. 사무실과 주거 공간의 구획, 쇼핑 몰과 카페를 중심으로 한 공간의 소비와 욕망의 발현, 노동과 욕망, 몸을 통한 젠더 정체성의 구현doing gender, 아파트가 가지고 있는 상징과 광고에서 이미지화하는 성역할, 관계맺기의 공간에 대한 성별화된 표상, 광장의 소멸 등은 근대 자본주의적 생산 양식과 생활 양식의 다양한 교차점의 가시적 결과들이다.

하드 시티와 남성성

레이번이 정의한 바를 원용한 설명을 근거르 할 때(Harvey, 1994: 22), 근대적 도시는 하드 시티로서 남성성이 전면에 드러나는 도시이며 포스트모던 도시는 소프트 시티로서 여성성이 표현되는 도시라고 할 수 있다. 이러한 분류에 통상적인 젠더 정체성을 대입해 봄으로써 서울을 하드 시티hard city와 소프트 시티soft city 범주로 구획지어 보면 다음과 같은 해석이 가능하다. 하드 시티로서의 면모는 대체로 산업화 과정이 진행되는 시점까지 구축된 도시의 부분들, 특히 위용을 자랑하는 건축물과 전통으로부터 근대적 시대 정신의 구현이 이루어진 도시 구역이 해당된다. 급박한 근대화를 이룩하는 데 동원되었던, 이른바 '자본주의 산업화'의 상징물인 삼일빌딩, 세운상가, 삼일고가도로를 비롯한 고가도로, 고속도로 등은 최대한 빠르게 물류를 운송함으로써 공장 가동을 최대한으로 가능하게 하려는 목적을 실현하기 위해 구축되었고, 이들은 전형적인 하드 시티를 구성하며 이의 표상으로 각인되어 있다. 도시를 건축 텍스트의 산물로 분석하는 것은 설립자나 개발업자들의 의미를 지나치게 강조하는 것일 수 있으며 건축 형태에 대한 해석도 상당히 모호해질 수 있다는 비판도 있으나 오히려 건축의 의도를 제대로 파악함으로써 그 건축물이 건립된 맥락을 제대로 파악하는 토대가 될 수 있다. 세운상가나 삼일고가도로 등을 보면 산업 근대화 과정에서 서울의 산업화 촉진의 상징으로 내세우려는 권력층의 의도와 설립자의 의도를 짚어낼 수 있다.

서울의 하드 시티로서의 면모는 이른바 남성성으로 일반화되는 힘, 특히 근대 산업화의 상징인 망치를 내려치는 근육의 힘과 등치된다. 즉 커넬Robert W. Connell이 정의한 바 '헤게모니적 남성성'이 하드 시티의 구체적인 재현물인 건축 구조물로 표상되면서 동시에 경제 성장 제일주의적 산업자본주의를 구현해 내고 있다. 하드 시티로서 근대 도시의 표상으로서 대표적인 건축물 중 하나인 세운상가는 건축물의 외양뿐 아니라 장소성의 측면에서 건축 과정에 이르기까지 상당히 폭력적인 측면을 중첩적으로 가지고 있어서 남성성의 표상으로서 해독할 수 있는 요소를 여러 가지 가지고 있다. 즉 건립 전, 건립 과정 그리고 최근 도심재개발 계획에 의해 일부가 1차적으로 녹지로 만들어지는 과정 등 전반적으로 공격성이 관철된 장소의 상징이다. 즉 장소성에서 한국의 근대사가 그대로 용해되어 있는, 서울에서 몇 안 되는 장소로서의 특성을 가지고 있다.

세운상가가 건립된 장소는 원래 1945년 일제에 의해 태평양전쟁 막바지에 미군의 공습에 대비해 소개疏開 도로로 만든 폭 50미터, 길이 1,180미터의 공터였다. 1945년 3월 일제가 도시 소개 대강을 내리고 경성의 열아홉 군데 소개 공지와 소개 공지대를 고시했는데 소개 전에는 초가와 기와지붕으로 장관을 이루던 '목조 도시'의 중심이었다. 이로써 대대적인 철거를 거쳐 소개지가 되었던 것이다. 해방 후 한국전쟁을 거치면서 이곳은 전쟁으로 인한 빈민들이 모여들면서 '거대한 바라크 지대'가 형성되었으며 1960년대 중반까지 무허가 판자촌과 사창가가 되어 이른바 종삼의 남쪽 부분이 되었다. 1966년 4월 서울시장으로 부임한 김현옥은 수많은 교량과 도로를 건설하고, 한강 개발과 여의도 건설, 시민아파트 등을 지음으로써 '불도저'라는 별명을 얻은 바 있다. 그는 "수도 서울 한가운데 이런 곳이 있어서는 결코 안 된다"는 신념에 따라 별명대로 '불도저'식 재개발을 시작했다. 또한 당시 30대로 국회의사당 현상 설계에 당선되어 한국의 근현대 건축의 중심 인물이 된 건축가 김수근과 의기투합해 지금의 총칭 세운상가가 건립되었다(권기봉, 2008: 110-120).

르 코르뷔지에Le Corbusier의 건축적 개념을 도입해 입체 복합 도시를 실현한다는 취지로 김수근은 보행자 몰과 보행자 전용 데크, 학교, 하늘 정원 등을 설치했다. 설계가 1966년에 시작되었는데, 다음해 11월에 박정희 대통령도 준공식에 참석할 만큼 급속하게 건설되었고, 이로써 당시 정부가 근대화의 상징물로 삼고자 했던 건축물에 대한 조급한 성과주의적 열망이 어떠했는가를 짐작케 하는 결과다. 종묘 앞에서부터 남산에 이르기까지 1킬로미터가 넘는 길이로, 8층에서부터 17층에 이르는 높이의 주상복합 콘크리트 구조물은 중간의 청계천, 을지로 등 가로지르는 거리의 윗부분은 데크로 연결해 거대한 배와 같은 위용을 자랑하게 되었다. 이로써 당시로서는 최고급에 속하는 아파트와 호텔, 상가가 함께 있고 서울 도심의 어디에서고 보이는 거대한 건축물로서 70년대 강남이 개발되기 전까지 서울의 근대적 상징물 중 하나로 존재했다.

애초의 계획대로라면 세운상가에서 서울 시민들은 벤야민이 19세기 파리의 아케이드를 산보하면서 도시 문화를 읽어 내었듯이 3층의 데크로 연결된 1킬로미터 넘는 상가를 1층으로 내려가거나 건물을 나가고 다시 들어옴 없이 소요하며 상점을 구경할 수 있었던 것이다. 그러나 이러한 산책과 소요의 가능성은 차단되고 점차 주류를 이루던 전자상권이 용산 전자상가로 이전되면서 각종 포르노 비디오테이프나 잡지 등을 몰래 파는 이른바 '삐끼' 아저씨들이 등장하게 되었다. 어떤 의미에서는 이들로 인해 세운상가가 건립되기 이전의 '종삼'의 이미지가 다시 재연되었다는 점에서는 장소의 흔적이 쉽게 사라지지 않는다는 점이 놀랍다고 하겠다(국민일보, 2009. 3. 19일 검색). 세운상가는 전쟁의 흔적을 밀어버리고 '세계의 기운'을 끌어 모은다는 기치에 따라 지어짐으로써 박정희 식의 산업 근대화가 저돌적으로 밀어붙여 탄생시킨 '힘'의 건축물이자 산업주의가 재현해 낸 근대적 남성성의 대표적인 표상이다.

한편 특정한 건물이 외화外華하는 전문적 그룹의 지위와 욕망을 사회학자 맥도널드Keith MacDonald는 런던의 공인회계사 홀을 예로 설명하고 있는데, 이는 한국의 70년대 산업계를 장악하고 있던 이른바 '재벌' 그룹의 사옥들에 적용해 볼 수 있다. 맥도널드는 회계사들, 영국 변호사협회를 대표하는 법조인들, 영국 로열 의과대학을 대표하는 내과 · 외과 의사들을 조사했다. 공인회계사 홀이 공인회계사라는 직업의 지위를 상징적으로 명확하게 보여 주고 있다고 주장하면서 회계사의 지위는 "그들의 욕구에 어울리고 수요가 있는 비싼 건물 부지, 위압적이고 매우 비싼 건물 성격, 전문가에 의해 평가된 건물의 지명도, 건물 구입에 쓰인 자금에 의해 상징적으로 입증된다" (MacDonald, 1989 : 75 ; Baldwin et al., 2004 : 344에서 재인용)고 설명한다. 그런 건물을 구입하고 사용한다는 것은 눈에 띄는 소비를 하는 것이며, 자신들의 권력을 고양시키려는 일종의 전략적인 시도로 해석된다.

서울에서도 1970년대 지어진 대부분의 재벌 그룹의 사옥이 이러한 설명에 조응하는데, 예를 들어 서울역 건너편에 있던 대우빌딩, 태평로에서 오랜 기간 가장 현대적인 고층 건물로 위용을 떨쳤던 삼성본관 등이 그것이다. 이제 이들 건물은, 하나는 그룹의 몰락으로 매각되고, 다른 하나는 자본주의적 경제 권력이 이동해 지배하는 지역인 강남으로 이전하면서 처음의 맥락을 잃어버린 건물이 되었다. 한편 관공서 건물 중에서도 가장 권력과 맞닿아 있는 검찰청과 법원 건물, 그리고 국회의사당 건물이 외양상 갖는 위압적인 이미지는 당시의 사회적 분위기와 조급한 근대화에의 의지를 그대로 표현하고 있다. 이는 권위, 육체적 단단함과 강함, 이성애와 임금 노동으로 둘러싸인, 문화적으로 지배적인 남성성의 이상ideal이라고 지적한 커넬의 '헤게모니적 남성성'의 공간 구조적 표현이라고 해석된다. 젠더 이론의 한 부분으로 남성성에 관한 사회과학적 분석을 발전시켜 온 커넬에게, 젠더는 인간 육체의 재생산적이고 성적인 능력에 기초한 지속적인 해석과 정의의 최종 산물이다(Connell, 1995 ; 2000). 그러므로 남성성, 그리고 여성성은 육체에 관한, 인간성에 관한, 그리고 한 사회의 문화와 제도에 관한 이들 해석과 정의의 효과로 이해될 수 있다. 커넬의 논거에 의하면 남성성은 현대 서구 사회의 '젠더 위계gender hierarchy'에서 여성성보다 상대적으로 높은 위치를 차지한다(이수안, 2008: 144-145).

세종로를 광화문에서부터 서울역 방향으로 바라보자면 이 거리의 표상은 확연하게 권력 지향적임을 알 수 있다. 청와대에서 시작된 권력의 공간은 정부종합청사, 외교부와 맞은 편의 미국대사관, 문화체육관광부 청사 등의 서로 견제하면서도 상호간에 힘을 모으는 관계로 형성된다. 세종로 네거리를 지나면서 동아일보, 조선일보, 서울신문 등 언론기관의 사옥들이 서울 시청, 서울 시의회까지 함께 하는 거리에 고층 건물로서 위용을 보이면서 늘어서 있다. 또한 세종로를 권력과 연상해 볼 수밖에 없도록 하는 가장 핵심적인 상징적 요소는 바로 이순신 장군상이다. 군사정권에 정통성을 부여하는 무신상武臣像은 박정희 대통령의 특명에 의해 만들어졌으며 조각상의 크기나 12미터나 되는 높은 좌대로 이 조각상은 엄청난 위용을 자랑하는 상징물이 되었다. 조각상을 세울 당시에는 일제가 건축한 중앙청이 아직 건재할 때이므로 역사적으로도 정치적 권력의 표상인 건축물들이 도열한 가장 정점에 이 조각상이 서 있었던 셈이다. 최근 들어 교보문고의 외관에 다달이 바뀌 다는 시구와 그림, 그리고 일민미술관과 금융박물관 등 일련의 갤러리, 그리고 청계광장(일명 소라광장)과 잔디로 깔고 다양한 공연 무대로 등장한, 또한 촛불 시위의 근원지가 된 서울시청 광장 등이 그나마 부드러운 도시soft city의 면모를 갖추면서 여성적 표상이 혼합되기 시작했다.

소프트 시티와 여성성

하비David Harvey에 의하면, 포스트모던 도시soft city는 "우리가 상상하고 있는 도시, 즉 환상과 신화, 열망과 악몽이 교차하는 부드러운 도시"로서, 벤야민이 산보자의 시각을 통해 본 19세기 근대 대도시의 환상적 이미지와 맞닿아 있다. 여기에는 공원, 녹지, 테마파크, 그리고 좀 더 확대하면 백화점 등 쇼핑몰이 속할 수 있다. 채니는 백화점이 상품 세계를 찾아 헤매는 익명의 고객들에게 새로운 기회를 제공하는 거대 도시 중심부의 변화에서 가장 명백한 요소이며 산보자들의 압축된 근대성의 거리로 기능한다고 지적하면서 또한 새로운 형태의 생활 양식이 소비주의라는 문화적 형태의 폭넓은 서사narrative, 즉 환상, 과도함, 스펙터클 등의 표제어로 요약될 수 있다고 주장한다. 이러한 주장과 더불어 소비주의에 대한 비판 중 특히 여성이 비합리적 설득에 특히 취약하다는 전제에서 출발한 소비 문화의 여성 독점을 도덕적 가부장제로 설명하고 있다(Chaney, 2004 : 44). 채니의 설명에 의하면, 여성이 소비 문화의 주요 고객이라는 가정은 최근 낡은 것으로 치부되고는 있지만, 전통적으로 생산과 소비 사이의 구별에 기초한다.

대형 백화점의 경영 방식이나 판매 방식은 철저하게 자본주의적 경영 전략에 의해 남성적 합리성에 의해 구성되는 데 반해 소비자는 여성으로 상정되면서 생산(남)과 소비(여)의 이분법이 통용된다. 소비를 주로 담당하는 여성들의 경우 백화점이나 쇼핑몰의 방문자의 대부분을 차지하는데, 이렇게 백화점 내의 산보자로서, 그리고 소비의 최전선에서 시장에 포획되는 존재로서의 역할을 하여 벤야민의 산보자 역할을 연상시킨다. 서울에서 대표적인 대형 백화점인 L백화점과 S백화점, 그리고 H백화점은 산업 자본주의의 산물인 재벌 기업의 방계 회사로서 이미 그 존재 자체가 근대적 물신주의의 표상이다.

건축적 측면에서 보면, L백화점 본점의 경우 파사드façade(서양 건축의 정면 · 전면)가 위압적이면서 고급스러운 자재로 이루어져 있다. S백화점 본점의 경우는 근대 건축의 하나로서 향수를 자극하면서도 물자가 귀하고 백화점이 거의 없던 시절에 건립되어 근대의 백화점이 갖는 귀족적 이미지를 그대로 보존하고 있다. 이러한 귀족적 이미지는 건물의 넓은 중앙 계단에서 우아한 난간과 널찍한 계단 폭 등을 통해 유지되고 있다. 이는 이전의 쇼핑 몰이나 다른 대형 백화점들이 생겨나기 이전부터 갖고 있던 근대적 '백화점'이 갖고 있는 고급 이미지를 전략적으로 이용해 상류층 여성을 주요 타깃으로 하고 있다는 점을 공공연히 표방하고 있다. 여성이 백화점의 산보자임은 1층이 으레 고급 여성용 상품 매장으로 사용되는 것으로 입증된다. 즉 화장품과 핸드백, 귀금속 매장 등을 배치해 여성들의 눈길을 끌어들이는 것이다.

근대 초기 일제 시대의 백화점이 상류층의 전유물처럼 기능해 온 것과 비교해서 최근의 백화점은 쇼핑 몰과 비슷한 위상을 차지하며 차별화된 백화점으로는 입구를 따로 만드는 명품관이 있다. 이곳이야말로 선택된 소수자들의 여유로운 산보가 가능한 공간이다. 한편 삼청동이나 인사동 등 북촌의 전통적 동네의 풍광이 남아 있는 지역은 아기자기한 상점들로 인해 소프트 시티의 면모를 많이 보여 준다. 이곳은 갤러리들이 포진해 문화 자본이 많은 사람들이 소요하는 장소로서 산보자들의 새로운 아케이드다. 그와 연관해서 가회동, 재동 등 북촌의 전통적인 지역뿐 아니라 경복궁 서쪽의 통의동, 창성동 등 새롭게 갤러리와 카페들이 들어서는 지역은 아기자기한 면모들로 여성 산보자들의 선호 지역이 되고 있다.

이렇게 본다면 소비 문화의 새로운 시대는 무엇보다도 백화점의 성장과 함께 시작되었다고 할 수 있는데 이는 대형 쇼핑 몰로, 인터넷 쇼핑몰로, 그리고 다시 복고풍 소상점들로 이어진다. 이들 상품의 무한한 번영의 장소는 해방을 위한 새로운 자유와 새로운 기회를 제공했다. 구매 행위는 더 이상 필요 물품의 보충이나 새로운 물품에 대한 개인적 관심이 아닌 것으로 바뀌었다. 비인격적 익명의 이상적 전시 속에서 구매자는 원하는 대로 헤맬 자유를 갖게 되었고, 개인적 위향을 추구하고 개인적 여행을 구성하기 위해 무한한 편의 시설을 이용하게 되었다. 서울의 소비문화 경관에 대한 연구(심승희 · 한지은, 2006 : 61-79)에서 주로 지역 특성에 따른 취향의 문제가 쇼핑 몰이나 백화점 분석에 투영된 것으로 해석해 포스트모던한 특성을 지적한다. 즉 '생활 양식'의 구매가 가능해졌고 표준화되었다(Schields, 1992 ; Chaney, 2004 : 44에서 재인용)는 점에서 포스트모던한 성격을 보여 주는 것이다.

이는 서울의 경우 아파트를 통해 더욱 극명해졌으며 최근 들어 선풍적인 인기를 끌고 있는 주상복합 아파트는 바로 거주와 여가, 그리고 쇼핑을 하나의 건물 안에서, 그것도 가장 쾌적한 상태에서 향유할 수 있다는 점에서 생활 양식의 구매를 고가로 하게 되며 이 때의 생활 양식은 표준화를 넘어 차별화된 포스트모던적 생활 양식이 된다. 왜냐하면 홈 오토매틱, 무인경비 시스템, 자동 환기 시스템 등 최첨단의 자동 시설과 언제나 취할 수 있는 여가 등이 보장되기 때문이다. 이로써 주상복합 아파트는 건축적 외양으로는 윌슨(Wilson, 1997 : 281)이 지적하듯이 남성적 위용을 자랑하지만 그 내부의 공간은 사적 공간과 헬스 클럽 등 커뮤니티 공간인 준사적準私的, semi-private 공간으로 구성되기 때문에 근대성과 후기 근대성이 혼재된 표상을 보여 준다.

전시와 오락의 스펙터클한 장소로서 도심지의 발전에 관해 언급했던 채니는 도심지가 도시 주변에서 온 방문자를 위한 중심으로서 여성들도 점차 접근이 쉬워지는 새로운 형태의 공적 장소를 제공하는 역할을 하는데 특히 백화점은 여성 고객들에게 의존하며, 점차 여성 직원들로 채워진다는 점을 강조한다. 즉 도시 주변의 여성적 성격과 소비주의의 여성적 강조 사이에는 공생 관계가 있으며 또한 소비 문화 발전에서 표현되는 보충적 상호의존성이 있다는 것이다(Chaney, 2004: 45).

같은 성별 내에서도 계층적 · 인종적 차이가 공간을 분할의 기준으로 작용하거나 공간의 성격을 변화시킨다. 백화점은 전형적인 여성 공간이지만 그 안에서 서비스를 제공하는 여성과 '산보자'로서의 지위를 누리면서 내부와 외부를 자유자재로 드나들 수 있는 서비스 향유자로서의 상류층 내지 중산층 여성들 간의 계층적 차이가 존재한다. 물론 1970년대 사회계층이 좀 더 뚜렷하게 구분되던 시대에는 특정한 지역이나 공간이 바로 그 사람의 계층적 지위를 가리켰기 때문에 이와 비교하면 공간적 차이는 많이 희석되고 있다.

대로와 골목길의 성별 대칭성과 호환성

짐멜의 분석틀을 정교화하면서 거리에서의 만남과 근대성의 문화가 관련되는 방식을 연구한 버먼에 의하면 근대적이 된다는 것은 개인적 · 사회적 삶을 거대한 소용돌이로서 경험하고 영속적인 해체와 갱신, 문젯거리와 고뇌, 모호함과 모순 속에 있는 자신의 세계를 발견하는 것이다. 다시 말하자면 "……모더니스트가 된다는 것은 …… 근대화가 만들어 내는 세계를 파악하고 직면하며 그것을 우리 스스로의 힘으로 만들고자 고투하는 것이다"(Berman, 1984: 115). 버먼은 또한 "나는 거리와 시위를 근대적 삶의 기본적 상징으로서 보게 되었다"(Berman, 1984: 123)고 토로하면서 거리를 근대적 삶에 대한 소우주로, 공공 공간에 대한 전장으로 보고 있다. 그는, 거리에서 우연히 만나는 사람들은 예상할 수 없고 알 수도 없다고 말하면서 거리의 역할을 폭넓은 관심사에 연결시킨다. 우리는 도난당하고 공격받고 모욕당할 수도 있다. 이러한 일반적인 불안정성은 우리로 하여금 통행인들의 위험성이나 우리에게 지니는 가치를 알기 위해 그들을 자세히 살펴보도록 함으로써, 도시 문화에서 시각적인 것의 역할을 강화시키게 된다. 결국 시각적 심상의 극치에 이르게 되며, 패션과 스타일이 중요하게 되는 가운데 성적인 코드가 이러한 형태의 전시 display 속에서 이용된다(Savage & Warde, 1996: 153).

버먼의 논의는 서울의 거리와 길, 즉 도로의 풍경을 살펴보는 데 유용하다. 산업화가 진행되고 지구화가 진행되면서 도시 공간의 거리 풍경은 서서히 변화한다. 도로의 폭이 클수록 위압적 파사드의 출현 빈도가 높아 남성적인 면모를 보이고 이면 도로로 갈수록 폭이 좁아지고 경사도도 심해지면서 그 도로 주변의 공간은 여성적 공간이 된다. 즉 전형적인 남녀 이분법적 역할 분담이 도로의 상태, 도로를 둘러싼 노점의 종류, 도로를 따라 들어선 건물들의 파사드 상태에 반영되면서 이분법적 표상을 보여준다.

삼청동 일대에 새롭게 형성된 상가들은 포스트모던한 취향과 복고 취향을 적절히 소화해 냄으로써 풍성한 볼거리를 제공하고 있다. 근대적 상업자본주의의 대명사라고 할 수 있는 대형 백화점이 하나의 완벽한 스펙터클을 이루고 있다면 삼청동 일대의 골목길마다 들어찬 가게들의 경우 개별성과 중첩성이 눈에 띈다. 즉 가장 큰 길에서부터 이면 도로, 엇갈린 골목길까지 아기자기한 상점이나 카페, 공방 등이 들어차 있으면서 의미들을 중첩적으로 생산해 내고 있다. 3차원적으로 층위layer가 중첩되면서 이리가라이의 여성 몸의 중첩성, 여성 욕망의 중첩성과 연관해서 해석할 여지를 주고 있다. 대형 백화점의 파사드와 삼청동, 인사동, 홍대 앞 등의 가게들이 구성하는 외피를 비교해 볼 때 이들은 접근 가능성과 관계맺기의 특성 등과 연관해서 성별화된 표상으로 나타난다. 예를 들어, 아직 재개발이 본격화되지 않은 서울 도심의 단독주택가를 보면 골목의 조그만 공지에 화초심기를 한다든가 평상 등을 놓고 이웃과의 교류가 이루어지는 것을 볼 수 있다(임석재, 2006 참조).

또한 동네 안쪽의 좁은 골목길은 점차 안쪽으로, 또는 산꼭대기로 올라가면서 여러 갈래의 실길로 이어지는데 마치 "실핏줄이 몸 속 구석구석 뻗쳐 있는 것"(임석재, 2006 : 33)과 비슷하다. 특히 서울의 좁은 골목길은 대부분 산등성이에 위치한 서민 단독주택들, 오랜 기간 자연적으로 형성된 재래식 가옥들을 연결해 주고 있기 때문에 그 때마다의 편의에 따라 구불구불 이어지고 또 많은 경우 단면의 경사로 인해 계단으로 이어지는 경우가 많다. 이러한 동네 안의 골목길은 자동차가 몇 차선씩 지나다니는 계획 도로가 갖는 공격적 남성성과는 달리 부드러운 곡선과 근대적 생활 양식을 그대로 담고 있는 여성적 풍경을 보여 준다. 또한 대로변을 구성하는 주요 요소는 산업 자본주의적 과정을 표출한다. 예를 들면 기업체의 사무실이나 은행, 대형 상점 등 원자화된 개인이 필요에 의해 접촉하는 기능을 담당하는 건물들이 포진하게 된다. 그러나 그 이면 도로에만 가도 식당가, 주점, 모텔 등 사람들이 살아가는 일상적 생활의 장소로 변화한다. 이렇게 대로로부터 중소로, 그리고 골목길, 실길로 연결되는 길은 마치 사람의 신체 속 핏줄처럼 대동맥, 대정맥이서부터 실핏줄까지로 의인화될 도시의 연결선이 된다. 그런데 이렇게 대동맥으로부터 실핏줄로 이어지면서 장소적 특징은 점차 후기 근대로부터 근대, 나아가 전근대로까지 역으로 전개된다.

이는 대체로 평지보다는 구릉지에서 이러한 확연한 차이를 볼 수 있는데, 예를 들면 사대문 안의 최근 재개발이 추진되고 있는 구릉지 지역, 예를 들면 신교동, 옥인동, 삼선동, 길음동, 북아현동, 사직동, 부암동 등은 점차 산 정상쪽으로 올라갈수록 길은 좁아지고 가게는 규모가 영세해져서 급기야는 아주 기본적인 생필품만 살 수 있는 정도로 소규모의 가게만 남는 반면 군데군데 남아 있는 땅에 텃밭을 가꾸는 모습까지 보이면서 전근대적 생활 양식까지도 발견할 수 있다. 이렇게 길을 따라 이동하면서 남성과 여성이 주로 생활하고 경제 활동을 하고 있는 영역의 분포를 경제 활동 영역과 대비해 살펴보면 남성과 여성이 점유하는 공간과 장소가 차이를 가지고 구성됨을 알 수 있다. 다시 말하자면 길의 폭과 스케일에 따라서 남성과 여성의 공식 부문과 비공식 부문의 경제 활동 참여, 그리고 이들 활동의 가시성, 비가시성이 성별 차이로 드러난다.

대부분의 서민 주택지들에서는 1970년대 이전의 산업화 초기의 풍경들이 곧잘 발견되는데 이를테면 동네 공터의 텃밭이나 계단참의 야채 화분, 그리고 옥상의 텃밭이나 삼거리의 평상 등이 그것이다. 이러한 요소들은 대도시의 한복판에 위치한 '고향'을 연상시키고 실제로 70년대 초반에 이곳에 정착한 거주민들에게 이곳은 '고향'이다.[1] 현재 서울에서 진행되고 있는 100여 개의 재개발 구역에서 서민적 생활 양식을 영위하던 '원주민'들이 서민 주택과 함께 밀려나고 아파트를 건립하면 새로운 거주민 집단이 생겨나면서 일시에 생활 양식은 변모한 주거 문화에 걸맞은 후기 근대적 양식으로 변화하게 된다. 특히 옥수동같이 한강이 내려다보이는 전망 좋은 지역은 서민의 '고향이며 생활 터전'에서 일시에 부자들의 거주지로 변화할 수밖에 없다. 즉 푸근하고 올망졸망하면서 계속 덧댄 부분적 증축으로 인해 장식성이 덧붙여져 용도와 이미지, 그리고 역사가 중첩적으로 더해져 이리가라이가 정의한 여성성을 보여 주는 소프트 시티는 재개발을 통해 딱딱하고 구획지어진 건물과 도로 등의 외형으로 인해 남성적 하드 시티의 면모로 변화하게 되는 것이다.

1 "하늘과 바람과 별과 옥탑방 – 옥수 13재개발구역 72시간," 2009년 5월 16일 KBS 1TV 방영. 이 다큐멘터리에서 철거되기 직전의 옥수동을 촬영하고 다니는, 옥수동 거주 서양인 2명은 "이렇게 인간적인 동네를 왜 헐고 아파트를 지어야 하는지 이해할 수 없다."면서 이곳에서는 비오는 날 빨래를 걷어서 개켜 주는 '한국'을 느낄 수 있지만 아파트는 세계 어디서든지 볼 수 있는 보편적인 개인적 공간일 뿐이라며 재개발에 대해 '아쉬워'했다.

4. 나오는 말: '서울'이라는 문화 텍스트로서의 도시 공간

공간이 사회적으로 생산되는 것이라는 르페브르의 영향은 하비 등에 의해 새로운 도시 공간의 창출을 논하는 방향으로 발전한 바 있다. 오랜 역사를 가진 대도시이면서 주목할 만한 글로벌 시티 중 하나인 서울은 지속적으로 사회적 생산의 과정을 유지해 나가는 공간이다. 도심에 고궁과 그 주변의 전통 주거지가 후기 근대적 소비 양식과 혼합되면서 새로운 도시 공간을 만들어 내고 있으며, 불과 30여년 만에 신주거 지역 강남의 생활 양식은 근대성을 건너뛰어 강북의 옛날 동네와 재개발 예정 지역의 생활 양식과는 주거 양태에서부터 사고 방식에 이르기까지 그 구성원들 간에 현격한 차이를 보여 주고 있다.

이 연구에서는 서울을 문화 텍스트로서 놓고 도시사회학과 인문지리학적 접근이 주목하는 도시 공간 구조와 생활 양식, 자본주의적 발전과 소비 문화가 공간적으로 투영된 양상 등을 도시의 이미지와 표상 공간의 상징과 이미지를 중심으로 페미니즘 문화 연구의 관점에서 분석함으로써 지금까지의 기존 연구들이 간과하기 쉬운 성별 역할 구분에 따른 도시 구역의 분할, 공간적 표상의 젠더 정체성, 그리고 젠더에 따른 공간적 비가시성을 도시 공간 연구의 새로운 분석틀로 제시해 보고자 했다. 특히 벤야민의 '산보자' 개념과 짐멜의 도시 문화에 대한 시각적 · 유미주의적 성찰을 근대 도시 공간 분석의 주요 방법론으로 수용함과 동시에 이리가라이의 '검경으로 보기' 방식을 은유적으로 원용함으로써 도시 공간 분석에서 페미니스트 관점을 관철하려 시도해 보았다.

서울은 사실 산보하기에 적절한 도시는 아니다. 공간의 구조상으로 보아도 그렇고 그 안에 사는 사람들의 시간적 관념으로 보았을 때도, 벤야민이 파리를 산보하면서 도시 문화에 대해 성찰하던 방식이 그대로 적용되기 어려운 연구 대상이다. 그럼에도 불구하고 이 글에서 은유적 방법론으로서 '검경을 들고 산보하기'를 채택한 이유는 찬찬히 들여다보고, 그것도 이리가라이식 전복적 독해가 가능한 방식으로, 다시 말하자면 검경으로 들여다보는 것이 급격하게 변화하는 서울이라는 도시 공간을 일종의 문화 텍스트로서 좀 더 섬세하게, 그리고 이전과 다른 새로운 시각으로 분석하고 음미할 수 있는 방법이라고 판단했기 때문이다. 또한 그러한 독해 방식은 그 안에서 사라져 가고 있는 근대적 공간의 기억과 삶의 흔적들을 포착해 내는 데 유효했다. 특히 근대성과 후기 근대성이 혼재해 있고 여성성과 남성성이, 소프트 시티와 하드 시티의 특성이 서로 교차하는 면모를 가지고 있는 특정한 지역과 공간, 이를테면 삼청동이나 청계천, 재개발 지역 등에서 더욱 그러하다.

이로써 르페브르가 제시한 바, 공간의 사회적 구성은 장소의 가치가 차별화되는 담론 과정일 뿐만 아니라 사람들의 실제적인 장소 경험의 변화 역시 포함하는 것이라는 명제가 증명되고 있다. 르페브르는 공간의 사회적 생산을 탐구함으로써 구조와 행위, 담론과 실천 사이의 이분법을 극복하려 했으며, 하비는 그로부터 '생성된 공간created space'이라는 개념을 빌려와서, 생성된 공간이 지리적 조직의 총체적 원리로서 실제 공간effective space을 대체한다는 점을 들어 장소의 상징적 차별성을 강조한다(Harvey, 1988: 309). 따라서 우리를 에워싸고 있는 상징과 기호들이 강력한 영향력을 갖게 된다는 것이다. 한편 하비와 마찬가지로 생성된 공간의 지배를 현대 사회의 독특한 요소로 본 기든스(Giddens, 1991)는 공간의 배열마저도 고정된 것, 불변적인 것으로 여길 수 없다는 것이 현대 사회에서 '존재론적 안정성ontological security'의 문제를 발생시키는 것이라고 역설한 바 있는데 이러한 존재론적 (불)안정성의 문제가 바로 서울에서 일상처럼 발생하는 재개발 지역의 철거민들이 겪는 문제다. 쉴즈

Rob Schields가 "경관에서의 개입뿐만 아니라 사회적 이미지들을 통해 진행되는 공간적인 것the spatial의 사회적 구성을 설명하기 위해" 발전시킨 '사회적 공간화social spatialization'를 통해 서울을 살 만한 도시로서 의미 있게 구성하는 것도 하나의 과제임에는 틀림이 없다.

이 글에서는 도시 문화 연구와 도시 공간 연구에서 벤야민의 '산보하기'와 이리가라이의 '검경으로 들여다보기'를 새로운 은유적 방법론으로 융합해 보려 시도했다. 이를 통해 공간의 문화정치학에 젠더 문화 이론적 관점이 더해질 때 인간의 삶과 경험을 이해하는 데 깊이를 더하고 폭을 넓힐 수 있다는 결론에 도달한 것이 이 연구의 수확이라고 할 수 있을 것이다. 이 글에서 시도한 방법론을 은유로서뿐 아니라 서울의 문화적 표상을 더욱 섬세하게 해석하는 방법론으로 발전시켜 나감으로써 도시 공간에 대한 논의를 풍성하게 하기 위해 노력하는 데 이 연구를 출발점으로 삼고자 한다.

참고 문헌

구동회 · 박영민 옮김, 『포스트모더니티의 조건』, 한울, 1994 (Harvey, David, *The Condition of Postmodernity: An Enquiry into the Origin of Cultural Change*, Oxford: Blackwell Publishers, 1989).

권기봉, 『서울을 거닐며 사라져 가는 역사를 만나다』, (주)알마, 2008.

김덕현 · 김현주 · 심승희 옮김, 『장소와 장소 상실』, 논형, 2005 (Relph, Edward, *Place and Placelessness*, London: Pion Ltd. Publishing, 1976).

김영찬 · 심진경(옮김), 『근대성과 페미니즘』, 거름, 1998 (Felski, Rita, *The Gender of Modernity*, Massachusetts: Harvard University Press, 1995).

김왕배 · 박세훈 옮김, 『자본주의 도시와 근대성』, 한울, 1996 (Savage, Mike & Warde, Alan, *Urban Sociology, Capitalism and Modernity*, London: MacMillan, 1993).

김정로 옮김, 『라이프스타일』, 일신사, 2004 (Chaney, David, *Lifestyles*, London: Routledge, 1996).

김정아 옮김, 『발터 벤야민과 아케이드 프로젝트』, 문학동네, 2004 (Buck-Morss, Susan, *Dialectics of Seeing: Walter Benjamin and the Arcades Project*, Massachusetts: MIT Press, 1991).

동문선 편집부 옮김, 『이미지: 시각과 미디어』, 동문선, 1996 (Berger, John, *Ways of Seeing*, London: British Broadcasting Corporation, 1972).

박철수, 『아파트의 문화사, 살림출판사, 2006.

심승희 · 한지은, 「압구정동 · 청담동 지역의 소비문화 경관 연구」, 『한국도시지리학』 9(1) : 61-79, 2006.

심혜련, 「도시 공간과 흔적 그리고 산책자」, 『시대와 철학』, 19(3) : 103-135, 2008.

이무용, 『공간의 문화정치학』, 논형, 2005.

이수안, 「재현으로서의 남성성에 대한 젠더문화론적 분석」, 『사회과학연구』 16(2) : 136-236, 2008.

이수자, 『후기 근대의 페미니즘 담론』, 도서출판 여이연, 2004.

이진경, 『근대적 주거공간의 탄생』, 그린비, 2000.

임석재, 『서울, 골목길 풍경』, 북하우스, 2006.

정현주, 「이주, 젠더, 스케일: 페미니스트 이주 연구의 새로운 지형과 쟁점」, 『대한지리학회지』, 43(6) : 894-913, 2008.

조애리 · 강문순 · 긴진옥 · 박종성 · 유정화 · 윤교찬 · 최인환 · 한애경 옮김, 『문화코드 어떻게 읽을 것인가?』, 한울, 2008 (Baldwin, E., Longhurst, B.,

McCracken, S., Ogborn, M. & Smith, G., *Introducing Cultural Studies*, London: Pearson Education Ltd., 2004).

조정구, 「[공간+너머]2부 南村, 근대의 엘레지⑨ 잇다, 세운상가」, 국민일보 쿠키뉴스 2009.3.19.

조형준 옮김, 『아케이드 프로젝트』, 새물결, 2005 (Benjamin, Walter, *Das Passagen-Werk*, Frankfurt am Main: Suhrkamp, 1982).

Appadurai, A., *Modernity at Large: Cultural Dimensions of Globalization*, Minneapolis and London: University of Minnesota Press, 1996.

Berman, M., *All That Is Solid Melts Into Air: The Experience of Modernity*, London: Verso, 1983.

Cixous, H. & Clément, C. (eds.), *The Newly Born Woman*, Minneapolis: University of Minesota Press, 1986.

Connell, R. W., *Gender and Power: the Person and Sexual Politics*, Cambridge: Polity Press, 1987.

_____, *Masculinities*, Cambridge: Polity Press, 1995.

_____, *The Men and the Boys*, Polity Press: Cambridge, 2000.

Debord, G., *The Society of the Spectacle*, New York: Zone Books, 1994.

Giddens, A., *Modernity and Self-identity: Self and Society in the Late Modern Age*, California: Stanford University Press, 1991.

Harvey, D., *Social Justice and the City*, Oxford: Blackwell, 1988.

Holmes, M., *What is Gender? Sociological Approaches*, London: Sage, 2007.

Irigaray, L., *Spekulum: Spiegel des anderen Geschlechts*, Frankfurt am Main: Suhrkamp Verlag, 1980.

_____, "This Sex which is not one," in Jackson, Stevi & Scott, Sue(eds.),

Feminism and Sexuality: A Reader, New York: Columbia University Press, 1996.

Kim, Hyun-Mi, "Gender Roles, Accessibility, and Gendered Spatiality," *Journal of the Korean Geographical Society*, 42(5): 808-834, 2007.

Lefebvre, H., *La Production de l'espace*, Paris: Anthropos, 2000(4e édition).

Leslie, D. A., "Femininity, Post-Fordism and the 'New Traditionalism'," in McDowell, L. & Sharp, J. P.(ed.), *Space, Gender, Knowledge*, London: Arnold, 1997.

Massey, D., *Space, Place and Gender*, Cambridge: Polity Press, 1994.

Mulvey, L., "Visual Pleasure and Narrative Cinema," in Penly, Constande (ed.), *Feminism and Film Theory*, London: Routledge, 1988.

Nayak, A., *Race, Place and Globalization, Youth Cultures in a Changing World*, Oxford: Berg, 2003.

Pilcher, J. & Whelehan, I., *50 Key Concepts in Gender Studies*, London: Sage, 2004.

Schields, R., *Places on the Margin*, London: Routledge, 1991.

Simmel, G., *Die Großstädte und das Geistesleben*, Jahrbuch der Gehe-Stiftung zu Dresden, Dresden, 1903.

_____, "Soziologie des Raumes," in *G. Simmel. Schriften zur Soziologie*, H. J. Dahme/ O. Rammstedt(hg.), Frankfurt am Main: Suhrkamp, 1983.

Soja, E., *Postmetropolis: Cultural Studies of Cities and Regions*, Oxford: Blackwell, 2000.

Spain, D., *Gendered Spaces*, Chapel Hill and London: The University of North Carolina Press, 1992.

Stoltenberg, J., *The End of Manhood: Parables on Sex and Selfhood*,

London: UCL Press, 2000.

Wilson, E., "Into the Labyrinth," in McDowell, L & Sharp, J. P.(ed.), *Space, Gender, Knowledge*, London: Arnold, 1997.

http://www.kukinews.com/news2/

http://www.seoul.co.kr/news/newsView.php?id=20090521027027, 서울신문, 2009.5.21. 27면.

"하늘과 바람과 별과 옥탑방: 옥수 13재개발구역 72시간," 2009년 5월 16일 KBS 1TV 방영.

서울의 유교적 공간 해체와 섹슈얼리티의 공간화: 19세기 소설을 중심으로*

김경미

1. 서울에 대한 다른 질문

세계 도시(글로벌 시티)를 지향하는 현재의 서울은 6백 년이 넘는 역사를 가진 고도古都이자, 인구 천만이 넘는 거대 도시다. 근대 이전이나 근대 이후나 서울은 정치 경제의 중심으로 특권적 지위를 가진 공간이다. 조선 시대에는 왕도王都로서 유교적 이상에 따라 당시 조선의 물력을 동원해 기획된 공간이었고, 근대 이후에는 수도로서, 특별시로서 집중적인 개발의 특혜를 누린 결과가 바로 지금 우리가 보는 서울이라는 도시 공간이다.

동아시아에서 도시는 도회지都會地의 저자, 즉 많은 사람들이 모여서 교환을 하는 장소를 의미했다. 도시라는 말은 영어의 city 또는 urban을 일

* 이 글은 『고전문학연구』 제35집에 수록된 것을 수정 · 보완한 것이다.

본에서 한자로 번역한 용어다. 중국에서는 도시 대신 성시城市라는 용어를 사용했고, 조선도 중국과 마찬가지로 성시라는 용어를 많이 사용했다. 조선 후기 서울을 대상으로 쓰여진 〈성시전도시城市全圖詩〉에서 그 한 예를 볼 수 있다. 성시는 전통적으로 많은 사람이 모이는 저자라는 의미와 더불어 성곽으로 둘러싸인 공간적 특성을 강조하는 용어다. 중국의 경우 도시에서 시장은 중요 요소이지만 필수 요소는 아니었다. 중국의 경우 도시의 출현 과정에서 가장 중요한 것은 시장보다 성곽이었다. 그러나 도시가 발달하면서 성곽보다는 시장이 훨씬 중요한 요소가 되었다(고동환, 2007 : 24).

주지하듯 서울은 조선이 건국되면서 새롭게 형성된 공간이다. 그러나 그것은 자연스럽게 형성되었다기보다는 왕도르 새롭게 조성된 공간이었다. 그런데 조선 후기로 접어들어 도시적 발전을 이루면서 서울은 새로운 공간, 즉 도시 공간으로 변모했다. 공간의 생산을 다룬 르페브르Henri Lefebvre에 의하면, 도시 공간은 도시 인구를 충분히 먹여 살릴 수 있는 시골에서의 잉여 생산을 전제한다. 도시는 시장으로 조직되었기 때문이고 또 도시의 숙련공들은 농경의 노동에 의해 생산된 재료로 일하기 때문이다. 따라서 도시 공간은 중세(봉건) 공간과 자본주의 공간 사이의 이행 과정에서 만들어졌다고 보았다(Refebvre, 1991 : 256-268). 브로델Fernand Baudel은 도시를 자급자족을 넘어서는 교환과 화폐 획득을 위한 활동이 이루어지는 현장이라고 보았다. 그는 강제적인 분업 없이는 도시가 존재할 수 없고 도시가 없으면 약간이라도 진보한 분업이 있을 수 없다고 보았다. 또한 시장 없는 도시는 불가능하고 도시 없는 지역 시장 혹은 민족시장은 불가능하다고 보았다(브로델, 2007 : 696). 요컨대 도시의 중요한 요소는 시장이라는 것이다. 르페브르나 브로델 모두 도시 공간의 생산에서 중요한 것은 시장임을 강조한 것으로 보인다.

조선 후기 서울은 정치와 경제, 학문과 문화, 상업과 유흥의 공간으로서 도시적 면모를 갖추어 가고 있었다.[1] 특히 시장의 발달은 조선 후기 서울의 가장 중요한 변모 중의 하나였으며, 이것이 서울의 도시적 발달을 추동한 힘이었다. 두 차례의 전쟁으로 파괴되었던 서울[2]은 18세기에 들어 인구 증가와 상업 발달로 인해 중세의 왕도에서 점차 상업 도시로 전환했다. 상업 발달로 인한 경제적 풍요가 고루 분배된 것은 아니었지만, 그 결과는 서울 주민들을 사치 풍조에 젖게 만들었다. 또한 화폐 경제의 성숙으로 서울은 화폐 경제가 모든 것을 지배하는 사회가 되었다. 이옥이 지적했듯 서울은 "천하가 버글거리며 온통 이끗을 위해 오고 이끗을 위하여 가는" 사회였고, "장인바치와 장사치들이 모이는 곳", "뭇 거래할 수 있는 물품은 그 가게들이 별처럼 벌여 있고 바둑판처럼 펼쳐 있"는 곳, "얼굴을 꾸며 몸을 파는 사람도 있"어 "사고파는 것이 극도에 달"한 곳이었다(이옥, 2001 : 249). 그래서 서울 사람들의 주요한 갈등도 대부분 경제적 이해 관계를 둘러싸고 일어났다.

18세기 서울의 상업 발달과 더불어 경화사족京華士族이라고 불리는 서울의 양반들은 권력과 동시에 상당한 부富를 축적한 세력으로 자리를 잡았다. 이들의 부의 기초는 권력을 이용한 토지 겸병이 아니라 상업 유통 과정에서 발생하는 이윤이었다(고동환, 2007 : 190-193). 여항인閭巷人들은 18세기 상업 도시 서울이 배출해 낸 새로운 인간 유형으로 도시적

1 이에 대해서는 도시사 연구뿐만 아니라 고전문학 연구를 통해 구체적으로 밝혀져 있다. 대표적으로 다음 몇 가지를 들 수 있다. 한국고전문학회(편), 『문학작품에 나타난 서울의 형상』, 한샘출판사, 1994; 「18, 19세기 서울의 도시문화와 연행예술의 역사 · 지리학적 연구」, 『민족문화연구』 31, 고려대학교 민족문화연구소, 1998; 고동환, 『조선시대 서울도시사』, 태학사, 2007; 이혜순, 「천년승지 서울」, 『문학지리 · 한국인의 심상공간』 상, 김태준(편저), 논형, 2005.

2 소설의 한 부분이지만 『운영전雲英傳』에는 전란 뒤의 서울이 실감나게 묘사되어 있다. "갓 전란을 겪은 뒤인지라 장안의 궁궐과 성 안에 가득했던 화려한 집들이 텅 빈 채 남아 있지 않"고 "무너진 담과 깨어진 기와 조각, 폐쇄된 우물과 무너진 돌계단 사이에는 잡초가 무성……"(이상구, 『17세기 애정전기소설』, 월인, 1999, 17면).

삶을 즐길 만한 경제적 부와 시간적 여유, 그리고 일정한 지식을 소유한 계층이었다.[3] 서울의 이러한 변모는 〈성시전도시〉나 〈한양가〉에서 풍부하고도 구체적인 묘사를 얻고 있으며, 야담에서도 성공과 기회의 공간이자 환멸의 공간으로 형상화되고 있다(김명순, 1994; 최기숙, 2003).

도시사의 관점, 문화 또는 문학의 관점에서 진행되어 온 조선 후기 서울에 대한 연구를 통해 서울의 공간 구성이 변모한 양상과 서울 인구의 구성원, 상업 도시, 문화와 유흥 공간으로서의 면모가 뚜렷하게 부각되었다. 그리고 그 이면의 부정적 현실 즉 농촌 인구를 도시의 하층민으로 전락시키고, 서울 안의 빈부 차이가 확대되는 측면도 부각되었다. 그러나 서울이 애초에 유교적 이념을 공간화하면서 여성을 공적 공간에서 배제했다는 사실은, 실은 매우 특이한 공간적 특성임에도 당연한 사실로 받아들여지고 있으며, 별로 거론조차 되지 않고 있다. 조선의 공간 배치가 모두 그러했지만 서울 역시 그간 서울의 공간적 특성으로 규명되어 온 여러 가지 특성들, 예컨대 왕족의 도시, 상업 도시, 여항인의 도시, 유흥의 공간이라는 점과 아울러, 계급에 따른 공간 배치 및 남/녀의 구별에 따른 공간 배치가 이루어진 봉건 가부장적인 공간이었다. 공간이 계급이나 젠더에 따라 배치되는 것은 물론 유교 사회만의 특징은 아니다. 봉건 가부장 사회뿐만 아니라 자본주의적 가부장 사회에서도 나타나는 특징이라 할 수 있다.[4] 그러나 서울은 처음부터 유교 가부장적 공간으로 기획된 도

3 여항 문화와 경화세족의 문화에 대해서는 강명관, 『조선 후기 여항문학연구』, 창작과비평사, 1997; 『조선시대 문학예술의 공간』, 소명출판, 2001 참조; 고동환, 위 책, 213면.

4 20세기 영국의 맨체스터 지방에서 어린 시절을 보낸 페미니스트 지리학자 매시Doreen Massey는 온통 소년들로 뒤덮여 있던 도시의 운동장을 보며 그곳은 금지된 곳이며 다른 세상이라는 것을 깨달았고, 남성 화가들에 의해 그려진 여성 누드화로 가득 찬 미술관에서 같이 간 두 남자와 달리 자신이 대상화되는 것을 느꼈다고 한다. 공간이나 장소는 매우 다양한 방식으로 젠더화되어 왔으며, 이러한 공간과 장소의 젠더화는 우리가 살고 있는 사회에서 젠더가 구성되는 방식에 다시 영향을 미친다(Doreen Massey, *Space, place and gender*, Polity Press, 1994, pp. 185–186).

시라는 점에서 계급이나 젠더에 의한 공간 배치의 효과가 뚜렷하게 드러나는 도시 공간이라 할 수 있다. 물론 이러한 공간 배치가 내내 유지되지는 않았다. 조선 후기에 오면 이러한 공간 배치에 균열이 일어났던 것으로 보인다. 용산의 삼호정을 중심으로 여성들이 모여 시회詩會를 즐긴 삼호정 시사三湖亭詩社의 존재나 술과 함께 여성들의 섹슈얼리티를 매매하는 색주가의 흥성은 그 층위는 다르지만 서울의 공간 배치에 균열을 낸 예로 들 수 있다. 이 시기에 나온 소설들은 이처럼 도시 공간에 그 몸을 드러낸 여성 주인공들을 놓치지 않고 발견해 재현하고 있으며, 그녀들을 섹슈얼리티의 주체 혹은 대상으로 재현해 내고 있다. 이 글은 여기에 주목해 논의를 진행하고자 한다. 즉 서울이라는 도시 공간의 중요한 변화의 계기는 바로 이러한 젠더화된 공간 해체에서도 기인한다는 점, 그리고 몇몇 한문소설은 이러한 공간 해체를 통해 서울이라는 공간을 연애의 공간으로 재현하고 서울을 배경으로 한 도시적 사랑의 한 전형을 재현해 내고 있다는 점이다.

2. 서울의 유교적 공간 배치와 여성 공간

유교를 국교로 삼은 조선 사회는 고려의 불교적 잔재를 버리고 유교 국가로서의 정체성을 확립할 필요가 있었다. 따라서 조선의 왕권이 가장 먼저 한 일 중의 하나는 한양을 도읍으로 정하고 유교적 원리에 따라 공간을 배치하는 일이었다.[5] 이에 따라 공적 공간은 유교적 원리에 의해 왕을

5 자연적 지형 조건의 한계를 극복할 수 없었기 때문에 한양의 건설에는 풍수지리설의 영향도 강하게 미쳤다. 그러나 가장 중요한 영향을 미친 사상은 유교적 이념이었다. 건설 초기 한양의 도시 구조는 당대인들의 유교적 우주관 · 군주관 · 민본관 등을 직접 확인할 수 있는 소재다(고동환, 위

중심으로 한 궁궐 및 종묘와 사직이 중심에 배치되었고, 사적 공간이라 할 수 있는 양반들의 집은 가묘家廟, 즉 사당을 두고 가장을 중심으로 한 여러 세대가 살 수 있도록 배치되었다.[6] 조선의 공간 배치에서 가장 특징적인 것은 내외의 원리에 따라 남녀의 공간을 분리한 것이다. 『예기禮記』 내칙內則 편은 내외의 원리와 실천에 대해 여러 가지로 제시하고 있는데, 다음 구절은 공간 배치에 관한 것이다.

> 예는 부부 사이의 도리를 삼가는 데에서부터 시작된다. 그러므로 집을 지을 때에는 안과 밖의 구분이 있게 한다. 남자는 밖에 거처하고 여자는 안에 거처한다. 안채는 깊숙하게 하고 안과 밖의 사이에는 문을 두어 문지기가 사람의 출입을 감시하게 한다. 남자는 안에 들어가지 않으며 여자는 밖에 나오지 않는다(『예기』 내칙, 이상옥, 2003 : 785).

여기서 내외는 공간의 뜻으로 쓰이고 있는데, 내외의 개념은 공간적인 의미의 안과 밖이라는 의미에서 발전해 '부夫'와 '부婦', '남男'과 '여女' 등 성별을 지칭하기도 하고 가옥 구조상 안채와 사랑채를 지칭하기도 했다. 내외 원리와 내외법은 공사 영역에서의 남성과 여성 간의 성별 분업을 구조화했으며, 밖에서의 여성의 존재나 활동을 '음란한 행위'로 규정함으로써 정절이 최고의 미덕으로 간주되던 시기에 여성의 활동 공간을 밖의 세계로부터 차단된 공간인 안에 국한시키는 결과를 낳았다(조순경, 2001 : 183). 그리하여 공적 공간에서 여성들을 배제하고 여성들이 하는

책, 91면).

6 조선 왕조는 양반이나 일반 백성의 관혼상제冠婚喪祭를 고려 말에 들어온 주자의 『가례家禮』를 모범으로 해서 그대로 따르도록 했다. 이는 불교적 삶의 형식을 유교적 삶의 형식으로 바꾸려는 시도의 하나로서 이를 위해서는 가묘家廟나 청사廳事 등 여기에 맞는 공간을 필요로 했다.

일을 집안일로 한정시켰다. 『소학』에는 부인은 오직 집안일만 할 뿐 정치 즉 공적인 장에 참여해서는 안 된다는 것을 다음과 같이 못 박고 있다.

> 안씨 가훈顔氏家訓에 말하기를, "주부는 집안의 음식공궤飮食供饋를 주관한다. 오직 술 · 밥 · 의복의 예도를 일삼을 뿐이니, 나라에서는 정치에 간여시키지 말아야 하며, 집에서는 집일을 주장하게 말아야 한다. 만일 총명하고 재주와 지혜가 있으며 식견이 고금에 통달한 부인이라도 마땅히 남편이 부족한 점을 보충하도록 권유할 뿐이니, 반드시 암탉이 새벽에 우는 것처럼 여자가 자기의 직분을 초월하여 화란을 초래하는 일이 없게 할 것이다" 하였다(『소학』, 金星元 편저, 1999: 481-482).

이처럼 여성의 동선을 제한하려는 남성들의 끊임없는 감시가 있었고, 결국 여성들은 공적인 공간을 걸어다니는 것이 금지되기에 이르렀다. 물론 여기에는 주로 양반 여성들이 해당된다.

> 부인은 밖에 일이 없고 오직 음식을 마련하는 일을 주관할 뿐인데, 사대부의 부인이 가마나 말을 타지 않고 길에 도보로 다니니, 매우 부인의 의義를 잃었습니다. 이제부터는 부모와 서로 만나 보는 외에는 출입을 하지 말고, 또한 마을 거리에 도보로 다니지 못하게 하여, 풍속을 바루고 어기는 자는 헌사憲司에서 살펴 처리하게 하소서(『태종실록』 권32 16년 8월 20일).[7]

이러한 제한은 예법상으로만 가해진 것이 아니라 법전인 『경국대전』에

7 이 밖에도 부녀자들의 출입을 제한하는 언급들이 발견된다. "사족 부녀자들의 관광을 엄금했다. 경연관의 말에 따른 것이다"(『中宗實錄』 권14 6년 8월 28(乙巳); 14집 530면).

도 반영되어 실제적인 효력을 발휘했다. 『경국대전』에는 "유생이나 부녀로서 절에 올라가는 자, 관리 집안의 여인으로서 산골짜기나 냇가를 찾아다니며 놀이를 벌이거나 직접 야외 제사, 산천 제사, 성황당 제사를 지내는 자는 모두 장형 100대에 처한다"라는 규정을 명문화했다. 결국 조선 시대 양반 여성의 삶은 안채에 한정될 수밖에 없었다. 집에서도 내외의 분별을 분명히 했다. 그러나 조선 후기에 오면 이런 것들이 점점 느슨해진 것으로 보인다.

조선의 유교적 공간 기획은 양반들의 경우 외부 남성과 집안 여성의 분리뿐만 아니라 내부 가족 구성원의 남녀 간에도 서로의 접촉을 방지하기 위한 여러 장치를 가옥 내에 구조화했다. 예를 들어 문이 열렸을 경우 마당에서 안채의 내부가 들여다보이는 것을 막으려고 중문간의 안채 쪽에 내외벽內外壁을 만들기도 했다. 이러한 공간 기획은 유교의 젠더 원리에 의한 것이었지만, 이렇게 해서 만들어진 공간은 다시 남/녀의 삶에 변화를 초래했다.[8]

조선 시대로 들어오면서 여성들의 삶은 큰 변화를 겪는다. 그것은 유교 가부장 이데올로기에 의해 여성들의 삶이 재편성되는 것을 의미했다. 다시 말해 그것은 여성의 경제적 · 사회적 지위가 남성 가장에게 종속되는 것이었고, 성별 분리에 의해 공적인 공간에서 여성이 배제되고, 여성은 가족 외 다른 사람들을 직접 만날 수 없으며, 타인의 시선이 닿지 않는 깊숙한 공간 즉 안채에서의 생활이 시작되는 것이었다.

사회적인 차원에서 공간은 어떤 물리적 요소의 특정한 배열을 통해 형성되며, 언제나 어떤 형식과 질서를 갖는 배치로서 존재한다(이진경,

8 이러한 공간 기획은 유교적 공간 배치만의 특징은 아니다. 자본주의 사회의 공/사 공간의 분리 역시 젠더화된 공간 기획을 보여 주는 것이다.

2002 : 15). 따라서 공간적 배치에는 권력, 제도, 자본, 젠더 등 사회적 관계가 표현되어 있다. 조선 시대 서울의 공간 배치 역시 이러한 관계를 반영한다. 여성을 공적 공간에서 배제함으로써 서울은 여성들이 보이지 않는 공간이 되는 동시에 여성의 신체는 보여서는 안 되는 것으로 길들여지게 되었던 것이다. 물론 이것이 모든 여성에게 해당되는 것은 아니었으며, 여성들의 동선이 전적으로 집안에만 국한될 수도 없었다. 이는 주로 양반이나 중인 여성에게 해당되고, 여종에게는 해당되지 않는 것이었다.[9] 그리고 부득이 외출을 할 때는 가마를 타거나 얼굴을 가려야 했다.[10] 이처럼 성별화된 공간이 바로 서울의 도시적 특성이었다. 이는 유교 사회의 당연한 특징이지만, 모든 것을 섞고 끊임없이 유동하는 것처럼 보이는 도시에도 해당되었던 것이다.[11]

3. 서울의 유교적 공간 해체와 섹슈얼리티의 공간화

17세기 중반 이후 임진왜란과 병자호란의 충격에서 벗어나 국가가 안정을 찾으면서 서울에서는 이전에 볼 수 없는 변화가 나타났다. 그것은 상공업의 발달과 인구의 유입, 광역화와 수도권의 성립, 문물 정보의 수입과 유통 등과 관련된 변화로 이는 서울 내의 다양한 사회 계층을 형성하게 했

9 홍석모의 시 〈문안비問安婢〉 참조. 정초에 서울에서는 양반 부인들이 직접 갈 수 없어 문안비를 잘 차려 입혀 친사돈 간에 문안 인사를 전했다.

10 후기의 일이지만, 때로는 시간대를 달리해 남자와 여자들이 거리로 나오게 한 적도 있었다. 낮에는 남자들이 외출하고 저녁 8시경이 되면 종이 울리는데 이 때 남자들은 귀가하고 여자들은 외출을 하거나 친지들을 방문하는 제도가 있었다. 19세기 말 조선을 방문한 비숍은 이를 흥미로운 제도로 소개하고 있다(이자벨라 버드 비숍, 『한국과 그 이웃나라들』(이인화 옮김), 도서출판 살림, 1994, 63면. 그 외 손정목, 『조선시대 도시사회연구』, 일지사, 1988, 270-289면).

11 브로델은 "도시는 변압기와 같다. 그것은 긴장(즉 전압)을 증대시키고 교환을 가속화시켜 주며 사람들의 삶을 끊임없이 섞는다."고 하여 도시의 한 특성을 잘 설명하고 있다(위 책, 695면).

으며, 빈부의 양극화와 서울 사람들의 의식 변화를 가져왔다. 그 중에서도 가장 중요한 변화는 상공업의 발달로 인해 초래된 현상들이다. 특히 18~19세기는 서울을 중심으로 상업 활동 및 경제 활동의 다양화가 이루어지는 시기였다. 이 시기 경제 활동은 서울 도시민의 생활을 향상시켰다는 긍정적인 측면을 가지고 있지만 이윤 추구 과정에서 위법 행위가 증가했다. 이 시기 서울 도시민의 범죄는 다른 지역에 비해 현저하게 증가되었는데 특히 경제 범죄가 서울에 집중된 범죄 형태였다(유승희, 2007 : 157). 그것은 "서울은 향중鄕中과 달라 돈이 있으면 이루어지지 않는 일이 없다"는 배금주의에서 기인한 것이기도 했다(유승희, 2007 : 150-151).

이러한 변화를 배경으로 서울에서는 놀이문화 즉 유흥이 만연하고 호사 풍조가 유행했다. 호사 풍조는 사회적 긴장이 풀어지고 청나라와의 교류가 확대되어 청 문물이 폭주한 것과 관련된 것으로 임금으로서도 막을 수가 없는 현상이라는 말을 하게 만들 정도였다(이경구, 2004 : 135). 이러한 호사 풍조의 주체는 서울 거주민으로 이른바 '서울사람들'은 옛 풍속을 새로운 풍속으로 바꾸어 나가고 그 풍조는 지방에 전파되는 새로운 현상이 생기게 되었다. 영조는 이런 현상을 두고 오늘날의 사치는 옛날의 사치와 달라서 신분의 상하나 빈부의 격차에 관계없이 한 사람이 하게 되면 백 사람이 본받는다고 하며 이를 시체時體라 불렀다(『영조실록』 권90, 영조 33년 12월 21일). 시체가 지방에 전파된 예는 평양과 같은 대도시의 "삼현三絃ᄒᆞᄂᆞᆫ 공인工人은 다 관ᄃᆡ冠帶를 닙고 머리의 그림 그린 복두幞頭를 써시니 이ᄂᆞᆫ 셔울 악공을 모방ᄒᆞ미라"(홍대용, 1997 : 27)고 한 홍대용의 기록을 통해 확인할 수 있다. 이는 서울이 유행의 근원이었음을 보여 주는 예다. 17~18세기에 일어난 서울의 성장은 생활 양식의 변화를 가져왔으며, 그러한 생활 양식의 변화는 하나의 유행으로 다른 도시나 향촌에까지 영향을 미쳤다. 그러나 당시 서울의 생활 양식의 변화는 권력의 집중과 상업의 발달로 인한 결과였기에 실제로 권력과 상업이 집중된 서울과 그렇지 못한 향촌의 격차는 벌어져만 갔다. 또한 18~19세기 서울에는 유흥 문화가 만연해 서울 북부와 중부에 술집이나 기생집이 많이 생겼다. 따라서 이 지역에서는 술주정으로 인한 폭행이 많이 발생했고, 술의 폐해로 인해 남녀의 분별이 어지럽게 되어 강상이 문란해지고 풍속이 무너지는 양상이 초래되었다(유승희, 2007 : 214).

당시 서울에서 일어난 변화의 기미를 이옥李鈺은 「장봉사전蔣奉事傳」에서 음식맛의 변화를 통해 잘 보여 주고 있다. 장봉사는 서울사람으로 사대부 집의 제사나 회갑 잔치를 찾아다니며 음식을 먹고 음식점을 치는 인물이다. 다음은 그가 음식맛의 변화와 사치를 우려하며 한 말이다.

> 다만 내가 남 몰래 깊이 걱정하는 것은 온 세상의 음식이 담박하던 것이 날로 달콤해지고, 거칠던 것이 날로 차지게 되고, 풍성하던 것이 날로 얇삽해지고, 아담하던 것이 날로 사치에 넘쳐서, 예전에는 반만 먹어도 배부르던 것이 요즘에는 그릇을 씻은 듯 먹어치워도 오히려 입맛이 남는다오. 누가 이렇게 만든 것인지 나는 정말 모르겠소.
>
> 또 음식 하나가 이러할진대 의복이 점점 화려해지는 것과 집이 점점 커지는 것과 음악이 점점 음란해지는 것과 시중드는 여자들이 점점 예쁘게 꾸며지는 것을 같은 부류로 미루어 알 수 있지요. 천지가 재물을 생성하는 것은 한도가 있는데 사람들이 재물을 소비하는 것은 끝이 없으니, 비록 하늘에서 쌀이 떨어지고 땅에서 술이 솟아난다 하더라도 백성이 어찌 굶주리지 않을 수 있으리오. 이것이 내가 걱정하는 까닭이라오(이옥, 2001 : 241-2).

이옥은 장봉사의 말을 통해 서울의 사치와 소비 풍조를 우려하며 그 예로 음식, 의복, 집(주거), 음악, 시중드는 여자들의 꾸밈을 들고 있다. 여기서 지적하는 달콤함, 차짐, 얇삽함, 사치, 화려함, 음란함은 유교적 덕목과는 거리가 먼 것으로 상업적 발달과 관련해 감각이 변화하는 것을 포착해서 언급한 것으로 보인다. 이러한 변화를 통해 이미 서울이라는 공간이 유교적 질서를 엄격하게 유지할 수 없게 만드는 도시적인 면모를 갖게 되었음을 짐작할 수 있다.

그간의 연구가 지적하듯 조선 후기에 오면 서울은 유교적 공간 구성이 해체되는 양상을 보인다. 그것은 무엇보다도 신분에 따라 나뉘었던 주거지가 섞이게 되는 것과 관련이 있다. 이는 신분 질서의 해체가 공간에 반영된 것으로 볼 수 있다. 19세기 후반에 창작된 것으로 보이는 「포의교집」의 배경이 되고 있는 집에 대한 묘사는 그러한 변화를 보여 준다.

> 이 집 또한 큰 저택이라 행랑이 십여 채에, 대문, 중문이 우뚝하게 솟아 있어 마치 재상집 같았다. 전에 이 집은 이판서댁이었으나, 중간에 곡절이 있어 중인의 집이 되었다가 중인도 감당을 못해 장진사에게 팔린 것이었다(김경미 · 조혜란 옮김, 2003 : 134-5).

「포의교집布衣交集」은 소설이지만 당시 서울의 거리나 풍속이 사실적으로 묘사되어 있어 당시 서울의 풍속을 살피는 데 도움이 된다. 위 예문은 집주인이 판서, 중인, 진사로 바뀌어 온 과정을 보여 준다. 서울은 양반과 중인의 거주지가 분리되어 있었지만, 위 예문은 신분 질서에 따른 주거의 구분이 약해졌음을 시사한다. 이 집은 당시 장진사 집이었음에도 이전에 중인이 살던 집이었기 때문에 물 긷는 사람도 어렵지 않게 드나드는 공간으로 변해 있었던 것이다.[12] 그러나 주인공 이생은 시골 출신의 양반이라 이런 변화를 받아들이지 못하고 질서를 바로잡으려 한다. 여기서 서울과 시골의 차이를 볼 수 있다.

이처럼 조선 후기에 오면 신분 질서의 해체가 공간에 반영되었을 뿐만 아니라 내외의 구분도 약화된 것으로 보인다. 서유구徐有榘(1764-1845)가 당시 서울의 부유한 집에서 내외의 구분을 잘 지키지 않는 것을 지적한 다음 내용은 그러한 사정을 잘 보여 준다.

> 집을 지을 때는 무엇보다 먼저 안과 밖을 구별해야 한다. 요사이 서울 안의 세력이 있고 부유한 집을 보면, 가옥은 웅장하지만 왕왕 바깥채와 내실을 연결시켜서 비가 내릴 때 맨발로 출입하기에 편리하도록 만들었다. 심지어는 창호牕戶를 마주보게 설치하여 내실에서 나는 소리가 바깥까지 새어나온다(徐有榘, 2005: 135-6).

서유구는 집을 지을 때 가장 중요한 것으로 내외를 구별하는 것을 들고 있으나 당시 새로 짓는 집은 이러한 원칙을 잘 지키지 않았던 것으로 보인다. 현재 남아 있는 전통 가옥 가운데 1750년대에 지은 서울의 와룡동 김씨가臥龍洞 金氏家, 경운동 민씨가慶運洞 閔氏家는 이러한 예를 보여 준다. 와룡동 김씨가는 안채와 사랑채가 서로 연속된 동棟으로 툇마루로 연결되어 있고, 경운동 민씨가는 사랑채와 안채가 안채의 건넌방에서 사랑채 후면에 붙은 툇마루로 연결되어 있다(주남철, 2003: 97, 117).

이러한 가옥 구조의 변화는 실용성의 측면에서 비롯된 것이기도 하지만 내외 분별에 대한 관념이 약해진 데서도 비롯된 것으로 보인다. 이러한 양

12 "중문과 내문 사이에는 가리개용 벽이 하나 있었는데 비바람에 무너져서 형체가 없었다. 밖에는 큰 우물이 있었는데 우물과 서헌은 서로 바라보이는 위치에 있었고, 물 긷는 사람들이 날마다 열 명이 넘었다. 이 집은 전에 중인들이 살던 곳이어서 물 긷는 사람들이 어렵지 않게 드나들었으며, 게다가 곰방대를 물고 떠들어대며 조심하는 태도가 없었다. 이생이 이를 몹시 싫어해 즉시 행랑채 사람들을 불러 물 긷는 자 몇 명을 끌고 오게 해서 몇은 기와 위에 무릎을 꿇리고, 몇은 엎드려 놓고 매를 때렸다"(김경미 · 조혜란 옮김, 『19세기 서울의 사랑』, 2003: 39면).

상은 소설 속에도 재현되고 있다. 「포의교집」은 비록 하층 사람들의 경우지만, 내외 분별이 약한 것을 시골과 다른 서울의 풍속으로 묘사하고 있다.

> 매일 아침 해가 한참 솟아 후끈한 기운이 찌는 듯하면 행랑에 사는 여자들은 노소를 막론하고 중문 안에 있는 헛청虛廳에 모여 바느질을 하거나 솜을 타거나 다듬이질을 하곤 했다. 헛청은 서헌과 아주 가까운 곳에 있었다. 이생은 이를 늘 못마땅하게 여겼으나 그 여자들은 조금도 거리끼는 구석이 없어 매일 마주쳐도 어려워하지 않았다. 무릇 서울과 시골이 풍속이 달라 별로 거리끼는 것이 없었기 때문이다(김경미 · 조혜란 옮김, 2003 : 135).

이상의 예들은 서울의 일상 공간에서 일어난 현상으로서 서울이 유교적 공간 배치로는 통제 불가능한 도시 공간으로 변모했음을 구체적으로 보여 준다.

이와 아울러 유흥이 발달함에 따라 기녀들의 존재가 도시 전면에 부각되어[13] 유행을 주도하고, 색주가가 늘어나는 것도 조선 후기 서울의 빼놓을 수 없는 특성이다. 조선 후기 활발하게 전개된 것으로 보이는 성 담론은 서울의 상업 도시로의 전환 및 유흥의 발달과 무관하지 않을 것으로 보인다. 「포의교집」에는 장진사의 조카 장사선이 남녀 수작하는 일에 능란하다고 하면서 이를 서울의 환경과 관련지어 묘사하고 있다.

> 장사선은 모화관 근처에 살면서 날이면 날마다 한량배들이 오입하는 것을 보아오던 터라, 무릇 남녀 수작하는 일에는 능탄했다.[14]

13 〈한양가〉는 19세기 서울의 생생한 자료를 제공하는데 여성들르는 궁녀와 기녀만을 다루고 있다.
14 김경미 · 조혜란 옮김, 위 책, 136면. 139–140면. 이 밖에도 "(여종) 달금은 나이 열네 살로, 다른 고장에서 왔는데, 역시 남녀 사이의 낌새를 훤히 잘 알았다."고 하여 당시 서울 사람들이 일상적

이러한 가운데 남녀의 문제 즉 '성적인 것'들에 대한 관심이 커진 것으로 보인다. 「포의교집」에 등장하는 인물들은 남녀 문제에 기민한 반응을 보인다. 주인공인 초옥(양파)의 남편이 글을 읽지 못해서 아내가 이생과 주고받은 시를 길에 지나가던 선비에게 보이고 뜻을 물어보자 그 선비는 그 글을 읽고 분명히 여자가 쓴 시라고 하면서 그 여자를 만나게 해 달라고 하며 따라오기까지 한다.[15] 춘화도의 유행이나 음사 소설의 성행도 서울의 도시적인 분위기 형성과 관련이 있는 것으로 생각된다. 문한명(1839-1894)이 『서상기: 후탄선생정정주해』에 "남녀가 서로 안고 사랑을 나누는 장면을 그린 것을 춘화도라 한다. 요즘 경성이나 번화한 곳에 이런 게 있다." (정용수, 2006 : 513)고 전한 것을 통해 그러한 사실을 짐작할 수 있다.

조선 후기에 창작된 몇몇 소설은 거리로 나온 여성들의 움직임을 포착해서 보여 주는데 이는 유교적 공간 해체의 한 양상으로 읽어낼 수 있을 것으로 보인다. 이옥의 「심생전沈生傳」, 작자 미상의 「절화기담折花奇談」, 「포의교집」 등이 바로 그러한 작품이다. 유교적 공간 해체와 관련해 이상의 작품들의 여주인공을 주목하는 이유는 이 여성들이 도시 공간의 전형이라 할 수 있는 거리에 그 모습을 드러내고 있기 때문이다.[16] 이 때 이 여성들이 도심을 걸어다닌다는 것은 중요한 의미를 갖는다. 이는 "보행자

으로 섹슈얼리티에 대한 관심을 표현했음을 보여 준다.

15 "그 선비가 양파 남편에게 말하기를, '야, 이건 분명히 여인의 시인데, 그렇다고 해서 기생첩이 쓴 시는 아니로구나. 빼어난 재주를 가졌으나 미천한 집에 잘못 태어나서 이를 평생의 한으로 여기고 있다가, 갑자기 한 번 마음이 통하는 선비를 만났는데, 산사山寺로 이별하여 보내고 나서, 그 그리움을 참지 못하여 이런 시를 쓴 것이로다. 나에게 이 여자 한 번 만나게 해 주면 어떻겠느냐?' 했다지요. 양파 남편이 '저도 길에서 주웠습니다.'라고 하자 그 선비가 '그러면 어째서 언문 풀이를 했단 말인가?' 했더니, 이에 양파 남편이 '보고 싶은 게 있어서 그럽니다.'라고 대꾸했습죠. 선비가 '보고 싶은 게 뭐냐? 나와 함께 그곳으로 가보자.'고 해서 양파 남편이 '거기는 바깥 사람들이 드나들 수 없는 곳입니다.'라고 했는데도, 그 선비는 그 말을 믿지 않고 양파 남편을 따라왔습니다. 그래서 양파 남편이 다른 길로 돌아서 집으로 뛰어 돌아왔습니다"(김경미 · 조혜란 옮김, 위 책, 2003, 169면).

의 편에서 이루어지는 지형학적 체계의 전유 과정"(Hubbard, 1999: 182)이기도 하기 때문이다. 다시 말해 여성에게 금지된 공간에 여성이 들어가 있는 것, 그 속을 걸어다니는 것 자체가 공간의 의미를 바꾸어 놓는다는 뜻이기도 하기 때문이다. 그런데 위 작품들에 언급한 여성들이 중인층 여성과 하층 여성이라는 점은 따로 주목을 요한다. 여기에 대해서는 다른 자리에서 다시 논하기로 한다.

여기서는 당시 서울의 중심가라 할 수 있는 운종가에서 광통교를 거쳐 소공주동에 이르기까지 서로를 응시하면서 걸어가는 「심생전」의 남녀 주인공을 통해 이 거리는 연애의 공간으로 되고 있는 점을 주목하기로 한다. 「심생전」의 남녀 주인공은 나란히 걸어가고 있는 것 같지만 사실은 나란히 걷는 것이 아니다. 주인공 여성이 여종의 등에 보자기에 덮인 채 업혀 있기 때문이다. 이처럼 남녀 주인공이 나란히 서서 걷지 못하고 한 사람은 업힌 채 가야 하는 것은 이 둘 사이에 신분의 불균형만큼 공간 실천에서의 남녀 불균형을 보여 준다. 이 만남은 심생의 일방적 구애에 의해 여주인공의 집으로 연장된다. 그런데 도시 중심가를 가로질러 걸어갔던 중인 처녀의 외출은 곧바로 섹슈얼리티와 연결된다. 이는 여성이 거리로 나서면 바로 성적인 시선의 대상이 됨을 의미하는 것으로 해석할 수 있다. 그럼에도 이 장면, 즉 거리에서 남녀가 함께 그러나 불균형한 모습으로 서울의 거리를 걸어가는 이 장면은 소설사에서 특기할 만한 장면임에 틀림없다. 김시습金時習의 「만복사저포기萬福寺樗蒲記」에서 양생은 만복사에 만난 여자와 손을 잡고 나란히 걸어가지만 이 모습은 누구에게도 보이지 않는다. 필자는 이 같은 현상, 색주가의 존재, '성적인 것'에 지대한

16 「심생전」의 경우 여주인공은 거리에 있으되 건장한 여종의 등에 업혀 보자기로 그 몸을 완전히 가린 상태라는 점에서 다소 차이가 있다.

관심을 보이는 인간들의 등장과 남녀가 나란히 걸어가는 것의 장면화와 같은 현상을 섹슈얼리티의 공간화라 부르고자 한다. 이는 섹슈얼리티가 은폐되거나 유흥 공간에 머물러 있지 않고 공적인 공간에 모습을 드러낸다는 것을 의미한다. 그러나 이것은 전체로 보면 부분적인 현상일 뿐이다. 양반 여성은 좀처럼 드러나지 않으며, 중인 계층의 여성이 그 모습을 드러내거나 자의自意에 따라 사랑을 선택했을 경우 죽음으로 결말을 맺고 있기 때문이다. 「심생전」의 여주인공이나 「정생전丁生傳」의 여주인공이 그 예다.[17]

18세기 이후 서울의 양반 가옥에서 내외 분별이 무너지는 현상과 여성의 몸이 서울의 거리에 모습을 드러내는 것으로 재현되는 현상은 유교적으로 젠더화된 공간이 균열되는 양상을 보여 주며, 섹슈얼리티가 공간화되는 것으로 볼 수 있다. 이러한 변화는 분명 서울의 도시적 변모와 관계가 있는 것으로 보인다. 그러나 이는 유교적 공간이 도시적 발달과 더불어 다른 방식으로 변모하는 것으로 보아야 할 것이다. 왜냐하면 도시 공간 역시 젠더화된 공간이기 때문이다. 자본주의의 발달과 더불어 근대 도시 공간이 생겨났으나 가정과 임금 노동의 장소는 분리되고 여성은 사적 공간으로 남성은 공적 공간으로 구분되었다. 도시의 형태는 남성의 권력, 권위, 이들 공간이 남성을 위한 것임을 상징하는 것으로 이 공간 속에서 여성의 몸은 어울리지 않는 것이었다(김현미, 2008 : 281). 따라서 근대 이후 서울 역시 젠더화된 양상을 드러내게 되는 것은 당연한 현상이다. 그러나 그것은 조선의 젠더화된 공간과는 다른 양상을 보인다.

17 「정생전」은 김기金琦의 작품으로 추정되는 18세기 한문 소설이다. 이 작품은 이조서리의 딸이 삼청동에 놀러왔다 비를 피해 집으로 뛰어 들어온 과거 준비생 정생과 만나 관계를 맺고 임신했다가 정생의 배신으로 자살하는 내용을 담고 있다. 이 작품에서 이조서리의 딸은 직접 정생을 만나러 가지 못하고 여종을 시켜 의사를 전달한다. 유교적 공간 배치에 충실하게 따르는 면모라 하겠다.

4. 서울의 새로운 문화, 사건으로서의 연애

「절화기담」이나 「포의교집」이 보이는 사랑의 형태에 대한 논의는 이미 많이 이루어졌다. 이를 통해 이들의 사랑이 육체성이나 물질성을 가지며, 초옥의 사랑은 착각에 기인한 것이라는 등의 내용이 논의되었다. 서울이라는 도시적 공간을 배경으로 펼쳐지는 이 두 작품의 연애 서사가 한량에 가까운 양반과 하층 계급 출신의 유부녀 사이에서 이루어진다는 점에서 특히 많은 관심이 주어졌다.[18]

이 두 작품의 특징적인 면은 서울이라는 구체적 공간을 배경으로 하고 있다는 점이다. 서울의 모동을 배경으로 한 「절화기담」은 구체적인 동명洞名을 거론하고 서울의 세시풍속을 묘사하고 있다. 「포의교집」도 1864년 6월부터 1866년 6월 사이에 서울의 죽동, 안동, 초동, 소죽동 등으로 장소를 옮겨가면서 진행되며 도선암, 북한산의 승가사, 새문 등의 공간이 제시된다. 이처럼 단지 서울이 아니라 구체적인 동명이 거론되는 것은 서울이라는 공간이 분절적으로 이해되고 있으며 분절된 공간은 특정 장소로서의 의미를 갖는다는 것을 의미한다. 서사의 주된 공간인 남촌 죽동의 장진사댁 역시 구조 및 그 집을 거쳐 간 주인들의 내력, 거주하는 사람들에 대한 정보까지 자세하게 서술되며, 시간의 흐름도 1864년 6월, 7월 15일 무렵, 11월, 1865년 4월, 7월 그믐, 1866년 봄, 4월, 6월(음력) 등으로 비교적 세분화되어 명시되고 있다.

또 이 두 작품의 남자 주인공들은 조선 후기 새로운 남성상을 재현하고 있다. 「포의교집」의 이생은 몰락 양반과는 또 달리 과거 시험을 앞둔 선비로 양반집에 기식하는 조선 후기의 전형적인 인물군을 재현한 것으로,

18 정길수, 신상필, 정길수, 조혜란, 윤채근 등에 의해 심도 깊은 논의가 이루어졌다.

「절화기담」의 이생 역시 양반집에 기식하는 인물을 재현한 것으로 볼 수 있다. 이들은 특별히 재주가 뛰어나지도 않고 야심도 없으며 그렇다고 유흥을 즐길 만한 처지에 있지도 않다. 그러나 이들은 초옥이나 순매같이 '졸렬한' 남편과 사는 하층 여성에게는 선망의 대상이 되고 있다.

여주인공 초옥과 순매는 하층 계급의 여성으로 초옥은 자색이 뛰어날 뿐만 아니라 한시도 쓸 줄 아는 지식을 갖춘 여성이다. 이들의 미모는 그들이 속한 곳에서는 이미 알려져 있으며 양반 남성들에게 욕망의 대상이 되고 있다. 그러나 이 두 여성 모두 일방적인 구애에 넘어가는 인물들이 아니다. 이들은 남성의 구애에 자신이 선택하거나 아니면 초옥의 경우처럼 직접 구애한다.

「포의교집」의 초옥은 「심생전」에서 보듯 소문을 두려워하거나 남편이나 시아버지도 두려워하지 않는다. 초옥에게 중요한 것은 '지기로서의 사귐'일 뿐이다. 얼핏 초옥의 사랑은 격이 높은 것으로 보일 수도 있다.

> 저의 마음에는 문장 잘하는 선비를 만나 밤낮으로 이야기를 나누며 일생을 보내는 것이 소원이었어요. 그런데 일이 크게 잘못 되어 그렇게 하지 못하고, 비단을 만나려다 베를 만난 격이 되어 이렇게 영락하게 되었습니다(김경미 · 조혜란 옮김, 2003 : 150).

초옥의 사랑은 사랑이 아니라 포의의 사귐에 대한 선망의 표현이며, 그 모방일 뿐이다. 다시 말해 초옥은 이생을 욕망하는 것이 아니라 선비의 사귐을 욕망하는 것이다. 이런 초옥의 감정이 진실하지 않다고 말할 수는 없지만, 이것은 자신을 선비의 자리나 허난설헌과 같은 자리에 놓고 싶은 허위 의식의 발로일 수도 있다. 문장 잘하는 선비를 만나 밤낮으로 이야기하고 싶다고 했으나 실제로 이생이 화답시도 제대로 쓰지 못하고, 그다지 지식이 뛰어나지 않은데도 그를 받아들이기 때문이다. 그녀가 쓴 것으로 나오는 시들이 허난설헌의 시를 그대로 가져온 것이거나 일부 변형하고 있는 것도 초옥의 감정이 모방된 감정임을 짐작하게 한다. 이 문제는 다소 복잡하다. 패러디의 결과로 보아야 할지, 작가가 의도적으로 그렇게 한 것인지에 대해 판단하기 어렵고, 허난설헌의 〈규원가〉 같은 작품은 〈원부사〉, 〈규원탄〉, 〈청루원별곡〉 같은 다른 제목을 달고 유흥 공간의 확산 속에 경박자輕薄子 아내의 탄식으로 변주되어 유행하기도 했기 때문이다(길진숙, 2003). 소동파가 7월에 〈전적벽부〉를, 10월에 〈후적벽부〉를 지은 것을 모방하고 싶어하는 것도 마찬가지다.

「절화기담」이나 「포의교집」의 주인공들은 죽거나 타의에 의해 이별하는 것이 아니라 마음이 안 맞거나 형편이 달라져서 이별한다. 즉 이들은 만나고, 선물을 주고받고, 사랑을 나눈 뒤 이별을 담담하게 수행하는 것이다. 이들에게 사랑은 지나가는 것이고 하나의 공식인 것처럼 보이기조차 한다. 이는 두 작품만의 특별함이라기보다는 조선 후기 서울의 유흥 분위기와 기방의 풍류를 배경으로 창작된 상사가류想思歌類와 그 성격이 비슷한 것으로 보인다. 상사가류 가사는 사랑에 목숨을 걸었다는 것이 중요하지 그것이 일탈로 야기되는 위험에 대한 고민이나 갈등을 보이지 않는 「포의교집」의 초옥의 '사랑'이 이런 면모를 보인다. 상사가류 가사의 사랑 담론은 새로운 시대적 조류라고 할 수 있겠으나 사랑의 통념을 재생하고 대변한 것으로, 사랑이 시정의 흥밋거리로 유통된 현상을 보여 준 것으로 평가된다.[19] 「포의교집」에서 초옥과 이생의 사랑은 이생 주변 남성들에게 유명한 연애 이야기로 회자되고 있는 것도 비슷한 면모다.

이처럼 「절화기담」이나 「포의교집」은 상사가류 가사에서 보이는 통념

19 이에 대해서는 길진숙, 위 논문 참조.

적 사랑을 재생하고 있는 측면도 있다. 「포의교집」은 한편에서 그러한 통념을 깨보려는 노력을 보이고 있다. 그러나 그 방향을 선비의 사귐을 선망하는 쪽을 택했다는 점에서 하층 계급의 상층 모델 선망을 벗어나지 못한 것으로 평가된다. 그러나 특기할 만한 점은 하층 계급 여성의 섹슈얼리티가 전면화되어 나타나 있다는 점, 순매든 초옥이든 양반 남성을 상대하고 있지만, 이들에게 끌려가지 않는다는 점이다.

조선 후기에 들어 유교적 공간 해체가 이루어지고, 개인으로서의 주체성의 표현이라고까지 평가되는 사랑에 대한 관심이 서울의 중심 거리를 채우고 있었지만 그 어디에도 상층 양반 여성들의 자리는 없었다. 오히려 유교적 공간 기획과 무관하게 거리에 몸을 드러낼 수 있었던 하층 여성들은 한편으로는 섹슈얼리티의 대상으로 타자화되었지만, 또 다른 한편으로는 자신의 주체성을 찾아나갈 수 있었던 것으로 보인다. 이러한 사실은 모든 것이 뒤섞이고 유동하는 도시적 면모의 이면에 여전히 신분과 성별을 구획하는 유교적 공간 배치가 작동하고 있었음을 시사한다.

5. 서양 바람에 날려간 서울의 문화와 사랑, 그 향방에 대해서

> 이 때는 서양 오랑캐의 소문이 매우 급박하던 때라 서울의 여러 집들이 난리를 피해 시골로 내려갔다. 양파의 집도 그 중 하나여서 그 이후로는 영영 소식이 끊겼으니 '서양 바람에 날려갔다'고 할 만하다. 이생도 고향으로 내려갔는데 그 다음에 어떻게 되었는지는 알지 못한다(김경미 · 조혜란 옮김, 2003 : 210).

「포의교집」은 사람들로 흥청대던 서울이 서양 오랑캐의 소문으로 일시에 흩어져 버렸음을 이처럼 인상적으로 전해 주고 있다. 당시 서양 바람이 얼마나 큰 영향을 미쳤는가는 19세기 충청도 지역에 살았던 노론 가문 출신의 조병덕이 남긴 편지에서도 확인할 수 있다.[20] 서양 바람에 날려간 초옥과 이생, 그리고 그 주변 인물들의 삶이 어떻게 전개되었을 것인가? 그 삶의 끝자락에는 우리가 흔히 말하는 근대가 놓여 있다. 그 사이에는 물론 개항, 갑오개혁, 동학혁명 등 19세기의 다단한 사건들이 놓여 있다. 그렇다면 조선 후기 서울이라는 도시 공간을 떠들썩하게 했던 문화는 어디로 갔으며, 또 앞서 살펴본 저 개인들 사이에서 유행처럼 번졌던 사랑의 문화는 어디로 갔는가? 어떻게 서양 바람에 날려갈 수밖에 없었는가?

이에 대한 정확한 답을 하기는 어렵겠으나 잠정적으로 두 가지 측면을 제시하고자 한다. 하나는 조선 후기 서울이라는 도시 공간이 낳은 이 새로운 문화가 소비적이고, 기생적이며, 유동적인 측면을 갖고 있다는 점이다. 섹슈얼리티에 대한 관심이 본질적일 수도 있지만, 그것을 표현하고 실천하는 방식은 당대의 문화와 무관할 수 없다. 따라서 유흥 문화의 자장에서 그다지 멀지 않은 순매와 초옥의 사랑이 보여 주는 새로운 형태의 사랑도 모방적이고 소비적인 측면을 갖는다.

또 하나는 유교적 공간 배치가 여전히 작동하는 가운데서 이루어진 이 도시 문화는 실은 규방 안의 여성들의 삶에 직접적인 영향을 미치지는 못했던 것으로 보인다. 한낮의 서울 거리에는 여전히 여성들이 다니지 못했기 때문이다.[21] 물론 규방의 여성들이 생활을 위해 삯바느질을 하거나 술

20 다음은 1862년의 편지와 병인양요 직후의 편지로 당시 서울의 동요를 엿볼 수 있게 해 준다. "대저 서울의 소요는 아직 가라앉지 않았고 물가는 한없이 치솟아, 사람들이 모두 불안에 떤다는구나."(1862년), "지금 위장 편으로 서울 소식 들으니, 놀랍고 두려울 뿐만 아니라 통곡할 만한 것도 많다."(1866년) (하영휘, 『양반의 사생활』, 푸른역사, 2008, 200면; 202면).

21 이자벨라 버드 비숍, 위 책, 63–64면, "한 양반가의 귀부인은 아직 한번도 한낮의 서울 거리를 구경하지 못했다고 나에게 말했다."

을 빚어 파는 등의 일을 하는 기회를 가지거나, 당시 유행하는 기녀의 의상을 따라 입는 정도, 소설을 읽는 등으로 도시 문화를 즐겼을 수는 있다. 그러나 이들 여성이 여전히 도시의 거리로 나와서 도시 문화를 함께 향유하지 못하고, 정절의 주체로 남아야 했던 것은 조선 후기 서울이라는 도시의 불균형을 그대로 드러낸다.

이 글은 조선의 수도로 조성된 서울이 유교적으로 젠더화된 도시였음에도 이러한 문제 의식에 입각해 서울이 다루어지지 않은 점을 지적하고, 조선 후기에 들어 유교적으로 젠더화된 공간의 해체가 어떻게 이루어지며, 이것이 공간의 재현에 어떻게 반영되었는가를 살펴본 것이다. 특히 19세기에 창작된 것으로 보이는 소설 「심생전」, 「절화기담」, 「포의교집」에서 서울의 거리가 연애의 공간으로 재현되면서 섹슈얼리티의 공간화가 이루어지는 것으로 보았다. 그리고 서울을 중심으로 한 이러한 남녀의 만남은 도시적 사랑의 한 전형을 재현해 내고 있는 것으로 보았다. 그러나 이러한 변모는 실상 젠더화된 공간의 해체에까지 이르지는 못했던 것으로 보인다. 근대 이후의 공간 기획에도 여전히 젠더적 위계가 반영되었기 때문이다. 그러나 조선의 서울이 보인 유교적 공간화와는 달라지는 것이 분명하며, 그런 점에서 조선 후기 서울이라는 도시 공간에 일어난 변화는 주목할 만하다.

19세기 이옥의 작품이나 야담에서 부정적으로 재현되기도 했지만 〈성시전도시〉나 〈한양가〉에서 보듯 번성한 도시로 재현되던 서울은 19세기 말 한 외부인의 시선에서는 초라하고 악취 나는 도시이며, 낮의 거리에서는 여성들을 찾아보기 어려운 도시로 비칠 뿐이었다. 물론 이 재현의 사이에는 단순히 몇십 년이라는 시간차를 넘어서는 차이가 존재한다. 그것은 외부인과 내부인의 차이 외에 서구의 근대를 경험한 사람의 시선과 서구의 근대를 경험하지 못한 시선 사이에 존재하는 차이다. 또한 조선 사회에서 19세기 초반과 제국의 위협을 받았던 19세기 말의 사회는 단지 시간상의 몇십 년 이상의 변화를 겪었을 것이다. 이 문제에 대해 미처 다루지 못했다. 그러나 비숍Isabella Bird Bishop이 재현한 19세기 말 서울의 모습이 쇠퇴해 가는 왕조의 수도가 갖는 퇴영적 면모이고, 도한 서구로부터 온 외부자의 시선이 제국주의적인 것이었다 해도 이 낙차는 주의깊게 다루어져야 할 것으로 생각된다. 서울의 역사뿐만 아니라 조선의 문화나 전통을 연구하는 우리의 시선이 이러한 외부자의 관점에서 폄하되었던 것들에 가치를 부여하고 긍정적인 면을 부각시키면서 실상을 미화하거나 왜곡할 우려가 있기 때문이다.

참고 문헌

『소학』 "外篇" 嘉言, 金星元 편저, 명문당, 1999.

『禮記』 중(中), 內則, 이상옥 역저, 明文堂, 2003.

『조선왕조실록』 CD롬.

강명관, 『조선 후기 여항문학 연구』, 창작과비평사, 1997.

____, 『조선시대 문학예술의 공간』, 소명출판, 2001.

고동환, 『조선시대 서울도시사』, 태학사, 2007.

길진숙, 「상사가류 가사에 나타난 사랑의 수사: 조선 후기 사랑에 내재한 남성성/여성성」, 『한국고전여성문학연구』, 한국고전여성문학회, 2003.

김경미 · 조혜란 옮김, 『19세기 서울의 사랑: 절화기담, 포의교집』, 2003, 도서출판 여이연.

김명순, 「조선 후기 서울의 풍속 세태를 다룬 紀俗詩 연구」, 『동방한문학』 10,

동방한문학회, 1994.

김현미,「페미니스트 지리학」,『여/성이론』 19, 2008.

문한명,『서상기: 후탄선생정정주해』, 정용수 옮김, 국학자료원, 2006.

브로델, 페르낭,『물질문명과 자본주의』, 주경철 옮김, Ⅰ-2.

비숍, 이자벨라 버드,『한국과 그 이웃나라들』, 이인화 옮김, 도서출판 살림, 1994.

徐有榘,『山水間에 집을 짓고』, 安大會 옮김, 돌베개, 2005.

손정목,『조선시대 도시사회 연구』, 일지사, 1988.

유승희,「18~19세기 한성부 경제범죄의 실태와 특징: 死罪를 중심으로」,『서울학연구』 16, 서울학연구소, 2007.

____, 正祖代-哲宗代 漢城府 死刑犯罪의 실태와 민의 갈등 양상:『日省錄』을 중심으로,『조선시대사학보』 41, 2007.

이경구,「法典을 통해 본 17~8세기 서울의 변화」,『서울학연구』 15, 서울학연구소, 2004.

이상구,『17세기 애정전기소설』, 월인, 1999.

이옥,『이옥전집』 2, 실시학사고전문학회 역주, 2001.

이진경,『근대적 주거공간의 탄생』, 소명출판, 2002.

이혜순,「천년승지 서울」,『문학지리 · 한국인의 심상공간』(상), 김태준 편저, 논형, 2005.

조순경, "유가 사상과 성별 분업,"『여성학논집』 18집, 2001.

주남철,『한국주택건축』, 일지사, 2003.

최기숙, "도시, 욕망, 환멸 : 18 · 19세기 '서울'의 발견,"『고전문학연구』 23, 2003.

하영휘,『양반의 사생활』, 푸른역사, 2008.

한국고전문학회(편),『문학작품에 나타난 서울의 형상』, 한샘출판사, 1994.

홍대용, 『을병연행록』(소재영 등 역주), 태학사, 1997.

Hubbard, Philip, *Sex and the City*. Hants, England; Brookfield, Vt., USA: Ashgate, 1999.

Lefebvre, Henri, *The Production of Space*, Donald Nichoson-Smith trans., Blackwell, Oxford UK & Cambridge USA, 1991.

Massey, Doreen, *Space, place and gender*, Polity Press, 1994.

| 찾아보기 |

| 저자 소개 |

강소영 : 이화여대 대학원에서 국어학을 전공하고 「명사구보문 구성의 문법화 연구」로 박사학위를 받았다. 저서로 『구어와 문어 자료의 실제적 연구방법론』, 『남북의 언어와 한국어 교육』(공저), 논문으로 「어순도치 구문의 담화 기능 분석」, 「근대의 대중매체 속에 투영된 여성과 여성다움」 등이 있다. 현재 이화여대 한국문화연구원 HK연구교수로 젠더 관련 연구를 하고 있다.

김경미 : 이화여대 대학원에서 고전문학을 전공하고 「조선후기 소설론 연구」로 박사학위를 받았다. 저서로 『소설의 매혹』, 『조선의 여성들』(공저), 역서로 『19세기 서울의 사랑』(공역), 『17세기 여성생활사 자료집』(공역) 등이 있다. 현재 이화여대 한국문화연구원 HK연구교수, 『여성이론』 편집위원으로 조선시대의 소설과 여성 문화, 여성생활사에 관한 연구를 하고 있다.

김애령 : 이화여자대학교 철학과와 동 대학원에서 철학을 공부하고, 독일 베를린 자유대학교에서 「은유와 미메시스」로 철학 박사학위를 받았다. 주요 저서로는 『*Metapher und Mimesis: Über das Lesen des geschriebenen Textes*』, 『예술, 세계 이해를 향한 도전』, 『*Globalization and Feminism in Korea*』(공저), 『경계의 차이, 사이, 틈새 : 성매매 공간의 다면성과 여성의 권리』(공저) 등이 있고, 역서로는 『여성주의 철학 1, 2』(공역)이 있다. 현재 이화여대 이화인문과학원에서 HK연구교수로 젠더 관련 연구를 진행하고 있다.

김영숙 : 이화여대 중문과를 졸업하고 중국북경사범대학과 남경대학에서 각각 중국 희곡으로 석사와 박사학위를 받았다. 저서로 『琵琶記版本流變硏究』가 있고, 「중국 전통극 경극에서의 남성 '단' 역 정치성에 대한 문화적 고찰」 등 다수의 논문이 있다. 현재 이화여대 이화인문과학원 HK연구교수로 젠더 관련 연구를 하고 있다.

김진희 : 이화여대 대학원에서 현대 문학을 전공하고 「생명파시의 현대성 연구」로 박사학위를 받았다. 저서로 『시에 관한 각서』, 『불우한, 불후의 노래』, 『기억의 수사학』, 『행복한 시인의 사회』(공저), 『ㅅ 대를 건너는 시의 힘』(공저) 등이 있다. 현재 이화여대 한국문화연구원 HK교수로 1930년대 식민지 문화를 중심으로 근대 문학과 젠더 관련 연구를 하고 있다

박경 : 이화여대 대학원 사학과에서 조선시대사를 전공하고 「조선 전기 收養·侍養의 실태와 立後法의 정착」으로 박사학위를 받았다. 주요 논문으로 「刑政 운용을 통해 본 조선 전기의 가족 정책: 夫妻 간의 폭력에 대한 처벌 실태 분석을 중심으로」, 「自賣文記를 통해 본 조선 후기 하층민 가족의 가족 질서」, 「15세기 王子女·權勢家子女 入養의 성격」 등이 있다. 현재 이화여대 한국문화연구원 HK연구교수로 여성사 연구를 하고 있다.

오윤호 : 서강대학교 국문과에서 현대 소설을 전공하고 「한국 근대소설의 식민지 경험과 서사전략 연구: 염상섭과 최인훈을 중심으로」로 박사학위를 받았다. 주요 논저로 『깨어진 역사 비평적 진실』, 「『화두』와 20세기 식민지 지식인의 탈이데올로기적 저항」, 「디아스포라의 플롯: 2000년대 소설에 형상화된 다문화사회의 외국인 이주자」 등이 있다. 현재 이화여대 HK교수로 탈식민주의, 서사학 관련 연구를 진행하고 있다.

이경란 : 이화여대 대학원에서 미국문학을 전공하고 「케이트 쇼팬과 새러 오언 쥬잇에 나타난 여성 정체성 연구」로 박사학위를 받았다. 저서로 『19세기 미국 소설 강의』(공저), 역서로 『한 권으로 읽는 근대 미국 단편선』, 『한 권으

로 읽는 현대 영미 단편선』(공역) 등이 있고, 최근 논문으로는 「핀천의 포스트모던 바이오픽션 『메이슨&딕슨』의 역사성 읽기」, 「19세기 미국의 여성 성장소설과 젠더정치학: 수전 워너의 『넓고, 넓은 세상』을 중심으로」 등이 있다. 현재 이화여대 인문과학원 HK연구교수로 젠더 관련 연구를 하고 있다.

이수안: 독일 프랑크푸르트대학교 사회학과에서 「젠더 체계와 문화」를 세부 전공으로 하여 박사학위를 받았다. 대표 저서로 『후기 근대의 페미니즘 담론』이 있고, 역서로 『여성과 이원론』이 있다. 성신여대 대학원 여성학과 교수를 거쳐 2008년부터 이화여대 이화인문과학원에 HK교수로 재직 중이다. 또한 한국문화사회학회의 부회장으로 활동 중이며 젠더 문화이론을 주요 패러다임으로 하여 경계와 탈경계를 주제로 하는 다양한 문화 현상에 관한 연구를 진행하고 있다.

최현덕: 이화여자대학교 철학과를 졸업하고 독일 프랑크푸르트대학교에서 철학, 정치학, 중국학 석사학위를 취득하고, 독일 브레멘대학에서 사회철학으로 철학 박사학위를 받았다. 전주 한일장신대학교 인문학부 겸임교수, 독일 미씨오 선교학연구소 동북/동남아시아국장, 독일 베를린 한국학연구센터 소장, 독일 아헨에서 발간된 반년간 학술지 『*Chakana. Intercultural Forum for Theology and Philosophy*』의 편집주간을 역임했다. 현재 베를린에서 독일어로 발행되는 한국학 관계 반년간지 『*Korea Forum*』의 편집주간, 이화여대 이화인문과학원 젠더 분과의 HK연구교수로 재직 중이다. 저서로 『민주화 과정 속의 한국의 인권』, 『다문화 사회와 국제이해교육』(공저) 등이 있으며, 논문으로 「이주, 젠더, 초문화성: 문화들 사이에서 철학하기」, 「상호문화철학의 개념과 전개 과정」, 「유럽과 아시아 철학의 만남: 대화의 조건의 관점에서」 등이 있다.